Finde Freude in jedem Tag

Meditationsbücher für Frauen

Sefra Kobrin Pitzele

Finde Freude in jedem Tag

365 Meditationen,
die das Leben
leichter machen

Aus dem Englischen
von Tatjana Kruse

SCHERZ

Die Originalausgabe erschien unter dem Titel
«Finding the Joy in Today» bei Hazelden Publishers, Minnesota.

Erste Auflage 2001

Umschlaggestaltung: Ernst R. Studer, Bern.

Das Schicksal kann uns bisweilen eine schwere Last aufbürden. Wenn Sie jedoch in Ihrem Leben Wachstum und Freude anstreben, dann können sich auch widrige Lebensumstände als positive Kraft erweisen.

Dieses Buch wurde geschrieben, um Ihnen zu helfen, jeden einzelnen Tag in kleinen, erfolgreichen Schritten anzugehen.

Setzen Sie sich neue persönliche Ziele – Ziele, die Sie auch erreichen können. Sie werden Ihre innere Kraft entdecken, wenn Sie nur an sich glauben.

Unternehmen Sie jeden Tag etwas, das Ihnen Mut macht – etwas, das Ihr Gefühl der Naturverbundenheit und der Zugehörigkeit zu Ihrer Umwelt stärkt. Nehmen Sie sich einen Moment Zeit, um ein Kind lachen zu hören, einem Vogelgesang zu lauschen oder auf einen Menschen mit einem freundlichen Lächeln oder einer Umarmung zuzugehen.

Heißen Sie das Leben willkommen, und lernen Sie, sich selbst gegenüber nachsichtiger und freundlicher zu sein.

Sefra Kobrin Pitzele

Januar

Der Anfang ist der wichtigste Teil der Arbeit. Plato

Gelegentlich stimmt es uns traurig, wenn wir zu Bett gehen, denn wir wissen, dass die gewohnheitsmäßigen Verrichtungen zur Schlafenszeit das Ende eines weiteren Tages ankündigen. Wir empfinden ein Gefühl von Verlust – verlorene Zeit, verpasste Gelegenheiten, ein Stück des Lebens ist für immer vorbei. Möglicherweise bedauern wir auch ein paar allzu harte Worte.

Wir können all das in die richtige Perspektive rücken, wenn wir uns eines klar machen: Das Schönste am abendlichen Zubettgehen ist das Wissen, dass am nächsten Morgen die Sonne wieder aufgeht. Wir können die Fehler von heute nicht ungeschehen machen, aber wir können sie dem Tag, der sich nun verabschiedet, anheim geben. Und wir können unseren Blick auf das Morgen richten. Der neue Tag wird uns goldene Gelegenheiten bieten: um Wiedergutmachung zu leisten, um Veränderungen vorzunehmen, um unsere Zeit sinnvoll zu nutzen, um den Rest unseres Lebens neu zu beginnen.

Mein Leben besteht aus manch einem Ende und aus vielen Anfängen. Ich kann mich dafür entscheiden, ein unproduktives Muster zu beenden und darin die Chance für einen Neuanfang zu sehen.

Unser Teil der dunk'len Nacht,
unser Teil am Morgen …
Emily Dickinson

Wir beten für einen weiteren Tag. Eine weitere Woche. Nur bis zum nächsten besonderen Datum oder dem nächsten großen Ereignis. «Lass mich bis zum Frühling am Leben bleiben», beten wir, «bis mein jüngstes Enkelkind geboren ist … bis zu meinem nächsten Geburtstag.» Wir beten und erkennen womöglich nicht einmal, dass es sich bei dieser stummen, heimlichen Bitte um ein Gebet handelt. Es liegt in der menschlichen Natur, um mehr Zeit zu bitten. Die meisten von uns haben das Gefühl, ihre Rolle auf Erden noch nicht zu Ende gespielt zu haben.

Die Zeit wird jedoch immer mehr unser Freund statt unser Feind. Wir haben das Heute, und mehr hat niemand – ob gesund oder krank, glücklich oder unglücklich. Niemand erhält das hieb- und stichfeste Versprechen, noch viele Wochen, Monate oder Jahre zu leben. Wenn wir die Unvorhersehbarkeit des Lebens akzeptieren, müssen wir uns nicht ständig um *mehr* Zeit Gedanken machen, sondern können die Zeit nutzen, die wir haben – das Heute.

Das Leben findet jetzt statt – heute –, und ich ehre es, indem ich es in aller Fülle lebe.

Lach über dich selbst zuerst, bevor es jemand anders tut.

Elsa Maxwell

Sinn für Humor ist für das Leben von entscheidender Bedeutung. Leider fällt es uns am schwersten, unseren Sinn für Humor zu bewahren, wenn wir unter Stress stehen, und gerade dann brauchen wir ihn am nötigsten. Angesichts einer Krise fällt es uns oft leichter, mürrisch und gehässig zu sein, selbst wenn wir tief in unserem Herzen wissen, dass eine solche Einstellung nicht zu unserem Besten wirkt.

Ironischerweise können gerade große Probleme Menschen dazu bringen, eine humorvolle Einstellung zum Leben zu entwickeln. Die Wahl zwischen Verbitterung und Annahme fällt leichter, wenn wir uns selbst nicht ganz so ernst nehmen. Sogar in den schwierigsten Situationen, die das Leben zu bieten hat, hilft es uns weiter, wenn wir die komische Seite des Lebens sehen. Humor reinigt uns durch spontanes Gelächter. Er zieht andere Menschen zu uns und verbindet uns.

Ich entscheide mich dafür, das Humorvolle und Leichte in meinem Leben zu sehen. Dank dieser Einstellung kann ich mein Leben und das Leben der Menschen in meinem Umfeld aufheitern.

Die Zeit ist eine Schneiderin, die sich auf Änderungen spezialisiert hat. Faith Baldwin

Jede Phase des Lebens bringt ihre eigenen Geschenke mit. Jedes Lebensalter bietet uns die Gelegenheit, genau zu prüfen, wo wir gerade stehen. In unserer Jugend waren viele von uns der festen Überzeugung, die Welt ändern zu können. Wir glaubten sogar, dass wir Menschen ändern könnten. Doch die nächste Lebensphase hat uns möglicherweise die Erkenntnis zum Geschenk gemacht, dass wir nur uns selbst ändern können.

In welcher Phase wir uns auch immer befinden, jetzt ist der beste Zeitpunkt, um unsere Prioritäten neu zu besetzen. Uns ist mittlerweile hoffentlich klar, welche Dinge wir nicht ändern können, und wir sind schwer damit beschäftigt, diese Wahrheit zu akzeptieren.

Die Zeit selbst verändert uns und unsere Erwartungen. Die Lebensspanne, die hinter uns liegt, hat bereits zu Veränderungen geführt, und je mehr Zeit vergeht, desto mehr Veränderungen wird es geben. Die Veränderungen, die wir heute vornehmen, können uns helfen, diese Phase unseres Lebens als die bestmögliche zu akzeptieren.

Jetzt ist die Zeit, meine Erwartungen an mich selbst zu verändern und sie auf meine gegenwärtigen Bedürfnisse zuzuschneiden.

Man ist nie so glücklich noch so unglücklich, wie man es sich einbildet. La Rochefoucauld

Schmerzen, besonders chronische Schmerzen, laugen aus und gehören zu den schwerwiegendsten Problemen überhaupt. Anfangs reagieren wir auf unsere Schmerzen möglicherweise mit Wut oder Weinerlichkeit, und dabei sehen wir uns als Opfer oder Märtyrer. Diese Selbsteinschätzung führt zu Gefühlen der Hilflosigkeit, der Ohnmacht.

Sobald wir unsere Schmerzen nicht länger als Fluch sehen, der auf uns lastet, sondern als eine normale Körperfunktion, können wir sie auch besser verstehen. Schmerz ist ein Signal und manchmal eine Warnung. Aber der Schmerz kann uns auch helfen, mit einer Krankheit besser umzugehen, indem wir etwas von unserer persönlichen Macht und inneren Kraft zurückgewinnen. Entspannungstherapie, Biofeedback und Selbsthypnose arbeiten auf unterschiedlichen Ebenen, um den Schmerz zu kontrollieren, und die entsprechenden Übungen können eine hervorragende Methode der Schmerzkontrolle darstellen.

Ich werde alle Möglichkeiten erforschen, wie ich mit meinen Schmerzen umgehen kann.

Halbwissen ist gefährlich. Alexander Pope

Seit unserer Kindheit hat man uns gesagt, Bildung sei der Schlüssel zum Erfolg, zum Glück, zu fast allen guten Dingen im Leben. Auf unserem Weg durch die Schule und das Leben haben wir Wissen angesammelt, und auf jeder neuen Stufe haben wir uns selbstsicherer gefühlt. Aber eine Krise kann diese Selbstsicherheit aushöhlen. Probleme innerhalb der Familie, beispielsweise Alkohol- beziehungsweise Drogenmissbrauch oder auch eine chronische Krankheit, können uns nachdrücklich vor Augen halten, wie wenig wir in Wirklichkeit wissen. Unsere Reaktionen fallen unterschiedlich aus – einige von uns verdrängen und verleugnen ihre Gefühle hartnäckig und brechen in Aktionismus aus, andere sind vor Furcht und Unsicherheit wie erstarrt.

Doch dann fällt es uns wieder ein: Lernen ist der Schlüssel. Wir müssen nicht instinktiv wissen, wie wir uns zu verhalten haben. Wir können uns an andere wenden, die mehr Wissen besitzen. Hilfsorganisationen sind dazu da, uns qualifizierte Ratschläge zu erteilen. Wir wollen und müssen die Wahrheit lernen.

Ich muss nicht alle Antworten kennen, nur die richtigen Fragen.

Jedwede menschliche Weisheit lässt sich in zwei Worten zusammenfassen: warten und hoffen. Alexandre Dumas

Als Kinder haben wir immer nur über kurze Zeitspannen gewartet und gehofft. Wir warteten auf die Ferien, und wir hofften, unsere Eltern würden nicht merken, dass wir einen Fleck auf den Teppich gemacht hatten.

In Krisensituationen werden wir Meister in der Kunst des Wartens und Hoffens. Wir warten beispielsweise, ob das neue Medikament anschlägt, oder hoffen auf eine Lösung unserer Probleme.

Wir begreifen, dass wir uns selbst helfen müssen, wenn wir mit unserer Situation zurechtkommen wollen. Eine Möglichkeit, sich selbst zu helfen, besteht darin, sich an eine der zahlreichen Selbsthilfegruppen zu wenden. Diese Gruppen bieten das Gefühl der Kontinuität, der inneren Stärke, der Hoffnung auf bessere Zeiten. Mit gestärktem Glauben an uns selbst und unsere Fähigkeiten werden wir unseren inneren Frieden finden.

Hoffnung belebt mich und lässt mich jedem Tag mit der bestmöglichen Einstellung begegnen.

Nach dem Glück wird unser Weisheit Maß geschätzt.

Euripides

Unsere Definition von Erfolg verändert sich mit den einzelnen Phasen des Lebens. Früher mögen wir von einer Villa am See und einem hohen Gehalt geträumt haben, jetzt sind wir womöglich mit einem bescheidenen Domizil und einem durchschnittlichen Gehalt zufrieden. Wenn wir unsere Ziele neu bewerten, wird uns bewusst, dass wir auf unsere eigene Weise erfolgreich waren.

So kann Erfolg für uns bedeuten, dass wir viele Freunde haben oder dass unsere Kinder zu lebenstüchtigen Menschen herangewachsen sind. Wir mögen uns erfolgreich fühlen, weil wir gelernt haben, uns selbst zu akzeptieren – das ganze Paket aus Stärken und Schwächen. In unserem Leben setzen wir uns immer wieder aufs Neue unsere eigenen Ziele, und unsere Erfolge werden nicht an besonderen Taten oder der Anhäufung von Reichtümern gemessen, sondern daran, wie gut wir unsere Ziele gewählt haben und wie treu wir ihnen geblieben sind.

Ich überprüfe meine Werte und Ziele, um sicherzustellen, dass sie mir Raum für den Erfolg lassen.

Jedes Neugeborene, welches in diese Welt kommt, ist prächtiger als das zuvor. Charles Dickens

Legen Sie einem Erwachsenen ein Baby in den Arm, und der Betreffende wird seine ganze Aufmerksamkeit diesem winzigen neuen Leben zuwenden. Die meisten von uns sind überwältigt angesichts des Wunders der Geburt und der Schönheit, die so ein winziger Körper ausstrahlt. Ein Baby im Arm zu halten heißt, die Ewigkeit zu spüren, und vermittelt ein unglaubliches Gefühl der Freude. In dem Neugeborenen sehen wir eine Projektion des Lebens und des ganzen Spektrums an Möglichkeiten in diesem Leben.

Vor langer Zeit staunten andere über die Zerbrechlichkeit und das Wunder des Lebens, als man uns als Neugeborene in ihre Arme legte. Heute erkennen wir, dass wir alle denselben Anfang hatten; unser Leben lag noch vor uns. Unser Leben liegt immer noch vor uns, und es steckt auch immer noch voller Möglichkeiten.

Ich staune angesichts des Geschenks des Lebens und all dessen, was noch vor mir liegt.

Wenn ich mich selbst liebe, gewinne ich die Kraft der Persönlichkeit, die nötig ist, bevor die Liebe zu anderen überhaupt möglich wird. David G. Jones

Unser ganzes Leben lang haben wir möglicherweise andere mehr geliebt und umsorgt als uns selbst. Einige von uns wurden zu der Haltung erzogen, dass sich selbst zu lieben gleichbedeutend ist mit Selbstsucht. Andere hatten Probleme, etwas in sich zu finden, das sie lieben konnten.

Es ist nicht leicht, sich selbst lieben zu lernen, besonders dann nicht, wenn unser Leben nicht so verläuft, wie wir uns das erhofft haben. Und jene von uns, die größeres persönliches Wachstum erwartet haben, sind häufig nicht in der Lage, auf die Fortschritte stolz zu sein, die sie dann tatsächlich erzielt haben. Wir haben uns Vollkommenheit erhofft und sind jetzt notgedrungen enttäuscht.

Heute betrachten wir die Selbstliebe wahrscheinlich eher als Selbstakzeptanz. Wir bieten uns selbst einfach das an, was wir anderen immer schon freizügig offerierten: Liebe, Fürsorge und eine zweite Chance.

Ich bin ein wertvoller Mensch, ich verdiene Liebe und Vergebung.

Tu immer eine Sache weniger, als du zu tun dich in der Lage glaubst.
Bernard Baruch

Beinahe unmerklich haben wir uns alle möglichen Sachkenntnisse angeeignet. Doch allzu häufig sind unsere Kenntnisse über uns selbst und unsere körperlichen Fähigkeiten das Thema, worüber wir am wenigsten wissen. Das wahre Maß unseres Wissens über uns selbst – ungeachtet, wie fähig wir zu sein scheinen – zeigt sich, wenn wir unsere Aktivitäten beenden können, bevor wir zu erschöpft sind, bevor wir zu viel Schmerz leiden, bevor wir einen Unfall verursachen.

Das Verständnis des eigenen Körpers kann für viele von uns zur wichtigsten Sorge werden, wenn wir feststellen, dass wir nicht mehr so «funktionieren» wie früher. Doch es kommt nur darauf an, dass unser Körper in diesem Augenblick richtig funktioniert und dass wir lernen, unsere Ziele und Erwartungen nach den uns gesetzten Grenzen zu richten.

Ich lerne endlich, wie ich die Warnsignale meines Körpers erkennen und beachten kann.

Es ist nobel, sich über den Stolz zu erheben, doch muss man stolz sein, um das tun zu können. Georges Bernanos

Wir haben das Recht, auf unsere Leistungen stolz zu sein. Der Stolz ist eine entscheidende Zutat im Rezept des Lebens. Er entstammt einem inneren Wohlgefühl, dem Wissen, dass wir auch unter schwierigen Umständen unser Bestes getan haben.

Wenn unsere Tagespläne durch das Unerwartete über den Haufen geworfen werden, müssen wir womöglich hart darum kämpfen, uns den Stolz zu bewahren. Vielleicht waren wir früher absolut unabhängig und müssen uns nun auf andere verlassen. Oder wir waren früher nie krank und sind es nun ständig. Uns wird immer deutlicher bewusst, dass wir für diese neuen Probleme eine Lösung finden oder uns an jene anpassen müssen, für die es keine Lösung gibt. Lösungen und Anpassungen mögen schwer fallen, aber wir können sie in unser Leben einbauen. Wir dürfen mit Recht stolz darauf sein.

Ich passe mich an meine neuen Probleme an und bin stolz darauf.

Wir können für keinen anderen leben, trauern oder sterben ...

Edward Dahlberg

Unser Drang, ein krankes Kind zu beschützen, verwandelt sich in Frustration, wenn wir nur wenig tun können, um es vor Schmerzen zu bewahren. Wenn wir selbst erkranken, bemühen sich unsere Familie und unsere Freunde oft ungelenk, uns zu beschützen. Manche werden auch allzu hilfreich und versuchen, uns jegliche Anstrengung abzunehmen.

Natürlich verstehen wir ihr Bedürfnis, uns zu helfen. Wir alle wollen Menschen, die wir lieben, wie ein Kind trösten und beschützen. Doch wir sind keine Kinder mehr, und die Reife, die wir erlangt haben, kehrt die Rolle, die wir gegenüber Freunden und Familienangehörigen spielen, um. Nun können wir sie trösten und beschützen, indem wir mit ihnen lachen, indem wir uns von ihnen helfen lassen. Auf diese Weise wird es ein gegenseitiger Beweis der Liebe.

Heute werde ich anderen Menschen erlauben, ihre Liebe für mich zum Ausdruck zu bringen.

Schwäche an Körper oder Geist ist Niederlage. Gesundheit allein ist Sieg. Lasset alle Menschen, so sie es zuwege bringen, nach Gesundheit streben. Thomas Carlyle

Oberflächlich gesehen könnte dieser Satz all jene befremden, die chronisch krank sind. Wie können wir gleichzeitig krank und gesund sein? Wir lernen, dass dies durchaus möglich ist. Selbst wenn wir ständig krank sind, können wir trotzdem ein neues Bezugssystem erschaffen, das uns erlaubt, so gesund zu sein, wie es uns unter den gegebenen Umständen möglich ist. Anstatt uns von unseren Problemen in die Knie zwingen zu lassen, können wir uns für das Gegenteil entscheiden.

Wir können die bewusste Wahl treffen, unser Leben ins Gleichgewicht zu bringen, indem wir das Problem an seinen Platz verweisen; es ist nur eine Facette unseres Lebens. In dem Augenblick unserer Entscheidung, in welchem wir die bewusste Wahl treffen, ein Kämpfer zu sein, sind wir wieder auf dem Weg zu mehr Wohlbefinden.

Ich entscheide mich konstruktiv dafür, mir emotional und physisch eine starke Einstellung zu bewahren, denn das bringt mich auf den Weg zu einer ausgeglichenen Gesundheit.

Wer versucht, nur für sich allein zu leben, wird als Mensch kein Erfolg sein. Pearl S. Buck

Wir alle gehen gern zum Essen aus oder ins Kino. Doch manche von uns bleiben lieber zu Hause, wenn sie ein physisches Handicap haben. Dafür gibt es unzählige Gründe, und ein ganz wichtiger Grund ist der, dass wir nicht angestarrt oder als «anders» ausgegrenzt werden wollen. Wenn wir uns jedoch vor den Blicken anderer verstecken, verstecken wir uns damit auch vor uns selbst.

Wir möchten nicht auffallen, doch das müssen wir, wenn wir uns wieder an die Öffentlichkeit wagen wollen. Das kann bedeuten, einen Stock oder eine Zahnklammer zu benützen, es kann aber auch heißen, sich einiger der vielen ausgeklügelten Alltagshilfen zu bedienen, die es gibt. Es ist eine schwere Entscheidung, aber nicht so schwer, wie allein zu sein und zu Hause zu bleiben.

Es erfordert eine immense innere Stärke, um mich aus dem schützenden Kokon meines Heims zu wagen. Ich habe dieselbe innere Kraft wie immer, und ich kann sie einsetzen, um auch schwere Zeiten durchzustehen.

Die Zukunft ist ein trüber Spiegel. Jeder, der hineinsieht, erkennt nichts als die verschwommenen Umrisse eines alten und sorgenvollen Gesichts. Jim Bishop

In der Jugend sehen wir in unserem Spiegel unser äußeres Erscheinungsbild. Später scheinen Spiegel auch das innere Selbst zu reflektieren. Sorge und Freude graben sich in unseren Gesichtsausdruck ein; Wut oder Liebe können aus unseren Augen blicken. Wenn wir uns weigern, zu vergeben, starrt uns unsere eigene Bitterkeit an. Wenn wir uns selbst isoliert haben, sehen wir da unsere Einsamkeit. Aber wenn unsere Wahl in Offenheit, Humor und Verständnis bestanden hat, dann ist das für alle deutlich zu erkennen.

Jeden Tag treffen wir unmerklich eine Entscheidung, wie wir uns verhalten und was wir denken wollen. Das trägt entweder zu einem gelassenen und fröhlichen Gesicht bei oder zu einem alten und sorgenvollen. Die Wahl liegt bei uns.

Heute entscheide ich mich für ein gesundes Aussehen und für gesunde Taten und Gefühle.

Wahrscheinlich hat jeder schon einmal über die Möglichkeit nachgedacht, zu einem früheren, idealen Lebensalter zurückzukehren und von da an ein anderes Leben zu führen.

Hal Boyle

Wenn wir zu einer vollkommeneren, idyllischen Zeit in unserem Leben zurückkehren könnten, welchen Teil unseres Lebens würden wir dafür auswählen? Solange wir über das herrliche «Gestern» in unserem Leben tagträumen, ist uns kaum klar, dass sich zwar unsere Lebensumstände etwas geändert haben mögen, wir aber genau in diesem Augenblick für Erinnerungen sorgen könnten, auf die wir eines Tages wohlwollend zurückblicken.

Wir erschaffen unsere eigenen guten Zeiten und unsere eigenen guten Erinnerungen. Wir können niemals zurück – aber wir haben immer die Fähigkeit und die Möglichkeit, nach vorn zu gehen.

Mir ist bewusst, dass es an mir liegt, meine künftigen Erinnerungen zu schaffen. Ich erhalte vom Leben nur so viel zurück, wie ich bereit bin, hineinzustecken.

Das Leben ist eine ziemlich kostbare und wunderbare Sache. Man kann sich nicht einfach hinsetzen und es an sich vorbeiplätschern lassen … man muss eintauchen und es durchschwimmen. Kyle Crichton

Das Leben ist nicht immer sorgenfrei. Besonders in Krisenzeiten neigen wir dazu, uns dem Strom des Lebens zu entziehen. Wir sind einfach nicht sicher, wie wir uns angesichts der neuen Probleme verhalten sollen. Die Erwartungen anderer an uns und unsere Erwartungen an andere verwirren uns. In unserer Unsicherheit geben wir uns möglicherweise eine Zeit lang damit zufrieden, das Leben an uns vorbeiplätschern zu lassen.

Wie schwer die Lektion jedoch auch immer sein mag, wir werden feststellen, dass wir mit dem Strom schwimmen müssen, wenn wir am Leben teilhaben wollen. Wir müssen in das Leben eintauchen. Niemand wird sich um all unsere Bedürfnisse kümmern. Wir sind für unsere Taten selbst verantwortlich.

Ich war mir nicht sicher, wie ich mein Leben fortführen sollte. Jetzt verstehe ich, dass ich in das Leben eintauchen und einfach weiterschwimmen muss.

Weisheit: Das Wissen, wann man nicht weise sein kann.
Paul Engle

Wann immer wir uns früher «Wissen» bildlich vorstellen sollten, dachten wir entweder an einen ehrwürdigen alten Weisen oder an eine geliebte Großmutter. Möglicherweise kamen uns auch eine formelle Schulbildung und Universitätsabschlüsse in den Sinn.

Wir erinnern uns sicher an die Weisheiten, die wir von unseren Eltern gelernt haben, und wie wir ähnliche Vorstellungen an unsere Kinder weitergegeben haben. Aber wie viele von uns erinnern sich noch an das erste Mal, als wir mit «Ich weiß es nicht» antworten mussten? Und was ist mit dem Augenblick, als uns schließlich dämmerte, dass es bestimmte Fertigkeiten gibt, die wir niemals entwickeln werden?

Einsichten stellen sich ein, wenn wir unsere Möglichkeiten voll ausschöpfen und uns so akzeptieren, wie wir sind. Dann – und nur dann – sind wir weise.

Je wohler ich mich mit meinen Grenzen fühle, desto mehr kann ich wachsen.

Das Leben ist voller innerer Dramen … gespielt vor einem Einmannpublikum. Anthony Powell

Unser Leben ist voller Dramatik. Über einige dieser Dramen konnten wir mit Menschen reden, die Ähnliches erlebt hatten, andere mussten wir unserer Ansicht nach für uns behalten.

Schwierige Lebenssituationen können Hunderte von neuen Dramen hervorrufen. Anfangs begehen viel zu viele von uns den Fehler, unsere Erfahrungen jedem zu erzählen, der danach fragt. Wir reden zu oft, zu lange und zu viel.

Doch mit der Zeit lernen wir die Lektion, wann wir wem wie viel erzählen sollen – Selektivität. Wir stellen fest, dass niemand ständig an unseren Dramen teilhaben will, an jedem winzigen Erfolg, an jedem Scheitern. Wir können uns selbst beraten und uns selbst insgeheim loben.

Ich kann mich frei entscheiden, wann ich die Dramen meines Lebens jemandem mitteilen möchte – und wann nicht.

Die Fortführung des roten Fadens der Vergangenheit ist keine Pflicht, es ist eine Notwendigkeit.

Oliver Wendell Holmes

Unsere persönliche Geschichte fließt in den Strom des Lebens ein. Unser Leben, unsere Liebe und unsere Arbeit machen auf tausenderlei Weise einen Unterschied. Diese Auswirkung auf das Leben ist Geschichte und Erbe für andere und für uns selbst. Welche Erinnerungen haben wir für die Menschen, die wir lieben, geschaffen? Quilts, die als Familienerbstücke in Ehren gehalten werden? Einen Erbhof oder einen Familienberuf? Was sonst noch?

Wichtiger als Familienerbstücke und Familienberufe sind liebevolle Erinnerungen und persönliche Geschichten. Geschichten aus dem Leben, besonders Anekdoten, lassen sich aufschreiben oder auf Band aufnehmen. Wir können Fotos machen oder alte Fotos für künftige Generationen beschriften. Was werden wir hinterlassen, wenn wir sterben? Kommunikation, Tradition und die Fähigkeit, bedingungslos zu lieben.

Dieser kleine, aber wichtige Augenblick ist eine gute Gelegenheit, meine bisherige Reise aufzuzeichnen und mein Gefühl für Kontinuität zu bestätigen.

Ein glückliches Leben ist eine innere Kraft der Seele.

Marc Aurel

Als es uns noch gut ging, war uns nicht klar, wie sehr unser körperliches und emotionales Wohlbefinden von anderen abhing. Mag sein, dass wir uns nur selten an unsere eigene Kraft oder an eine Macht, die größer war als wir selbst, gewandt hatten. Weil so wenig von uns selbst abhing, fühlten wir uns zu Beginn unserer neuen Lage, als die Krankheit sich bemerkbar machte, niedergeschlagen.

Ironischerweise geben uns Krisensituationen Kraft. Gewissensprüfung und persönliche Inventur sind Mittel, wie wir die geistigen und spirituellen Reserven entdecken können, die uns immer schon zur Verfügung standen, jedoch von uns kaum genutzt wurden.

Die Liebe und Unterstützung anderer sind uns immer noch wichtig, aber jetzt erleben wir auch ein Gefühl der Ausgeglichenheit, das uns und unsere Beziehungen stärkt.

Meine inneren spirituellen Botschaften sind stärker als mein Bedürfnis, von anderen abhängig zu sein. Das gibt mir Kraft, stärkt meinen Glauben und all die Menschen, die von meinem Leben berührt werden.

Meine Falten sind die Landkarte meines Lebens … Es sind die Narben meiner Schlachten. Etta Furlow

Eine Frau hat ihre Falten einmal als Patina bezeichnet, die erst mit dem Alter zu glänzen beginnt. Wenn wir zum ersten Mal winzige Falten bemerken – Krähenfüße oder Lachfältchen –, beklagen wir den Verlust unserer Jugend.

Natürlich ändert sich unser Gesicht mit zunehmendem Alter. Unsere Erfahrungen, sowohl die fröhlichen als auch die schmerzlichen, graben sich in unser Gesicht ebenso ein, wie sie unseren Geist und unsere Lebenseinstellung formen. Auch unser Körper verändert sich. Finger, die früher flink waren, werden steif; unser Rücken schmerzt, und ein langsameres Tempo wird uns zur Gewohnheit.

Die Haut ist nur die Hülle unserer inneren Seele, und die Freude der Seele am Leben wird von dieser Hülle nicht beeinträchtigt. Unser Geist wird niemals alt. Unser Glaube an die Schönheit und die Freuden des Lebens erneuert sich mit jeder neuen Jahreszeit. Und wir bleiben stark.

Mein Körper wird sich im Laufe der Jahre verändern, aber mein Geist und mein Glaube bleiben frisch. Das lässt mich gefühlsmäßig vibrieren.

Ich empfehle bei Umarmungen gern die «bärige Umarmung». Setzen Sie beide Arme ein, stellen Sie sich vor Ihrem Partner auf und umfassen Sie ihn fest in einer Rundum-Umarmung. David Bresler

Wir alle brauchen körperlichen Kontakt. Und dieser Kontakt bewirkt mehr, als uns nur in Berührung mit anderen Menschen zu bringen; er erinnert uns an unser zutiefst menschliches Bedürfnis, zu lieben und geliebt zu werden.

Einige von uns fühlen sich einsam, gleichgültig, wie viele oder wie wenig Menschen sie umgeben. Wenn wir allein leben, kann es sich als schwierig erweisen, unsere tägliche Ration an Umarmungen und Berührungen zu bekommen. Möglicherweise sollten wir uns ein Haustier zulegen. Ein Vogel, eine Katze, ein Hund bieten ständig Zuneigung. Diese Tiere benötigen dafür nur ein gutes, liebevolles Zuhause. Vielleicht sollten wir aber auch über den Kontakt nachdenken, den wir zu anderen Menschen pflegen. Wenn wir selbst Liebe schenken, wird uns der unerwartete Bonus körperlichen Wohlbefindens zuteil.

Ich muss lieben und geliebt werden. Ich werde meine natürliche Zuneigung offener mit anderen Lebewesen teilen.

Selbsterkenntnis, nicht Selbstverurteilung heißt der Weg zu innerem Frieden und einem reifen Gewissen.

Joshua Loth Liebman

Wir können Einmannkomitees bilden und ganz allein danach streben, anderen zu zeigen, dass wir uns durch eine schwierige Situation nicht aus dem Strom des Lebens drängen lassen. Unsere Probleme können durchaus unser Bewusstsein dafür stärken, wie wertvoll das Leben, andere Menschen und wir selbst sind.

Wir können den Kopf hoch erhoben halten und hinaus in die Öffentlichkeit gehen. Auf diese Weise weigern wir uns, uns von unseren Problemen in die Knie zwingen zu lassen. Wenn wir uns mit uns selbst wohl fühlen, wenn wir Passanten anlächeln und nicht jammern, können wir eine Aura der Stärke und der Selbstsicherheit erschaffen. Dadurch fordern wir andere heraus und inspirieren sie. Und was noch wichtiger ist, uns selbst auch.

Manchmal fällt es mir schwer, die Sicherheit meines Heimes zu verlassen. Je mehr ich meine Ängste verstehe, desto leichter fällt es mir, mich unter Menschen zu wagen.

In menschlichen Beziehungen können sich Nähe und Wärme nur dann einstellen, wenn wir einander Fragen stellen ... wenn wir zu verstehen suchen, wie wir uns gegenseitig helfen können. Solange wir keine Fragen stellen, werden wir niemals Wissen erlangen. Bernard S. Raskas

Wer sind unsere engsten Freunde? Wir sollten unsere Freundschaften pflegen und sie so nachdrücklich schützen, wie wir ein Neugeborenes schützen würden.

Wenn ein Freund unsere Hilfe braucht, dann sind wir gezwungen, eine Entscheidung zu treffen. Die eine Entscheidung – Verweigerung – läuft darauf hinaus, einen Freund zu verlieren. Die andere Entscheidung bedeutet, dass die Frage «Was kann ich tun, um dir zu helfen?» nicht länger rhetorisch bleibt; sie verwandelt sich in die aktive Verpflichtung zur Hilfe. Vielleicht müssen wir sogar selbst ein Risiko eingehen, besonders emotional, aber wir erweisen uns auf jeden Fall als Freund, der sich in Krisenzeiten nicht abwendet.

Ich ehre meine engen Freundschaften. Ich gehöre nicht zu denen, die nehmen, aber selbst nichts geben. Ich kann anderen helfen.

Der Weise aus alter Zeit, der die Maxime «Erkenne dich selbst» prägte, hätte noch hinzufügen sollen: «Und erzähle es niemand!»
H. F. Heinrichs

Allzu oft stecken die Menschen vor ihren eigenen Gefühlen und vor der Realität ihrer Probleme den Kopf in den Sand. Wir begründen das vor uns selbst damit, dass unsere Probleme schon von allein verschwinden werden, wenn wir sie nur lange genug ignorieren. Das geschieht natürlich nicht, und mit der Zeit wird uns klar, wo unsere Probleme liegen und wie wir mit den Veränderungen, die durch sie entstehen, am besten leben können.

Möglicherweise können wir die Krise nicht abwenden, aber wir können und müssen zweifelsohne die Art und Weise ändern, wie wir auf sie reagieren. Bitterkeit ermutigt nur die Gesellschaft jener, die ebenfalls verbittert sind. Akzeptanz, Offenheit und Gelassenheit wird die Menschen zu uns ziehen, die unsere Bereitschaft teilen, uns zu ändern und dadurch zu wachsen.

Heute will ich offen und ehrlich zu mir selbst sein und trotz meiner Probleme den Weg des Lebens wieder aufnehmen.

Liebe, die man bekommt, und Liebe, die man gibt, sind die beste Form von Therapie. Gordon W. Allport

Viele von uns sind allein – durch freie Wahl oder aufgrund der Umstände –, und manchmal fühlen wir uns in dieser Welt, die für Paare und Familien bestimmt scheint, unwohl. Wohin wir auch schauen, überall gibt es offenbar nur Paare: auf der Parkbank, Arm in Arm auf dem Gehweg und im Fernsehen. Das ist besonders schmerzlich, wenn wir irgendwann in unserem Leben selbst eine glückliche, langjährige Beziehung geführt haben.

Heute wollen wir uns ein umfassenderes und weniger einschränkendes Gefühl von Partnerschaft aneignen, das uns gleichzeitig unsere Unabhängigkeit bewahrt. Die romantische Liebe ist nicht die einzige Basis für Vertrauen und Freundschaft. Ein Freund, dem wir vertrauen können, kann ebenfalls zum Vertrauten werden, kann uns emotional stützen und unsere Stimmung heben. Wir mögen allein sein, aber wir erkennen, dass wir nicht einsam sein müssen.

Ich kann von Glück sagen, wenn ich einen guten Freund besitze. Ich bin gesegnet, wenn ich mehrere habe. Ich bin nicht länger allein.

Es gibt etwas, das der Mensch nicht ändern kann: seine Eltern.
David Ben-Gurion

Manchmal tragen wir unsere Wut viel zu lange mit uns herum und geben anderen die Schuld an unseren Problemen. Wenn wir gegen unsere Eltern oder andere Erwachsene einen Groll hegen, dann ist es jetzt an der Zeit, loszulassen. In unserer Erinnerung, in unserer Wahrnehmung mögen sie uns geschadet haben, doch ungeachtet dessen, was geschehen ist – ob es imaginär oder real war –, wir müssen es loslassen.

Unwissentlich haben wir eine feste Bindung zu dieser Wut auf unsere Eltern entwickelt, und möglicherweise ist ein professioneller Therapeut oder eine Selbsthilfegruppe nötig, um uns aus dieser Abhängigkeit wieder zu lösen. Wir können die Verantwortung für uns selbst und unser Verhalten übernehmen. Wenn wir unsere Unzulänglichkeiten nicht länger anderen in die Schuhe schieben, können wir uns von einem ungesunden Aspekt unseres Lebens befreien.

Ich will versuchen, mein Leben in Besitz zu nehmen und es nicht als Verlängerung des Lebens anderer zu sehen. Heute übernehme ich die Verantwortung für mich und meine Taten.

Wenn du dir selbst zum Freund wirst, bist du niemals allein.
Maxwell Maltz

Manchmal stürzen wir uns hektisch auf die Probleme anderer Leute, nur um uns unseren eigenen Problemen nicht stellen zu müssen. Wir lösen gar nichts, wenn wir vor uns selbst und vor unseren Problemen davonlaufen. Aber manche von uns haben so viel Angst vor den Herausforderungen des Lebens, dass sie sich ihnen nur sehr zögernd stellen.

Jetzt kommt es vor allem darauf an, uns selbst ehrlich ins Gesicht zu sehen, gerade dann, wenn wir allein sind. Wir können uns nicht immer in der Umtriebigkeit der Menge verstecken. Ungeachtet der Schwierigkeiten, denen wir uns gegenübersehen, können wir dennoch Trost in uns selbst finden. Sobald unsere Spiritualität sich vertieft hat und wir unsere eigenen Kämpfe besser verstehen – und auch nur dann –, können wir anderen helfen, können sie unterstützen und uns ihnen mitteilen.

Meine Selbsterkenntnis hat sich durch meine neuen Lebensumstände vertieft. Je tiefer ich grabe, desto mehr Seele finde ich. Und je mehr Seele ich finde, desto umfassender kann ich mich mitteilen.

Ich rate Ihnen, sich um die Minuten zu kümmern, denn die Stunden werden sich um sich selbst kümmern.

Lord Chesterfield

Wenn man nach einem lebenslang ausgeübten Beruf in den Ruhestand geht, wenn ein gesundheitliches Problem auftritt oder unsere Mobilität eingeschränkt wird, wenn Familienangehörige fortziehen, werden unsere Tage unter Umständen lang und einsam. Mehr denn je ist es dann vonnöten, dass wir uns um unsere eigenen Bedürfnisse kümmern. Einige Bedürfnisse zeigen sich uns unmittelbar, denn wir haben viel mehr Zeit, als wir ausfüllen können. Möglicherweise sehen wir sorgenvoll in die Zukunft, in der all diese Zeit gefüllt werden muss.

Das ist ein wunderbarer Augenblick, um sich an seinem Wohnort umzusehen und eine ehrenamtliche Tätigkeit aufzunehmen. Es gibt immer Menschen, die uns brauchen, und indem wir ihnen unsere Hilfe anbieten, helfen wir auch uns selbst. Jeder Tag ist neu und bietet neue Möglichkeiten.

Ich weigere mich, mir über die Zukunft oder die Vergangenheit Sorgen zu machen. Stattdessen will ich versuchen, heute etwas zu bewirken.

Februar

Schnee überdauert nur eine Jahreszeit, und die Freude kommt mit dem Morgen. Marc Aurel

Wir sind eine Gesellschaft, die sich manchmal für kurzfristige Ziele und kurzfristige Befriedigungen verkauft. Wir überziehen unser Kreditkartenlimit. Manchmal leben wir spontan und kaufen spontan. Verschwunden ist die langfristige Planung, die uns unsere Eltern beibrachten, als wir noch klein waren. Verschwunden ist die Lektion, auch einmal warten zu können.

Heute haben wir keine Wahl. Unsere Lebensumstände, insbesondere im Falle einer Krankheit, zwingen uns, zu warten, ob wir es wollen oder nicht. Zugegeben, wir leben mit Sorgen und Ärgernissen, aber wie zufällig erkennen wir allmählich die Freude, die aus dem Warten erwächst und aus dem Genuss jedes noch so kleinen Sieges.

Geduld ist eine Tugend, die ich wieder kultivieren werde. Meine Lebensumstände haben mich gelehrt, wie wichtig es ist, jeden Tag Freude zu finden.

Jedes Unglück ist ein Ansporn und ein kostbarer Hinweis.
Ralph Waldo Emerson

Ereignisse, die wir als junge Menschen für ein Unglück gehalten haben, sind nur noch von geringer Bedeutung, wenn wir älter werden. Unsere Erfahrungen werten ehemals «katastrophale» Dinge – keine Verabredung zum Abschlussball zu haben oder in einer Mathematikprüfung durchzufallen – nunmehr als unwichtig oder sogar amüsant.

Die Einsicht, dass viele Ereignisse nur kurz von Bedeutung sind, kann uns helfen, unsere derzeitigen Probleme realistischer zu betrachten. Am Ende des Monats nicht genügend Geld zu haben, Streitigkeiten innerhalb der Familie und selbst der Ausbruch oder die Verschlimmerung einer chronischen Krankheit sind alle sehr bedeutsam. Wir müssen ihnen unsere ganze Aufmerksamkeit widmen und uns ihnen anpassen. Aber wir können mit diesen Schwierigkeiten heute besser umgehen, weil wir gelernt haben, dass nur wenige Probleme, wenn überhaupt, wirklich «katastrophal» sind. Sie sind unangenehm oder gar schmerzlich, aber wir können unser Leben darauf einstellen. Wir machen weiter.

Ich werde meine Probleme und Unannehmlichkeiten heute nicht als Unglück betrachten.

Jede neue Anpassung wirft die Selbstachtung in eine Krise …
Eric Hoffer

Wäre es nicht schön, wenn unsere Selbstachtung so fest verwurzelt sein könnte wie es unsere Persönlichkeit zu sein schien, als wir in die Schule kamen? Leider ist das nicht oft der Fall. Die Selbstachtung ist überaus zerbrechlich und den Launen aller äußeren Umstände unterworfen, einschließlich der Art und Weise, wie sich die Menschen uns gegenüber verhalten und wie wir wiederum auf sie reagieren.

Ein Leiden, das unser Aussehen oder unsere Selbsteinschätzung verändert, stellt ständig hohe Anforderungen an uns. Der Kampf zur Wahrung eines guten Selbstbildes erfordert Anpassungen an unsere Zeit und unsere Ziele. Doch wenn wir diese Anpassungen vornehmen, verwandeln sie unsere Enttäuschungen in Chancen auf Erfolg.

Ich muss weiterhin daran arbeiten, eine ganzheitliche Person zu sein, und versuchen, all meine Facetten zu entwickeln – spirituell, emotional und körperlich.

Ein einziger dankbarer Gedanke gen Himmel ist das vollkommenste Gebet. Gotthold Ephraim Lessing

Können Sie sich als kleines Kind sehen, wie Sie aus dem Bett hüpften, nur um Ihrem Nachtgebet ein weiteres «Und segne auch meinen Teddybären und meine …» hinzuzufügen? Die meisten von uns beteten, weil man uns das so beigebracht hatte. Wir verstanden die Gründe dafür oft nicht, aber es fühlte sich gut an und vermittelte uns darüber hinaus ein Gefühl der Sicherheit.

Als Erwachsene haben wir neue Gewohnheiten entwickelt. Möglicherweise ist das Gebet nicht länger Bestandteil unseres Alltags. Oder wir beten nur noch, wenn wir um etwas bitten wollen. Doch wir können die Gewohnheit des Betens wieder auferstehen lassen. Es liegt viel Trost in der Gewohnheit, jeden Tag Dank zu sagen … für unseren guten Gesundheitszustand … für die Schönheit der Natur … für unsere Familie und unsere Freunde.

Ich werde das Gebet als eine Möglichkeit einsetzen, wie ich mich selbst ausdrücken und ein erfülltes Leben führen kann.

Wir haben schon bess're Tage gesehn. Shakespeare

Es ist ziemlich schwierig, einige jener Bestandteile zu benennen, die zu dem beitragen, was wir als einen guten Tag bezeichnen, an dem wir uns rundum wohl fühlen und dazu neigen, die Welt durch eine rosafarbene Brille zu betrachten. Alles scheint einfach genau richtig zu laufen.

Es ist jedoch nicht im Mindesten schwierig, einen schlechten Tag zu definieren. Nichts läuft nach Plan. Wir sind missmutig und fühlen uns nicht besonders gut. Mit dem Eintreten einer Krisensituation können wir dann unabsichtlich zulassen, dass viele Tage zu schlechten Tagen werden.

Die einzige Möglichkeit, negativen Erfahrungen ein Ende zu bereiten, besteht darin, unsere Erwartungshaltung an einen guten Tag zu ändern. Wir müssen unsere Erwartungen nicht herunterschrauben, wir müssen sie nur realistischer an die vorliegende Situation anpassen. Dann werden wir feststellen, dass die meisten unserer Tage gut sein können.

Mein Leben ist eine Mischung aus guten und schlechten Tagen, und das wird immer so sein. Ich kann meine Interaktionen beeinflussen und dadurch auf die Färbung meiner Tage einwirken.

So werde alt mit mir! Das Beste kommt noch!

Robert Browning

Wir waren alle schon auf wunderbaren Hochzeiten. Die Liebe eines jungen Paares sticht ins Auge. Sie haben so viel, auf das sie sich freuen können, so viel Leben liegt noch vor ihnen.

Wir begreifen immer mehr, dass das Heute die beste Zeit unseres Lebens ist. Ob wir eine Tasse Kaffee mit einer Freundin trinken oder an einem ruhigen See angeln, jetzt ist die beste Zeit.

Wenn wir altern und die späteren Jahrzehnte unseres Lebens erreichen, wird uns immer deutlicher bewusst, dass dies ganz sicher die beste Zeit unseres Lebens ist. Wir fühlen uns wohl mit uns selbst, mit dem, was wir haben, und mit dem, was wir noch erreichen können. Wir setzen uns keine unsinnigen Ziele mehr. Und wir haben auch das Glück, dass wir alle früheren Erfahrungen in unser Alltagsleben einbringen können.

Mich tröstet das Wissen, dass mir jede Phase meines Lebens neue Gelegenheiten bietet.

Von all den traurigen Worten, die Zunge oder Stift entstammen, die traurigsten sind diese: Es hätte sein können.

John Greenleaf Whittier

Es geht die Geschichte eines Mannes, der sich über den Sarg seiner Ehefrau beugt. «Ich habe zu lange gewartet», klagt er vor sich hin, «warum habe ich ihr nicht gesagt, wie sehr ich sie liebe, wie sehr ich unser gemeinsames Leben genossen habe? Ich habe zu lange gewartet.»

Wir machen uns, wie alle anderen auch, des Aufschiebens schuldig. Wir neigen dazu, schwierige Entscheidungen hinauszuzögern, beispielsweise eine schlechte Beziehung zu beenden oder einen Job zu kündigen oder bei einem alten Freund etwas wieder gutzumachen. Unser Aufschieben scheint uns zu beschützen.

Heute verstehen wir, dass auch die Zeit wichtig ist. Je länger wir etwas vor uns herschieben, desto weniger Zeit haben wir für andere, positivere Bereiche unseres Lebens. Das Leben wird leichter, wenn man nichts aufschiebt.

Ich kann viele meiner Probleme durch aktives Angehen lösen. Ich muss nichts mehr aufschieben.

Eine Tragödie ist eine Ingangsetzung, nicht von Menschen, sondern von Taten, Leben, Glück und Unglück.

Aristoteles

Unsere Reaktion auf eine Tragödie kann in Zorn, Trauer oder gar Entsetzen bestehen. Diese Reaktionen sind zwar sehr real, aber nicht so zutreffend wie unser Optimismus, denn es ist der Optimismus – der Glaube, dass das Leben reibungslos läuft –, der einem Ereignis den Stempel «Tragödie» aufdrückt. Wir sind überrascht und geschockt, wenn unser Optimismus vom Unerwarteten einen Dämpfer bekommt.

Eine Tragödie ist ein Ereignis, eine Zeit, ein Augenblick – mehr nicht. Das Leben der Menschen schwankt ständig zwischen Emotionen und Ereignissen hin und her. Niemand ist immerzu glücklich, zufrieden oder verzweifelt. Wenn wir das Leben bis zur Neige auskosten, dann liefern wir uns ihm in all seinen Facetten aus. Und dieser einfache Akt macht uns alle zu einzigartigen Menschen.

Ich akzeptiere mein Leben sowie die Höhen und Tiefen meiner menschlichen Erfahrung.

Eine chronische Krankheit nimmt das Leben in Besitz.

Kathleen Lewis

Eine chronische Krankheit verändert unsere Einstellung dauerhaft. Wir erkennen, dass wir nur von diesem Punkt in unserem Leben aus weitermachen können. Eine chronische Krankheit bedeutet, unsere Tränen innerlich zu weinen, damit wir unsere Tage uneingeschränkt leben können. Krank zu sein heißt, manchmal unter Tränen zu lachen, um uns von anderen nicht zu sehr auszugrenzen – Tränen, die in unseren Herzen gefangen sind. Eine chronische Krankheit heißt, sich daran zu gewöhnen, wie wir heute aussehen, genau in diesem Augenblick, und keine Zeit mehr damit zu verlieren, uns nach dem verlorenen Gestern zu sehnen.

Wenn wir das noch nicht erkannt haben, brauchen wir mehr emotionale Unterstützung als je zuvor. Gleichgültig, wie stark und unabhängig wir uns geben, wir brauchen den Trost und die Hilfe jener Menschen, die uns lieben.

Die Sehnsucht nach der «guten alten Zeit» wird diese nicht zurückbringen. Ich lerne, Veränderungen zu akzeptieren. Sie drängen sich meinem Leben nicht auf – sie sind mein Leben.

Die besten Gedanken kommen in der Einsamkeit. Die schlimmsten im Getümmel. Thomas Edison

Wenn die Hektik einer geschäftigen Welt überwältigend wird, können wir uns regenerieren und wieder zu Frieden und Heiterkeit finden. Wenn wir uns durch den Stress des Tages wie erschlagen fühlen, ist es an der Zeit, sich einige Augenblicke für eine Entspannung zu nehmen. Wir müssen uns selbst zur Ruhe bringen, das schulden wir uns.

Einsamkeit, Meditation, Gelassenheit – sie können uns gehören, wenn wir uns einige Minuten in der Stille gönnen. Allein. Es hat nichts mit Sich-gehen-Lassen zu tun, wenn wir uns diese Zeit nehmen; wir kümmern uns nur um uns selbst, und das ist ganz einfach. Wir können im Radio einen Sender mit schöner, leiser Musik einstellen und uns mit einer Tasse Kräutertee hinsetzen. Wenn wir langsam atmen, erlauben wir unserem Körper, sich in der Wärme des Tees, der Schönheit der Musik und der Einsamkeit des Augenblicks zu entspannen.

Ich weiß das Geschenk von Privatsphäre und Entspannung jeden Tag zu schätzen.

Sie sind für Ihr Leben selbst verantwortlich, und Sie haben für Ihre eigene Gesundheit eine Aufgabe zu erfüllen.

Neil A. Fiore

Es ist ein richtiger Schock, wenn wir erfahren, dass wir ein dauerhaftes medizinisches Problem haben. Viele von uns werden ziemlich wütend und geben dem Arzt die Schuld an der Diagnose. Andere wollen von nun an alles auf die Schultern der Profis laden. Aber bald erkennen wir, dass in erster Linie wir für uns selbst verantwortlich sind. Schließlich arbeiten wir mit unseren Ärzten und Therapeuten kooperativ zusammen. Wir werden gleichberechtigte Mitglieder in unserem Gesundheitsteam.

Anpassungen sind schon unter besten Umständen schwierig, aber mit der Hilfe jener, die uns lieben, mit der Unterstützung unserer Ärzte und dank unseres eigenen Engagements passen wir uns der neuen Situation an. Dann können wir unsere Probleme in der richtigen Perspektive sehen und unser Leben wieder genießen.

Wenn ich die Veränderungen in meinem Leben akzeptiere, finde ich wieder zur Ausgeglichenheit.

Ich bin, wo ich bin, weil ich an die Möglichkeiten des Lebens glaube.
Oprah Winfrey

Während unserer Jugend werden wir ständig ermahnt: «Du kannst das. Setz dir einfach ein Ziel, und dann schieß noch ein wenig darüber hinaus.» Viele von uns konnten das als junge Menschen besser, haben jedoch als Erwachsene Schwierigkeiten damit. Jeder von uns kämpft seinen eigenen Kampf – um eine gute Ausbildung oder vielleicht um eine Beförderung oder dafür, eine neue Stelle zu bekommen. Leider neigen wir zur Kurzsichtigkeit, wenn eine neue Variable plötzlich auftaucht – zum Beispiel eine Gesundheitskrise.

Allzu viele von uns schrecken dann zurück, fürchten, dass wir nichts anderes mehr tun können, als unsere Krisenbewältigung zu orchestrieren. Doch es ist zwingend notwendig, dass wir weiterhin an uns selbst glauben, daran, dass wir als Menschen großes Potenzial besitzen. Dabei kommt es weniger darauf an, ob wir jedes Ziel erreichen; wichtig ist nur, dass wir es versuchen.

Ich setze mir neue Ziele, die mich fordern und mir die Chance auf Erfolg geben.

Die Freude wartet auf keinen Menschen.

Midrash Tanhuma

Fröhlichkeit ist eines der größten Geschenke Gottes. Freude verwandelt Zeit und Raum. Freude führt zu nicht messbaren und häufig unbeschreibbaren Gefühlen, die wir eventuell nur für einen flüchtigen Augenblick genießen können. Freude ähnelt dem Öffnen eines ganz besonderen Geschenks. Sie ist ein Geisteszustand, ein Bezugsrahmen für künftige Erinnerungen.

Obwohl wir die Freude beim Anblick eines herrlichen Sonnenuntergangs mühelos erkennen können, vergessen wir allzu häufig, dass es nur natürlich ist, wenn dessen Schönheit sich wandelt, schwächer wird und dann binnen weniger Augenblicke verschwindet. Das gilt für viele unserer freudigen Erfahrungen – sie verändern sich, werden weniger und verschwinden oft ganz. Die Freude bleibt nicht immer bei uns, darum müssen wir das Beste aus ihr herausholen, wenn sie sich uns zeigt – in einem Sonnenuntergang, in der Umarmung eines Kindes oder in der ausgestreckten Hand eines Freundes.

Um mein Leben bis zur Neige auszukosten, bin ich offen für die besonderen Augenblicke der Freude, selbst wenn sie nicht für immer währen.

Wir lieben keine Eigenschaften, wir lieben Menschen ...
Jacques Maritain

Gleichgültig, was uns in unserem Leben zustößt, ungeachtet, ob wir reich oder arm, stark oder schwach, krank oder gesund sind, es gibt immer Raum für die Liebe. Bedingungslose Liebe und Fürsorge kosten nichts. Trotz unserer finanziellen Lage wird unser Leben wertvoll und gewinnt an Kraft, wenn wir uns erlauben, zu lieben und geliebt zu werden.

Andere zu lieben und selbst geliebt zu werden erinnert uns daran, dass Menschen, nicht Ereignisse oder gar Eigenschaften, die wichtigen Bestandteile unseres Lebens sind. Wir suchen in den Menschen, die wir lieben, nicht nach Vollkommenheit, und wir sind frei von der Vorstellung, dass wir uns die Liebe eines anderen erst verdienen müssen. Die Liebe bringt Ausgeglichenheit in unser Leben; sie hilft uns, unsere Werte und Prioritäten im Auge zu behalten.

Ich werde mich heute daran erinnern, dass ich die Menschen um ihrer selbst willen liebe, nicht wegen ihres Potenzials. Die Liebe, die ich erhalte, wird ebenso freizügig gegeben.

Die Wirklichkeit ist eine Treppe, die weder nach oben noch nach unten führt. Wir bewegen uns nicht, heute ist heute, immer ist heute.
Octavio Paz

«Realität» ist ein hartes Wort, das unser Alltagsleben in Besitz nehmen kann. Wenn wir mit den Veränderungen kämpfen, die sich aufgrund schwieriger Lebensumstände ergeben haben, wird die Realität zu unserer ständigen Begleiterin. Wir können Angst und Unbehagen nicht länger leugnen.

Unsere selbst gesetzten Regeln mögen den Rahmen für unser Leben bilden, aber wir können eine neue Struktur errichten, in der unsere Situation als Teil der Realität unseres Lebens eingebaut ist. Diese neue Struktur kann eine größere Tiefe und Dimension als das Original besitzen, denn wir sind nun älter und weiser. Ein Teil des Rahmens, der unserem Alltag Bedeutung verleiht, ist unsere Liebe zu Freunden und Familienangehörigen sowie die Anerkennung unserer spirituellen Fähigkeiten. Auch diese werden zu unserer neuen Realität.

Ich erwarte nicht länger ein reibungsloses Leben, und ich kann meine Klagen minimieren und meine Bemühungen maximieren, um ein sinnvolles Leben zu führen.

Jede Seele ist eine Melodie, die stets neu angestimmt werden muss.
Stéphane Mallarmé

Das Bekenntnis, wie disharmonisch unser Leben manchmal ist, kann uns schwer fallen – und als noch schwerer kann es sich erweisen, unseren Seelenfrieden wiederzufinden. Vielleicht stürzen wir uns auf Selbstverbesserungsprogramme mit der Vorstellung, dass nur wir allein uns helfen und unsere emotionalen Qualen lindern können. Dabei ignorieren wir die spirituellen Ressourcen außerhalb von uns selbst.

Wir können unsere allzu menschlichen Fehler heute besser verstehen und akzeptieren, und es fällt uns leichter, Gott um Hilfe zu bitten. Gelegentlich fühlen wir uns unzulänglich, wütend oder ängstlich. Wir stellen uns selbst in Frage, zweifeln an uns; wir verlieren uns im Irrgarten unserer eigenen Emotionen. Aber wir wissen, dass diese Gefühle nur vorübergehend sind und dass das beruhigende spirituelle Tempo unseres Lebens nur temporär von den Emotionen des Augenblicks überlagert wird. Es ist tröstlich zu wissen, dass die Melodie immer da ist.

Heute vertraue ich darauf, dass mich Gott auf den Frieden in meinem Innern einstimmen wird.

Gnade ist das Fehlen von allem, was auf Schmerz oder Schwierigkeit, Zögern oder Unvereinbarkeit hinweist.

William Hazlitt

Es hat den Anschein, dass ein neues Hindernis auftaucht und uns zum Stolpern bringt, sobald wir glauben, unser Leben verlaufe wieder in geraden Bahnen. Bei einer Krankheit kann es sein, dass sich die Symptome oder die Schmerzen verschlimmern, bei anderen Krisen kann sich der Stress steigern, bis wir das Gefühl haben, keine weitere Bürde ertragen zu können.

Anpassungen können überaus schwer sein. Im Falle neuer Symptome haben wir womöglich das Gefühl, die Krankheit würde ein winziges Stück nach dem anderen von unserer Unabhängigkeit abzwacken. Es fällt schwer, freundlich zu sein, wenn es so viele Komplikationen gibt. Doch ist gerade jetzt die Zeit für Freundlichkeit gekommen – uns selbst und unseren Mitmenschen gegenüber.

Wenn ich jemals in meinem Innersten nach Frieden und Zufriedenheit suchen musste, dann jetzt. Es gefällt mir nicht, was gerade in meinem Leben geschieht, aber ich kann trotzdem auch weiterhin ein freundlicher Mensch sein.

Selbstmitleid ist unser schlimmster Feind, und wenn wir ihm nachgeben, können wir niemals etwas Weises in dieser Welt tun.
Helen Keller

Mitleid – für uns selbst oder andere – schadet. Dennoch lassen wir es bisweilen zu.

Was wir von anderen wirklich brauchen, ist Einfühlungsvermögen – sie müssen das Gefühl haben, als ob sie in unseren Schuhen steckten. Mitleid kann sich als tiefe Grube erweisen, aus der man, einmal hineingefallen, nur schwer wieder herauskommt. Wir können den Aufstieg erst wagen, wenn wir uns bewusst sind, warum wir Mitleid und Selbstmitleid zugelassen haben. Möglicherweise fällt es uns leichter, uns selbst Leid zu tun, als uns den Enttäuschungen zu stellen, die es geben kann, wenn wir uns bemühen.

Alles, was ich heute tue, wird darauf abzielen, weiter zu wachsen, und mir helfen, Selbstmitleid zu vermeiden.

Das Erreichen eines Zieles ist der Startschuss für das nächste. John Dewey

Die Veränderungen in unserem Leben anzunehmen ist die Basis für unser Wachstum. Allzu häufig empfinden wir Veränderungen als bedrohlich – vertraute Orientierungspunkte sind ausgelöscht, Freunde ziehen weg oder sterben, wir werden krank.

Letzten Endes lernen wir, Veränderungen in einem anderen Licht zu sehen. Ob zum Guten oder zum Schlechten, ob wir damit einverstanden sind oder nicht, Veränderungen wird es immer geben. Das Einzige, was wir kontrollieren können, ist unsere Reaktion darauf. Wir können Veränderungen begrüßen, die einen Fortschritt in unserem Wachstum bewirken, beispielsweise das Verschwinden von alten Orientierungspunkten und das Auftauchen von neuen, oder Freunde, die sich Selbsthilfegruppen anschließen. Anderen Veränderungen sehen wir nicht so begeistert entgegen, wenn wir beispielsweise einen Freund verlieren oder erkranken, aber zumindest können wir sie als zufällige, nicht als persönliche Folgen des menschlichen Lebens sehen. Wenn wir das bedenken, sind wir in der Lage, die Herausforderungen anzunehmen, die an uns gestellt werden.

Die Veränderungen in meinem Leben können mein Wachstum fördern.

Es ist ein gar köstlicher Abend, wenn unser ganzer Körper zu einem einzigen Sinnesorgan wird und durch jede Pore Entzücken aufnimmt. Henry David Thoreau

Wir tragen die Erinnerung an einen leichten Frühlingsregen selbst in der trockenen Jahreszeit in uns. Wir erinnern uns an den intensiven Duft frisch gemähten Grases, an das Zirpen der Grillen, das Lied eines Vogels.

Solche Erinnerungen sind uns wichtig, aber wir sind zunehmend entschlossen, auch neue zu erschaffen. Es erfordert Planung, um aktiv zu werden, aber wir wissen, dass die Erfahrung alle Mühen wert ist. Unsere Mobilität mag eingeschränkt sein, vielleicht wohnen wir auch nicht an einem Ort, wo wir mit der Natur so einfach kommunizieren können, wie wir das in unserer Jugend getan haben, aber wir sind kreativ und finden die Freuden der Natur auf dem Balkon unserer Wohnung oder auf einer Parkbank. Zoologische Gärten, Wildparks und öffentliche Grünanlagen bieten uns die Möglichkeit, das Heute zu genießen und Erinnerungen für das Morgen zu sammeln.

Meine Lebensumstände setzen mir schon echte Grenzen, da werde ich mir nicht noch zusätzlich künstliche Grenzen auferlegen.

Ich werde mich selbst nie davon abhalten, etwas Positives zu tun. K. O'Brien

Die Unfähigkeit, aktiv zu werden, kann uns bisweilen sehr zusetzen. Muskeln, die nicht funktionieren wollen, oder Gelenke, die sich nicht beugen lassen, können uns davon abhalten, den Tag so zu beginnen, wie wir das früher zu tun pflegten, selbst wenn wir die besten Absichten haben.

Beste Absichten allein bringen uns allerdings nirgendwohin, außer wir handeln auch danach. Wir brauchen eine Extraportion Kraft, die wir aus jenen inneren Ressourcen ziehen, die wir ausschließlich für ebensolche Tage lagern. Häufig entstammen diese Ressourcen unserem festen Glauben, dass wir diese Krisenzeit bewältigen werden. Und allmählich wird uns klar, dass unsere Taten und Reaktionen immer positiver werden.

Ich versuche, mich heute etwas mehr anzustrengen und die Kraftreserven anzuzapfen, die ich brauche, um meine guten Absichten umzusetzen.

Die Seele wüsste nicht um den Regenbogen, gäbe es die Tränen in den Augen nicht. John Vance Cheney

Dieser vertraute Kloß im Hals, das Aufwallen der Tränen in den Augen und der tiefe emotionale Kummer – allesamt Anzeichen des intensiven Bedürfnisses zu weinen. Warum versuchen wir mit aller Kraft, «tapfere kleine Soldaten» zu sein und nicht zu weinen, wo doch unser Körper nach Erleichterung verlangt?

Wenn wir uns hinter einem falschen Lächeln verstecken und weiterhin die Quelle an Emotionen unangezapft lassen, werden wir letztendlich austrocknen. Dieses natürlichen Ventils beraubt, werden sich unser Verstand und unser Körper im Kampf gegen Anspannung und Stress erschöpfen. Wir verlieren unsere Fähigkeit, uns selbst emotional auszudrücken. Möglicherweise gibt es irgendwann keine Gelegenheit mehr für Tränen. Tränen reinigen uns jedoch und erlauben anderen Emotionen, hervorzutreten und uns so lange zu leiten, bis wir wieder weinen müssen.

Weinen bringt mir Erleichterung und gibt mir die Freiheit, das ganze Spektrum meiner Gefühle zu erfahren.

Wer kann seinen Glauben von seinen Taten trennen oder seinen Glauben von seinen Tätigkeiten? Khalil Gibran

Hin und wieder zeigen wir uns der Welt auf eine Art und Weise, die nicht ganz ehrlich ist. Das kann immer dann der Fall sein, wenn wir versuchen, jemand zu beeindrucken, der uns nicht gut kennt. Unbewusst bemühen wir uns, einen anderen Menschen nachzuahmen. Doch dabei werden wir dem Geschenk unserer eigenen Einzigartigkeit untreu.

Unser Bedürfnis, «uns selbst zu beweisen», schwindet nur dann, wenn Selbstachtung und Selbsterkenntnis erblühen. Je sicherer wir werden, desto ehrlicher drücken wir uns selbst und unseren Glauben aus. Wir brauchen nicht länger Helden, die wir verehren können; stattdessen ehren wir das Geschenk des Lebens.

Ich finde Trost in dem ehrlichen Bekenntnis meiner Überzeugungen und Gefühle.

Die Zukunft ist wie der Himmel – jeder freut sich darauf, aber keiner will sofort aufbrechen. James Baldwin

Es gibt so genannte Futuristen, die sich auf das Studium von Trends und Meinungen spezialisiert haben und daraufhin Theorien aufstellen, wie die Zukunft aussehen wird. Für die Geschäftswelt, das Ausbildungswesen und die Industrie ist es sicher wichtig, vernünftige Annahmen über künftige Bedürfnisse zu treffen. Für uns ist es aber wahrscheinlich nicht so wichtig. Wir arbeiten schwer daran, das Heute zu verstehen und zu entdecken, was der heutige Tag für uns bereithalten mag.

Wir sind keine Wissenschaftler und keine Forscher; eher schon sind wir Entdecker, die sich einem noch nicht kartographierten Land gegenübersehen. Morgens wissen wir noch nichts von den Ereignissen und Überraschungen, die vor uns liegen, aber wir sind die Einzigen, die über die Richtung bestimmen können, die dieser Tag nehmen wird. Wir wollen und müssen uns keine Sorgen um die Zukunft machen, denn genau in diesem Augenblick haben wir das Geschenk der Zeit, die wir für uns und für die Menschen, die uns nahe stehen, nützen können.

Ich werde mich an diesem Tag erfreuen und ihn mit Leben füllen.

Wer danach trachtet, der Welle zu widerstehen, wird davongeschwemmt, doch wer sich vor ihr beugt, hält ihr stand.

Leviticus

Ebenso wie das Wasser eine Uferlandschaft verwandelt, so können die Veränderungen, die durch schwierige Lebensumstände entstehen, die Grenzen unseres Alltags verändern. Was früher normal aussah und sich normal anfühlte, kann uns jetzt plötzlich völlig fremd sein.

Zu unterschiedlichen Phasen unseres Lebens haben wir wiederholt unsere Fähigkeit demonstriert, uns an neue Situationen anzupassen. Eheschließung, Kinder oder eine neue Arbeitsstelle führen zu persönlichen Veränderungen. Fügt man diesen alltäglichen Geschehnissen jedoch noch eine chronische Erkrankung (körperlich oder emotional) hinzu, dann haben wir das Gefühl, zu ertrinken. Wir sollten uns in solchen Momenten von der Gegenwart distanzieren, die Vergangenheit neu überdenken und uns daran erinnern, wie gut wir bislang mit den Veränderungen umgegangen sind, die uns das Leben aufgezwungen hat. Wir waren anpassungsfähig, und das können wir auch weiterhin sein.

Es liegt eindeutig innerhalb meiner Möglichkeiten, mir ein neues Lebensmuster zuzulegen.

Ich werde diesen Weg nie wieder geh'n;
So will ich and'ren heut' zur Seite steh'n,
Will ihnen Steine aus dem Wege räumen
Und alle Hürden, die ihre Straße säumen.

Eva Rose York

Manchmal helfen wir anderen, indem wir uns für Putzkomitees in unserer Nachbarschaft, für Recyclinganlaufstellen oder für Aktionen wie «Unser Dorf soll schöner werden» engagieren. Vielleicht leisten wir sogar ehrenamtliche Arbeit in Schulen, Kirchen oder Gemeinden.

Eine längere Krankheit lässt uns die Beziehung zwischen jenen, die helfen, und jenen, die Hilfe brauchen, besser verstehen. Liebevolle Hilfe wird nicht durch Mitleid oder Überlegenheitsgefühle ausgelöst, sondern durch Einfühlungsvermögen und gemeinsame Menschlichkeit. Außerdem haben wir erfahren, dass niemand stets nur der Helfende ist und niemand stets nur am empfangenden Ende sitzt. Wir sind beides. Wir sind mit anderen durch das verbunden, was wir geben – und das, was wir empfangen.

Ich werde meine Liebe zeigen, indem ich anderen helfe und mir auch selbst helfen lasse.

Freundschaft bedarf keiner Worte – sie ist Einsamkeit, frei von der Angst der Einsamkeit. Dag Hammarskjöld

Der Sinn einer «bedeutungsschwangeren Pause» wird uns klar, wenn wir mit engen Freunden zusammen sind. Wir verspüren nicht länger das Bedürfnis, sie unterhalten zu müssen. Unser Schweigen ist uns angenehm.

Ein Freund weiß fast intuitiv, wann es uns gut geht und wann nicht. Ein Freund lässt uns reden, wenn wir uns an eine sich verändernde Lebenssituation anzupassen versuchen. Wir sollten jedoch genau überlegen, wie viel wir mitteilen. Selbst Freunde können von einer endlosen Litanei der Klage erschöpft werden. Wir vertrauen unseren Freunden, aber wir vertrauen auch dem Trost stummen Verstehens.

Ich bin dankbar für meine Freunde, denen ich mich mit Worten und mit Schweigen mitteilen kann.

Wir vergeben alle gern, und wir alle lieben nicht jene am meisten, die uns am wenigstens kränken, und auch nicht jene, die am meisten für uns getan haben, sondern jene, die es uns am leichtesten machen, ihnen zu vergeben.

Samuel Butler

Niemand von uns hegt gern böse oder bittere Gefühle gegenüber einem anderen Menschen. Wir wissen, dass Freundschaften aufgrund von Streitigkeiten, in denen keiner von beiden nachgeben oder einen Kompromiss schließen will, auseinander brechen können.

Wir begreifen immer mehr, wie unser Wertesystem aussieht, und wir verstehen, wie wichtig es ist, dass wir diese Werte widerspiegeln. Wenn eine Freundschaft von Zorn oder Missverständnissen bedroht wird, sind wir in der Lage, uns von unseren Werten leiten zu lassen. Bei weniger guten Beziehungen sind wir natürlich kaum geneigt, unsere Werte zu opfern. Wir lassen einige Freunde ziehen. Aber wenn wir dickköpfig oder selbstsüchtig waren, so sind wir jetzt besser in der Lage, die Freundschaft zu erhalten, indem wir Wiedergutmachung leisten.

Ich werde mich selbst und meine Freundschaften pflegen, indem ich mich in meinem Leben von meinen Prinzipien führen lasse.

März

Es gibt keinen Weg zum Frieden. Frieden ist der Weg.

A. J. Muste

Allzu oft suchen wir nach einfachen Antworten und schnellen Lösungen. Wir wollen unsere Ziele erreichen – und das jetzt! Was immer wir auch suchen (Frieden, Liebe, Akzeptanz), womöglich begehen wir den Fehler, diese Eigenschaften für konkrete, greifbare Ziele zu halten.

Doch allmählich verstehen wir, dass die Eigenschaften, nach denen wir streben, keine Ziele sind, es sind Wege und Richtungen, die wir bewusst einschlagen können. Wir können nicht losziehen und die Liebe finden, aber wir können uns dafür entscheiden, liebevoll zu sein. Es gibt keinen Weg zum Frieden oder zur Akzeptanz oder zum Verständnis, aber wir können unser Leben auf diesen Eigenschaften gründen und sie dadurch in Besitz nehmen.

Das, wonach ich suche, mag bereits in meiner Seele zu finden sein.

Bitterkeit und Zorn scheinen sehr eng verwandt und sind austauschbare Worte für ein und dasselbe Gefühl.

Robert Lovering

Warum ich? Wir können mit Wut oder Unglauben reagieren, wenn uns schließlich klar wird, dass unser Leben durch eine einschneidende Erfahrung nie wieder wie früher sein wird. Zu Anfang, solange wir uns noch an die neue Situation gewöhnen, geht das den meisten von uns so; dann stellen wir die Frage: «Warum ich?»

Eine schwierige Lebenssituation muss nicht unbedingt Bitterkeit zur Folge haben, viel eher die schlechten Entscheidungen, wie wir darauf reagieren. Wenn wir uns für Einsamkeit oder eine Lebensweise entscheiden, die keinen Raum mehr für das Lachen lässt, dann haben wir uns somit für die Bitterkeit entschieden.

Wenn wir dagegen gesündere Optionen wählen, stärken wir unseren Glauben an uns selbst und an die Möglichkeiten, die das Leben zu bieten hat. Wir bringen mehr Liebe für die Menschen unseres Umfelds auf und werden wiederum von ihnen mehr geliebt.

Ich kann lernen, meine negativen Gefühle durch Zufriedenheit und Glück auszugleichen. Ich kann aus meiner Prüfung Kraft gewinnen.

Die Menschen reagieren im Großen und Ganzen auf das Bild, das Sie projizieren. … Wenn Sie das Bild eines kranken, abhängigen Menschen projizieren, dann werden Sie genauso behandelt. Chyatte

Es ist nicht leicht, ein chronisches Leiden zu akzeptieren. Unser ganzes Leben ist plötzlich anders. Wir können nicht mehr all das tun, was wir früher getan haben. Wir fühlen uns anders und fürchten uns vor den Veränderungen, die unsere Krankheit mit sich bringen wird. Aber wenn wir lernen, ein starkes, positives Selbstbild auszustrahlen, dann fühlen wir uns gleich besser.

Zu unserem eigenen Wohl müssen wir so tun, als ob es uns gut ginge. Wenn wir so tun, als seien wir stark, kann unsere neue Verhaltensweise zu einer Gewohnheit werden, und diese Gewohnheit kann uns tatsächlich größere emotionale Kraft vermitteln. Wir können die Krankheit in die richtige Perspektive rücken: Sie ist nur eine der Veränderungen, die im Laufe eines Lebens auftreten.

Heute werde ich mir erlauben, mich zu verändern. Ich finde mich trotz meines neuen gesundheitlichen Zustands zurecht und kann ein lohnendes Leben führen.

Alles, was uns einschränkt, nennen wir Schicksal.

Ralph Waldo Emerson

Wir planen gern voraus, aber die schwerwiegenden Folgen einer Krisensituation lassen sich nicht planen. Niemand erwartet, die kurvige Straße einer unerwünschten, ungewollten Reise hinabzurollen. Ungeübt den Launen des Schicksals ausgesetzt, versuchen wir womöglich zu Anfang, Aktionspläne zu erstellen und den Verlauf der Krise vorauszuplanen und zu kontrollieren. Möglicherweise verharren wir dabei zu lange auf den negativen Aspekten.

Wir können den Verlauf einer Krise nicht steuern, aber wir können das Auf und Ab beeinflussen, indem wir uns eine positive Einstellung bewahren. Anstatt davon besessen zu sein, welche negativen Auswirkungen die Krise auf unser Leben ausübt, können wir uns auf die vielen Dinge konzentrieren, die uns noch möglich sind. Können wir einen Sonnenuntergang genießen? Ein Kind lächeln sehen? Können wir Musik hören oder mit den Händen arbeiten? Unsere Wut, unsere mürrischen Gedanken lassen sich so einfach durch angenehme Tagträume, liebevolle Erinnerungen und Hoffnung für die Zukunft ersetzen.

Ich fühle mich wieder wohl, denn mir ist endlich klar, dass ich immer noch die freie Wahl habe, wie ich mein Leben gestalten will.

Der Lieder süßestes ist das, welches von Trauer singt.

Percy Bysshe Shelley

Unsere inneren Botschaften ähneln bisweilen einem Radio: Wir entscheiden uns für das, was wir hören wollen. Mit einem Dreh am Senderknopf verändert sich die Musik von leicht und glücklich zu traurig und einsam und wieder zurück.

Die inneren Botschaften, die wir uns anhören, können unsere Tage mit Erinnerungen füllen, die nur schwer zu ertragen sind. Aber wir können unseren Geist auf positivere Gedanken einstellen, wenn wir die Schönheit unserer Umwelt wahrnehmen, wenn wir uns auf das Plus und weniger auf das Minus konzentrieren. Wir können willentlich unseren Geist auf jene Gedanken richten, die besser für uns und für unser Leben sind.

Warum sollten wir den traurigen, einsamen Melodien lauschen, wenn es eine Alternative gibt? Wir können ein tägliches Programm wählen, das unseren Zielen und Bedürfnissen entspricht, eines, das unsere Wünsche beflügelt und zu unserem allgemeinen Wohlbefinden beiträgt.

Heute werde ich meinen inneren Senderknopf auf positivere Botschaften einstellen.

Das Dumme an dieser Welt ist, dass gute Gewohnheiten so viel leichter aufzugeben sind als schlechte.

Somerset Maugham

Alte Gewohnheiten sitzen tief, vor allem schlechte. Wir sollten besser taktvoll schweigen, wenn wir angesichts des Verhaltens oder der Gewohnheiten der Menschen, die wir lieben, wütend werden. Manchmal mag es den Anschein haben, als ob alle um uns herum an den Nägeln kauen, rauchen, fluchen oder zu viel essen. Wenn dann eine Stresssituation eintritt, kommen schlechte Gewohnheiten rasch wieder an die Oberfläche. Unter Umständen tolerieren wir die Fehler anderer dann auch weniger.

Es ist schwer, alte Gewohnheiten aufzugeben, insbesondere das alte Muster der Missbilligung, aber wir können das Loslassen lernen. Auch mit dem zusätzlichen Stress in unserem Leben können wir daran arbeiten, neue Gewohnheiten zu entwickeln. Wir können lernen, das Wachstum wahrzunehmen, das uns gelungen ist, und stolz darauf zu sein.

Heute werde ich starke neue Gewohnheiten entwickeln und an meinen alten starken Gewohnheiten festhalten.

Das Leben ist, wenn Sie so wollen, ein Kunstwerk, und wenn wir seinen Einzelheiten genügend liebevolle Aufmerksamkeit gewidmet haben, dann wird es uns auch gelingen, auf das fertige Produkt stolz zu sein. Harold Kushner

Beinahe unbewusst tun wir häufig Dinge, die gut für uns sind und uns glücklich machen. Wir tun etwas, das Wohlbefinden schafft, und wir erleben einen erfolgreichen Tag. Wenn wir unsere Aufmerksamkeit auf jene Dinge richten, die zu unserem Wohlbefinden beitragen, können wir uns eine erfolgreiche Woche sichern. Wenn wir uns um unser Heim kümmern, macht uns das stolz, und das ist auch der Fall, wenn wir einem Mitmenschen in Not helfen. Wir sollten ehrenamtliche Arbeit zu einem Teil unseres Lebens machen, anderen und uns selbst gegenüber gütig sein, eine hilfreiche Hand ausstrecken – all das vergrößert unser Wohlbefinden.

Wenn wir auf die Menschen unseres Umfelds achten, vollzieht sich eine Wandlung in unserem spirituellen Selbst. Wir haben uns dann selbst das Geschenk eines sinnvollen Lebens gemacht.

Ich werde heute den Einzelheiten meines Tages liebevolle Aufmerksamkeit zukommen lassen.

Man lernt nur aus dem Leid. Aristoteles

Es heißt, dass Schmerzen und Erfahrungen die größten Lehrer im Leben seien. Was hätte es für einen Sinn, täglich Qualen zu leiden, aber nichts daraus zu lernen? Wozu sollte es gut sein, wenn wir unser Leben lebten, ohne neben Trauer auch Freude zu erfahren?

Wir könnten keine starke Persönlichkeit und keinen festen Charakter bilden, wenn unser Leben perfekt wäre. Erfahrung formt unser Herz und unsere Seele, verleiht uns Tiefe und erweitert unseren Horizont. Kein Mensch hat je ein Leben völlig ohne Qualen, ohne Trauer gelebt. Wir können uns über unseren Schmerz und unsere Trauer erheben und in neue Richtungen wachsen.

Ich kann die Lektionen annehmen, die ich gerade lerne, und meinem nicht ganz so perfekten Leben gegenüber tolerant sein. Diese Lektionen lassen mich wachsen.

Verschwenden Sie den heutigen Tag nicht damit, dem Gestern nachzutrauern; erschaffen Sie lieber eine Erinnerung für das Morgen.
Laura Palmer

Die Träume unserer Jugend waren voller großer Erwartungen an unseren Einfluss auf die Welt. Einige dieser Ziele haben wir erreicht, viele andere nicht.

Heute fällt es uns leichter, zu akzeptieren, dass nicht alle unsere Pläne sich verwirklichen werden. Dadurch sind wir in der Lage, uns neue Ziele zu setzen, die unsere heutigen Träume und Ideale besser widerspiegeln. Eine Zeit lang mag es so scheinen, als ob wir «einfach nur dahinvegetierten», aber wir können mehr haben.

In unserer momentanen Lebensphase sind wir in der Lage, reife Entscheidungen zu treffen, uns realistischere Ziele zu setzen. Jeden Tag können wir über unsere Leistungen nachdenken und über die Freude, die wir aus unserer Familie, unseren Freunden und unserer Arbeit ziehen. Endlich fühlen wir uns wohl mit uns selbst, und wir freuen uns auf unser Morgen.

Das Gestern ist vorbei und nicht mehr zu ändern, aber das Heute ist real, und ich kann es frei gestalten.

Man kann einem Menschen nichts beibringen. Man kann ihm nur helfen, es in sich selbst zu finden.

Galileo Galilei

Wir können Krisen, große wie kleine, nicht vermeiden; sie gehören zum Leben. Autounfälle, mehr Geld auszugeben, als wir haben, uns die Zehen anzustoßen, verregnete Ferien – diese Dinge passieren allen Menschen. Niemand ist davor gefeit. Aber wir können aus unseren negativen Erfahrungen eine Lehre ziehen. Wir lernen, vorsichtiger zu sein, auch mal den Mund zu halten, verantwortlicher zu handeln.

Niemand kann uns beibringen, wie man lebt. Wir müssen es selbst lernen. Letzten Endes sind wir selbst am besten in der Lage, mit unseren eigenen Problemen umzugehen, manchmal sogar mit Anmut und Grazie. Wir können anderen mitteilen, was wir gelernt haben, wir können ihnen den Weg bereiten, aber auch sie müssen ausnahmslos selbst lernen, wie sie ihn zu gehen haben.

Das Leben reicht mir Situationen. Ich habe die Fähigkeit, sie in positive Erfahrungen zu verwandeln.

Der hoffnungsvolle Mensch sieht Erfolg, wo andere Versagen sehen, Sonnenschein, wo andere nur Schatten und Sturm erkennen.
O. S. Marden

Hin und wieder verlieren wir die Welt um uns herum aus den Augen und stecken ganz in unserer Niedergeschlagenheit fest. Wir leiden unter körperlichen oder emotionalen Qualen und sind nur mit uns selbst beschäftigt. Oder wir sind unglücklich, weil die Dinge nicht genau so laufen, wie wir das gern hätten.

Aber wir können uns, und sei es nur für einen Augenblick, das herrliche Bild eines Sonnenaufgangs vorstellen, wie mit Wasserfarben gemalt – das Versprechen eines brandneuen Tages. Alles ist in Pastelltönen gehalten. Die Farben fließen sanft ineinander über, ohne wahrnehmbaren Bruch. Wir können uns in der Schönheit und Gelassenheit der Szenerie entspannen. Wir können es genießen mit keiner anderen Absicht, als dabei Vergnügen zu empfinden. Positive Imaginationen können uns helfen, die Schönheit des Augenblicks zu erhöhen.

Die Schönheit der Natur und die große Freude, die ich bei ihrem Anblick empfinde, überwältigen mich. Ich kann dieselben Gefühle erneut hervorrufen, wenn ich diesen Anblick vor meinem inneren Auge visualisiere.

Beuge niemals den Kopf … Schau der Welt direkt in die Augen.
Helen Keller

Stolz ist flüchtig, wenn wir emotional verletzt sind. Wir handeln und fühlen uns wie unter großem Druck. Es ist sehr schwer, auf all das zu achten, was wir leisten können, und möglicherweise konzentrieren wir uns zu sehr auf das, was außerhalb unserer Reichweite liegt. Oder wir verstecken uns vor unseren Problemen, indem wir uns nicht mehr in Gesellschaft wagen oder uns emotional isolieren. Wir schämen uns, weil wir verletzt sind, und das macht es sehr schwer, um Hilfe zu bitten.

Doch heute verstecken wir uns seltener vor unseren Gefühlen, wir finden es einfacher, der Welt direkt in die Augen zu schauen. Mag sein, dass uns dieser Sinneswandel nicht leicht gefallen ist, vielleicht haben wir ihn gar nicht selbst in die Wege geleitet, aber wir bewältigen ihn mit der Hilfe liebevoller Freunde. Wir akzeptieren unsere Beschränkungen immer mehr und bemühen uns, das zu tun, was wir tun können. Wir bitten um Hilfe, wenn wir müssen. Somit können wir der Welt wieder stolz in die Augen schauen.

Ich brauche mich nicht zu schämen, wenn ich andere um Hilfe bitten muss.

Je länger ich lebe, desto schöner wird das Leben.

Frank Lloyd Wright

Als wir noch jünger waren, schienen Tag und Nacht zwei getrennte Daseinsbereiche. Am Tag haben wir gespielt, und in der Nacht haben wir geschlafen. Der Unterschied wird jedoch immer geringer, je älter wir werden, insbesondere dann, wenn wir Probleme haben, die unseren Schlaf behindern. Sorgen und Kummer neigen dazu, die Nächte länger zu machen – und einsamer.

Was jedoch in der Nacht noch hoffnungslos schien, kann am Morgen in ein völlig neues Licht getaucht sein. Es wäre wunderbar, wenn wir lernten, jeden neuen Tag mit derselben unbekümmerten Freude zu begrüßen, wie wir das als Kinder getan haben. Wir können aufs Neue lernen, jeden Augenblick zu erleben und zu genießen. Sobald wir Nacht und Tag trennen, wie wir das vor vielen Jahren getan haben, gelingt es uns viel eher, uns wieder wunderbare Tage zu gestatten.

Ich erwarte, dass ich das Beste erreichen werde, was jeder Tag zu bieten hat.

Ein fröhliches Antlitz ist für einen Kranken fast ebenso förderlich wie gesundes Wetter. Benjamin Franklin

Gravierende gesundheitliche Probleme können wie alle anderen Veränderungen der Lebensumstände Freundschaften aushöhlen. Wenn wir es mit chronischen Schmerzen oder Unwohlsein zu tun haben oder wenn wir durch eine Krankheit nachhaltig beeinträchtigt sind, dann sind sich einige Freunde einfach nicht mehr sicher, wie sie sich unter diesen neuen Umständen verhalten sollen.

Menschen, die uns lieben, wollen uns helfen; sie wollen bei uns sein. Für uns stellt sich dann die schwerwiegende Frage, wie wir ihnen das ermöglichen können. Besuche sind für uns anfangs belastend, weil unser Leben und unsere Beziehungen durch die Krankheit verändert worden sind. Aber bald schon erkennen wir, dass wir diese besonderen Menschen immer noch brauchen und um uns haben wollen. Wir wollen ihnen in guten wie in schlechten Zeiten unsere Zuneigung beweisen.

Ich finde Trost und Standfestigkeit, wenn ich meine Freundschaften aufrechterhalte.

Ein Mensch ohne Tagesplan ist schon verloren, bevor er angefangen hat. Lewis K. Bendele

So manchen Morgen sind wir versucht, uns den Anforderungen und Verpflichtungen des vor uns liegenden Tages zu entziehen, insbesondere dann, wenn wir eine schwere Bürde zu tragen haben. Der Gedanke, uns eine Tasse Kaffee zu machen, mit der Zeitung wieder ins Bett zu kriechen und uns vor der Welt zu verstecken, erscheint uns überaus verlockend.

Wie groß die Versuchung auch sein mag, für gewöhnlich ist das keine gute Idee. Was wir jetzt brauchen, ist ein Plan, der uns Mut macht, den Tag bis zur Neige auszukosten. Möglicherweise müssen wir uns einen Plan ausdenken, der uns antreibt. Persönliche Hygiene, notwendige Haushaltspflichten, Briefe oder Anrufe bei Freunden, der Gang zum Supermarkt, um Lebensmittel zu kaufen – all das unterstreicht unsere Wichtigkeit und die Wichtigkeit des Tages. Ohne einen Plan gehen wir das Risiko ein, vierundzwanzig Stunden mit Einsamkeit und Selbstmitleid zu verschwenden.

Ich und dieser Tag sind wichtig, und mein Plan spiegelt das wider.

Die Zeit lässt alle Dinge reifen. Kein Mensch wird klug geboren. Miguel de Cervantes

One moment in time, ein Satz aus einem alten Song, der immer noch Gültigkeit besitzt. In einem einzigen Moment können wir über das Gleichgewicht unseres Lebens entscheiden. Entschlüsse in Bruchteilen von Sekunden, nicht immer gute, durchdringen das Gewebe unseres Lebens, des Lebens aller Menschen – ungeachtet ihrer Probleme.

Manchmal bedauern wir eine Entscheidung, die wir allzu rasch gefällt haben, eine Entscheidung, die den Kurs unseres Lebens für kurze Zeit oder gar dauerhaft verändern kann. Vielleicht ist das Auto, auf dem wir bestanden haben, ein Fehlkauf, oder wir mögen die Menschen in dem Ort nicht, in den wir aus einem Impuls heraus umgezogen sind. Wir müssen lernen, mit unseren Entscheidungen zu leben, zumindest bis wir uns zu einer Veränderung entschlossen haben. Überdenken Sie Ihre Entscheidungen einen Augenblick länger. Jede Erfahrung kann unsere Weisheit vergrößern.

Ich werde versuchen, mir Zeit zu lassen, wenn ich Entscheidungen treffe.

Die Zeit ist verloren, wenn wir kein volles menschliches Leben gelebt haben, Zeit, arm an Erfahrungen, an kreativen Anstrengungen, an Freude und Leid.

Dietrich Bonhoeffer

«Den heutigen Tag werde ich niemals überstehen!» Diesen Gedanken hatten wir alle schon von Zeit zu Zeit. Wir haben den Tag jedoch überstanden, sind am nächsten Morgen aufgestanden und haben den neuen Tag begrüßt. Die Zeit kann überaus langsam verstreichen, wenn wir nur an uns selbst denken. Manchmal fühlen wir uns von der Angst vor einer ungewissen Zukunft wie erdrückt. Möglicherweise sind wir sogar der Ansicht, dass uns Freunde und Familienangehörige in einer Zeit der Not im Stich gelassen haben.

Wenn wir von diesen Gefühlen der Hilflosigkeit überwältigt werden, können wir uns an eine Höhere Macht wenden und um Trost und Verstehen bitten. Das Wissen, dass wir uns durch die Details unseres Lebens nicht allein hindurcharbeiten müssen, tröstet uns nicht nur, es füllt unsere Minuten und unsere Tage auch mit positiven Gedanken und Taten.

Eine Höhere Macht verleiht mir Durchhaltevermögen.

Ein gewöhnlicher Mensch kann sich mit zweitausend Büchern umgeben … und fürderhin wenigstens einen Ort in der Welt haben, an dem es ihm möglich ist, glücklich zu sein.
Augustine Birrell

Eine Taschenlampe. Ein Sturm im Winter. Heimlich unter der Bettdecke lesen. In unserer Kindheit haben die meisten von uns von Zeit zu Zeit Zuflucht in Büchern gesucht. Bücher waren unsere ganz private Erfahrung, die wir mit niemand geteilt haben. Sie konnten jedoch auch eine schöne Erfahrung im gemütlichen Familienkreis sein.

Bücher bieten uns immer noch ein Fenster zur Welt, zu Abenteuern und weit entfernten Orten, die nur wenige Menschen je aus erster Hand kennen lernen. Ungeachtet unserer körperlichen Fähigkeiten oder Schwächen finden wir im Allgemeinen immer eine Möglichkeit, ein Buch zu lesen oder auf Tonband zu hören. Wir können eine kurze Zeit lang einige der Enttäuschungen abschütteln, die wir erlebt haben. Wir können reisen. Und wir können träumen.

Lesen ist ein wunderbares Geschenk, das ich mir selbst machen kann.

Der Glaube an eine heilige Sache ist in beträchtlichem Maße Ersatz für den verlorenen Glauben an uns selbst.

Eric Hoffer

Umtriebig! Umtriebig! Umtriebig! Manchmal haben wir das Gefühl, unser Leben in einer Tretmühle zu verbringen – ständig in Bewegung setzen wir unsere Zeit und Kraft für Menschen und hehre Zwecke ein.

Freiwillige und ehrenamtliche Arbeit kann eine wunderbare Möglichkeit sein, anderen zu helfen, aber nur wenn sie ein bereits ausgefülltes Leben ergänzt. Wir leben in der Tat in einer Tretmühle, wenn unsere aktive Anteilnahme nur eine Flucht ist, damit wir uns unseren innersten Gedanken und Ängsten nicht stellen müssen. Wir erreichen gar nichts, wenn unser Aktivismus alles ist, wofür wir jeden Morgen aufwachen.

Die Veränderung setzt ein, wenn wir uns aufrichtig unseren größten Ängsten stellen. Wir können in uns selbst die verwundbaren Punkte suchen und dann danach streben, alle Mängel zu beheben, soweit es uns möglich ist. Nur dann gewinnen wir den Glauben an uns selbst und an unsere Fähigkeiten zurück.

Sobald ich den Glauben an mich selbst wiedergewonnen habe, kann ich mein Herz öffnen und anderen helfen.

Wer menschliche Bedürfnisse versteht, hat sie schon halb erfüllt.
Adlai Stevenson

Vielleicht musste man uns ständig an unsere Pflichten erinnern, als wir noch Kinder waren. Wir erwarteten, dass man uns sagte, was wir zu tun hatten. Heute sind wir erwachsen, durch ein Leiden beeinträchtigt und stellen fest, dass wir unsererseits den Menschen unseres unmittelbaren Umfelds Ermahnungen austeilen müssen. Doch diese Vorschläge sollten extrem einfühlsam und sorgfältig erteilt werden.

Wir können das Verhalten unseres Partners, unserer Freunde, Eltern und Kinder sanft anleiten. Unsere Kommentare dürfen dabei durchaus ehrlich und direkt sein: «Es würde mir helfen, wenn du mich es selbst versuchen lassen würdest», «Bitte wische den Boden», oder «Würdest du die Handtücher in den Trockner legen?». Die Menschen unseres Umfeldes können keine Gedanken lesen, aber wir können lernen, «ich brauche» oder «ich möchte» zu sagen. Unsere Bedürfnisse werden erfüllt, wenn wir direkt darum bitten.

Es ist nicht leicht, um Hilfe zu bitten, aber ich kann es lernen.

Es ist eine glückliche Gabe, spielen zu können.

Ralph Waldo Emerson

Wenn die sorgenfreien Kindheitstage dem Erwachsenenleben weichen, legen wir bisweilen zu viel von unserer Kindlichkeit ab. Wir werden zu dem, was wir für reif halten – ernsthaft und stets beschäftigt. Völlig unabsichtlich bewerten wir die Ehe, die Arbeit an unserer Karriere, die Kindererziehung oder die Abzahlung der Hypothek viel zu hoch. Selbst in unserer Freizeit eilen wir erst hierhin, dann dorthin – mähen den Rasen, lassen uns die Haare schneiden, kaufen Kleidungsstücke oder Lebensmittel und erledigen all die kleinen Haushaltspflichten, die regelmäßig getan werden müssen.

Wo bleibt die Zeit, die wir für uns selbst brauchen, um sie mit Freunden zu verbringen oder um einfach zu spielen? Wenn wir wollen, können wir uns diese Zeit nehmen, und zwar genau jetzt. Wir können die Anforderungen von Heim oder Karriere vorübergehend beiseite schieben und unbekümmert spielen.

Manchmal ist es leicht, allzu ernst zu sein. Heute werde ich mich am Spiel beteiligen.

Tapferkeit ist der Widerstand gegen die Angst, die Beherrschung der Angst, nicht die Abwesenheit von Angst.

Mark Twain

Viele von uns leiden an geringer Selbstachtung. Das kann mancherlei Gründe haben, und alle sind sie komplex. Wenn wir zu guter Letzt beschließen, dass wir Veränderungen in unserem Leben herbeiführen wollen, sind wir uns unter Umständen nicht sicher, wie wir diese Veränderungen umsetzen können. Wo sollen wir anfangen? Einer der besten Anfangspunkte besteht darin, das Zwölfschritteprogramm zu übernehmen und so zu tun, «als ob» wir alle Zuversicht der Welt besitzen würden, «als ob» wir felsenfest an uns glaubten. Wir denken erstmals über das Mögliche nach, nicht über das Unmögliche.

Wir alle fürchten das Unbekannte, aber so zu tun, «als ob», hilft uns, mit den Dingen umzugehen, die wir nicht sehen können. So verrückt es sich auch anhört, unser neues Verhalten wird sich letzten Endes zu einer neuen Gewohnheit entwickeln, und wir werden nicht länger so tun müssen, «als ob», weil wir wirklich so «sind».

Ich bin bereit, so zu tun, «als ob» ich Veränderungen herbeiführen könnte.

Daselbst ruhen, die viel Mühe gehabt haben.

Hiob 3, 17

Wir hätten uns wohl nie träumen lassen, dass wir einmal lernen müssten, mit ständiger Erschöpfung zu leben. Unsere Vorstellung von Leiden bestand in Schmerzen, Unannehmlichkeiten, vielleicht sogar einigen negativen Gefühlen wie Wut, aber wir konnten einfach nicht vorhersehen, wie sehr ständig an unserer Kraft gezehrt würde. Es liegt ein großer Trost in dem Wissen, dass wir nicht allein sind, dass es letztendlich eine Macht gibt, die größer ist als wir selbst, eine Macht, die wir um Trost und Kraft bitten können.

Wir können den körperlichen Beschwerden nicht immer entfliehen, aber wir können unsere Spiritualität erneuern, die uns möglicherweise ebenso wie die guten Zeiten abhanden gekommen ist.

Ich kann die Auswirkungen meines Leidens nicht kontrollieren, aber ich kann mir eine hoffnungsvolle Einstellung zu Eigen machen.

Unsere Sicherheit liegt nicht darin, dass wir uns blind stellen, sondern darin, der Gefahr mutig entgegenzutreten.

Johann Christoph Schiller

Manchmal werden unsere Probleme noch größer, wenn wir Medikamente einnehmen, um mit den Folgen einer Existenzkrise zu leben. Das kann daran liegen, dass wir von mehr als einem Arzt etwas verschrieben bekommen, aber auch daran, dass wir unsere verschreibungspflichtigen Medikamente mit rezeptfreien Medikamenten ergänzen.

Natürlich sollten wir die Medikamente einnehmen, die uns so gesund und funktionstüchtig wie möglich halten, aber ein Zuviel an Medikamenten kann bisweilen zu ungewollten Nebenwirkungen führen. Außerdem kann eine psychologische oder körperliche Abhängigkeit entstehen.

Neben den notwendigen Medikamenten können uns die Freude am Leben und die Liebe zu uns selbst und zu anderen helfen, mit unserer Krisensituation umzugehen. Wenn wir lernen, mit unseren Beschränkungen zu leben, können wir einen Teil der persönlichen Macht zurückgewinnen, die uns die Krise genommen hat.

Ich werde stärker, wenn ich mich meinen Problemen stelle.

Jeder Mensch hält die Grenzen seiner eigenen Sichtweise für die Grenzen der Welt. Arthur Schopenhauer

Es ist nicht leicht, sich an den Gedanken zu gewöhnen, für immer mit einer Krankheit leben zu müssen. Zu Anfang ließen wir unser ganzes Leben davon bestimmen. Vielleicht haben wir das Vergnügen verloren, das wir früher an einem Spaziergang, einem Kartenspiel mit Freunden oder an Hilfeleistungen für andere hatten. Wir waren von der Erinnerung, wie unser Leben zu sein pflegte, wie besessen.

Wir können lernen, eine Krankheit in die richtige Perspektive zu rücken. Unser Leben hat sich dauerhaft verändert, aber die Veränderung beherrscht uns nicht. Wir wissen, dass wir unsere Lage wahrhaft angenommen haben, sobald die ständige Beschäftigung damit unseren Alltag nicht länger dominiert.

Natürlich haben wir Beschwerden, aber jetzt können wir sie als das sehen, was sie sind: nur eine einzige Facette unseres Lebens. Wir können uns dafür entscheiden, wieder ausgefüllte und sinnvolle Tage zu erleben.

Ich – nicht meine Krankheit – entscheide, wie gut ich lebe und wie ausgefüllt mein Leben ist.

Die Konfrontation mit dem Tod … lässt alles so kostbar, heilig und schön erscheinen, dass ich mehr denn je den Impuls verspüre, das Leben zu leben, es zu umarmen und mich selbst davon überwältigen zu lassen. Abraham Maslow

Wenn wir eine lebensbedrohliche Situation erlebt haben, sind wir gezwungen, uns die eigene Sterblichkeit bewusst zu machen. Eine enge Begegnung mit dem Tod reicht aus, um uns Angst vor dem Sterben einzujagen, aber mit dieser Furcht fließt möglicherweise auch ein Gefühl der Spiritualität durch unser Leben. Probleme, die früher überwältigend schienen, schrumpfen zusammen. Die Bäume sind grüner, der Himmel ist blauer, und die Menschen sind freundlicher und entgegenkommender denn je.

Häufig wissen wir das, was wir für selbstverständlich halten, erst dann zu schätzen, wenn es uns beinahe entrissen worden ist. Plötzlich ist jeder Tag ein Geschenk. Jeder Tag ist eine kostbare Chance, neu zu leben.

Ich werde weiterhin darum kämpfen, jeden Tag zum besten Tag zu machen, weil ich mich am Geschenk des Lebens freue.

Geduld ist das beste Heilmittel für jedes Problem.

Plautus

Wir sind an schnelle Lösungen gewöhnt. Ein Schokoriegel hält unseren Hunger in Schach. Kreditkarten erlauben uns freies Einkaufen, auch wenn wir finanziell klamm sind. Wir fahren zum Drive-in und verzehren unterwegs zu unserem nächsten Termin eine Fastfoodmahlzeit.

Als wir in unsere schwierige Lebenssituation gerieten, bestand unsere Reaktion womöglich in einem «Na gut, was kann ich dagegen tun?» Doch dann wurde uns klar, dass zur Bewältigung der Probleme Zeit gehörte – ein Medikament, das viel Geduld erfordert und schwer zu schlucken ist. Im Laufe der Zeit akzeptieren wir, dass unsere Situation Geduld von uns erfordert. Wir können diese Geduld dafür einsetzen, unser oft allzu hektisches Verhalten zu verlangsamen und auf den Wert zu achten, den jede einzelne verstreichende Minute besitzt. Unsere Zeit wird immer kostbarer, und wir verstehen, dass Geduld ein überaus gutes Heilmittel ist.

Heute will ich mich in Geduld üben.

Nicht vor Tod oder Schmerz soll man sich fürchten, sondern vor der Furcht vor Schmerz oder Tod. Epiktet

Die Schmerzen, die wir vorausahnen – sei es eine Grippeschutzimpfung, eine langwierige Behandlung beim Zahnarzt oder eine Operation –, sind für gewöhnlich schlimmer als der eigentliche Schmerz. Vielleicht liegt das daran, dass zur Vorausahnung des Schmerzes Furcht oder Entsetzen gehören.

Im Umgang mit dem Schmerz gibt es gesündere Methoden. Früher hätte schon das Gefühl, dass sich Kopfschmerzen ankündigen, uns völlig verspannen und uns auf diese Weise auf den beginnenden Schmerz vorbereiten lassen. Jetzt werden wir uns wahrscheinlich hinsetzen und eine positive Imagination herbeirufen oder eine Entspannungstherapie beginnen. Wir geben uns selbst die Zeit, die wir brauchen, um allein zu sein, tief durchzuatmen und an ein schönes und beruhigendes Bild zu denken. Wir lernen, uns zu entspannen und weniger ängstlich zu sein.

Ich muss mich selbst an meine Eigenmacht erinnern. Ich kann die Kontrolle über meinen Körper ausüben und die Auswirkungen der Angst zu minimieren suchen.

Das Glück sollte nicht allein von körperlichem Wohlbefinden abhängen. K. O'Brien

Ohne es selbst zu bemerken, bauen wir unser ganzes Leben bisweilen auf dem Fundament unserer Gesundheit auf. Wir gehen davon aus, dass wir auch in Zukunft gesund sein werden. Und wir weigern uns, auch nur daran zu denken, dass der wahllose Selektionsprozess der Natur unsere Lebensweise drastisch verändern könnte. Wir glauben keine Sekunde, dass sich unsere Gewohnheiten aufgrund einer Krankheit ändern könnten. Wir fühlen uns ausgenommen, sind zuversichtlich, dass uns so etwas niemals passiert.

Wenn dieser Fall dann doch eintritt und sich unsere Lebensweise verändert – manchmal allmählich, manchmal abrupt –, haben wir das Gefühl, das Anrecht auf Glück verwirkt zu haben. Doch dann passen wir uns an. Familienangehörige und Freunde halten zu uns, und wir begreifen, dass diese Menschen, nicht Äußerlichkeiten, das Fundament wahren Glücks sind.

Ich nehme mein Schicksal an und lerne, damit zu leben. Meine gefährdete Gesundheit hat mein Leben nicht beendet, nur verändert.

Wenn Sie nicht lernen, über Schwierigkeiten zu lachen, dann haben Sie nichts mehr zu lachen, wenn Sie alt werden.

Ed Howe

Mit anderen zu lachen ist wichtig. Über unsere eigenen Probleme zu lachen ist jedoch noch wichtiger. Da wir in unserer schwierigen Situation ständig mit allen möglichen Problemen rechnen müssen, können wir auch gleich lernen, über uns selbst zu lachen.

In einer schweren Krise verändert sich häufig auch das Koordinationsvermögen. Die Reaktionen werden langsamer, die Empfindsamkeit gegenüber Kälte, Hitze oder Schmerz verändert sich. Es ist nur logisch, dass wir uns eines Tages aufgrund unseres Unwohlseins in potenziell peinlichen Situationen wiederfinden werden.

Ein herzliches Lachen in allen möglichen merkwürdigen Situationen ist oft das richtige Hilfsmittel, das uns durch eine schwierige und schmerzliche Erfahrung trägt. Lachen ist ein Geschenk, mit dem wir uns selbst bedenken können. Wir können es überallhin mitnehmen und werden es niemals verlieren.

Solange ich noch lachen kann, bin ich auf dem richtigen Weg.

Warum, warum, warum? James Joyce

«Es ist einfach nicht fair», klagen wir insgeheim, «warum hat mich diese verdammte Krise genau dann erwischt, wo es mir so glänzend gegangen ist – auf dem Höhepunkt meines Lebens?»

Diese Frage stellen wir uns alle. Viele von uns knien nieder und bitten eine Höhere Macht im Gebet darum, es begreifen zu können. Vielleicht fragen wir: «Warum ich?» Oder wir flehen: «Warum gerade jetzt, wo ich doch fast wieder auf den Beinen war?»

Wir können diese Fragen natürlich stellen, doch häufig wird es keine Antwort darauf geben. Unsere Wege sind keine göttlichen Wege. Manchmal ist das Leben einfach nicht fair; es gibt keine einfachen Antworten.

Ich habe mich schon anderen Veränderungen in meinem Leben angepasst, also schaffe ich es auch bei dieser. Es mag etwas dauern, und vielleicht muss ich zuerst eine Berg- und Talfahrt an Gefühlen durchlaufen, aber ich bin dazu bereit.

April

Der Frühling ist ein so schönes, so einzigartiges, so unerwartetes Glück, dass ich nicht weiß, was ich mit meinem Herzen anfangen soll.
Emily Dickinson

Erinnern Sie sich noch an die pure Freude, die Sie in Ihrer Kindheit angesichts des Frühlings verspürten? Wie Sie durch den Garten rannten und die herrlichen Gerüche und Bilder in sich aufnahmen? In jenen Tagen bedeutete Frühling: keine dicken Kleidungsstücke und keine Stiefel mehr. Es bedeutete, nur mit einem leichten Pulli bekleidet und ohne Ermahnungen Ihrer Mutter aus dem Haus stürmen zu können. Und was ganz wichtig war: Die neue Jahreszeit kündete davon, dass uns von den Sommerferien nur noch wenige Monate trennten.

Wir können unsere kindliche Offenheit zurückgewinnen, denn dieses Kind steckt immer noch in uns. Wir können dieselben Düfte schnuppern, dieselbe Freude erleben, aber mit dem tiefen Begreifen, das wir als Erwachsene gewonnen haben. Ungeachtet, ob wir einen Garten bepflanzen können oder uns einfach an einem Blumenstrauß erfreuen, der Frühling kann uns immer noch begeistern.

Mein Herz freut sich immer noch am Frühling. Ich bin dankbar, dass ich hier sein und all das in mich aufnehmen kann.

Die größte Freude am Leben besteht darin, seine eigene Kraft auf natürliche, nützliche und unschädliche Weise zum Ausdruck zu bringen. Ähnlich große Freude gibt es nicht, und das wahre Elend besteht darin, das nicht zu tun.

Oliver Wendell Holmes Jr.

Wenn unsere Kräfte abnehmen und wir rascher ermüden, sind wir vielleicht nicht mehr in der Lage, all das zu tun, was wir in der Vergangenheit getan haben. Wenn wir uns zu sehr antreiben, bekommen wir es unweigerlich zu spüren, sei es, dass unsere Gelenke schmerzen oder wir uns niedergeschlagen fühlen.

Wenn wir unsere tägliche Portion an Energie mit einem Guthaben bei der Bank vergleichen, wird uns klar, dass wir nur eine bestimmte Summe abheben können, bevor uns die Ressourcen ausgehen. Wir können jeden Tag neu beschließen, wie wir diese kostbare Energie verbrauchen – oder verschwenden – wollen. Es dauert seine Zeit, bis wir unsere Prioritäten neu geordnet haben, aber es ist wichtig, ein gutes Leben zu führen, und letzten Endes lernen wir, wie wir unsere Energie erfolgreich investieren können.

Jeder Tag präsentiert sich mir neu und frisch. Es liegt an mir zu entscheiden, wie ich meine Energie einsetzen will.

Ein Übermaß an Furcht führt stets zu Kraftlosigkeit.
Aischylos

Möglicherweise stört irgendetwas unseren Schlaf. Mit weit geöffneten Augen liegen wir Nacht für Nacht im Bett. Wir bewegen uns wie Roboter durch den Tag, kommen geradeso zurecht. Unser Schlafmangel mag an den Sorgen und Problemen liegen, denen wir uns nicht stellen mögen.

Die Konfrontation mit unserer Situation hat uns plötzlich vor Augen geführt, wie machtlos wir in bestimmten Bereichen unseres Lebens sind. Und womöglich nehmen wir dieses Gefühl der Hilflosigkeit mit hinüber in andere Bereiche unseres Lebens. Erst allmählich verstehen wir, dass das Leben immer schon unvorhersehbar war; wir haben uns einfach bisher geweigert, das anzuerkennen. Wir lernen, die Dinge zu akzeptieren, die wir nicht ändern können, und an den Dingen zu arbeiten, die wir verändern können. Wir gehen unsere Probleme an. Unsere Ängste weichen. Wir kommen wieder zur Ruhe.

Heute werde ich die Antworten akzeptieren, die nun mal nicht zu ändern sind.

Der Geist springt und springt, mag sein, aus Begeisterung.
Joseph Wood Krutch

Eine schmerzliche Erfahrung kann in das Gesamtbild unseres Lebens integriert werden. Wenn wir unseren Problemen, gleich welcher Art, erlauben, alles andere zu erdrücken oder zu verdrängen, sind wir schon geschlagen, bevor wir den Kampf überhaupt aufgenommen haben. Wir müssen jedoch nicht gleich schwarz sehen.

Jeder Tag dämmert mit neuen Möglichkeiten herauf, wie wir etwas verändern, unser Glück finden und unser Leben gut leben können. Wenn wir uns tief in uns selbst auf die Suche machen, können wir unseren Glauben an uns selbst und an eine Höhere Macht neu definieren. Wir können Freude, ja Begeisterung empfinden, wenn wir unsere natürliche menschliche Neugier durch Wachstum, Lernen und die Bereitschaft, Neues auszuprobieren, zum Ausdruck bringen. Wir können unsere Schultern zurücknehmen und stolz sein.

Ungeachtet meiner Situation besitze ich Würde und einen Wert.

Fürchtet euch nicht, zu beten. Es ist recht, zu beten. Betet – hoffnungsvoll, wenn es euch möglich ist, aber betet.

Hartley Coolidge

«Ich bin klein, mein Herz ist rein» mag eines unserer ersten Kindheitsgebete gewesen sein, vielleicht sogar eine unserer ersten Erinnerungen. Im Laufe unserer Kindheit haben wir gelernt, andere Gebete mechanisch aufzusagen, mit wenig Verständnis.

Heute verstehen und verspüren wir allmählich das Bedürfnis nach einem Gebet. Viele von uns glauben an eine Macht, die größer ist als wir selbst, eine Macht, die uns tragen und uns helfen kann. Wir können im Gebet für die Menschen bitten, die wir lieben, und wir können für uns selbst bitten. Das Gebet vermag uns mit dieser Höheren Macht zu verbinden. Es nährt und befriedigt unsere Seele – unser inneres Selbst.

Das Gebet ist ein kreativer Ausdruck meiner spirituellen Bedürfnisse. Es ermöglicht mir ein tiefes Gefühl persönlicher Befriedigung und erinnert mich ständig an all die Kräfte des Lebens.

Ein Mensch, der keine Fehler macht, macht im Allgemeinen nichts. Edward John Phelps

Wir fühlen uns sehr verletzlich, wenn wir in einer Lebenskrise stecken, fast als seien wir ein Ausstellungsobjekt. Aufgrund unserer Verletzlichkeit zögern wir, neue Erfahrungen zu wagen, denn wir fürchten, uns der Lächerlichkeit preiszugeben. Doch in Wirklichkeit nehmen sich nur die wenigsten Leute die Zeit oder machen sich die Mühe, andere anzustarren.

Es kann keine Antwort sein, ein weltabgeschiedenes Leben zu führen und keinerlei Risiken einzugehen. Uns stehen immer Wahlmöglichkeiten offen, aber vielleicht sind es andere Optionen als die, an die wir früher gedacht haben. Wir können immer beschließen, neue Richtungen einzuschlagen. Das Bild, das wir anderen bieten, ist ein Spiegelbild dessen, was wir in uns tragen.

Mein Leben wird reicher, wenn ich versuche, über meine Fehler zu neuen Erfolgen zu gelangen.

Manchmal habe ich schon vor dem Frühstück bis zu sechs unmögliche Dinge geglaubt. Lewis Carroll

Am Frühstückstisch, mit einer frühmorgendlichen Tasse Tee oder Kaffee, können wir uns schon einmal in Tagträumen verlieren. Für einen kurzen, in der Zeit festgefrorenen Augenblick können wir glauben, dass wieder alles wie früher ist.

Unter welchen Umständen auch immer, stets können wir die Freude unserer Vorstellungskraft genießen, und selbst wenn wir gewissen Einschränkungen unterworfen sind, können wir uns immer noch vorstellen, einen unmöglichen Traum zu verwirklichen. Es ist herrlich, sich in einer reinen Phantasiewelt zu verlieren und sich das Leben so vorzustellen, wie wir es gern hätten. Wir können uns ausdenken, bessere Beziehungen und Freundschaften zu haben. Auch wenn unsere physischen Kräfte nachlassen, den Glauben an uns selbst müssen wir dennoch nie aufgeben.

Ich habe die Freiheit, mir alles vorzustellen, was ich mir wünsche. Meine besondere Situation schränkt nicht ein, was ich vor meinem geistigen Auge erreichen kann.

Glauben Sie mir, jeder Mensch hat seine geheimen Kümmernisse, von denen die Welt nichts weiß, und häufig nennen wir einen Menschen kalt, wo er doch nur betrübt ist.

Henry Wadsworth Longfellow

Wenn ein Mensch reserviert scheint oder sich von anderen abzusondern sucht, dann gehen wir automatisch davon aus, dass er uns die kalte Schulter zeigt. Doch keiner von uns hat eine Vorstellung von allen Komponenten, aus denen das Leben und die Gefühlswelt eines anderen Menschen bestehen. Für gewöhnlich achten wir nicht weiter auf die individuellen Eigentümlichkeiten anderer Menschen. Trauer, Schüchternheit und Angst sind nur einige Eigenschaften, die leicht fehlinterpretiert werden.

Kleine Enttäuschungen, große Misserfolge, der Verlust eines Lebenstraumes oder eines geliebten Menschen – all diese Probleme kann jeder von uns mit sich herumtragen, aber nur wenige können sie mit anderen teilen. Wir sollten daher die realen und imaginären Kränkungen anderer lieber übersehen, indem wir uns daran erinnern, wie wenig wir in Wirklichkeit voneinander wissen.

Mein Verständnis der Probleme anderer Menschen vertieft sich durch meine eigenen Erfahrungen, und ich werde von nun an nicht mehr so rasch urteilen.

Der Kopf des Tröstenden schmerzt nie.

Italienisches Sprichwort

Manchmal halten sich die Menschen, die eine Familienkrise erleben – beispielsweise den plötzlichen Tod eines geliebten Partners –, während der schwersten Zeit wacker, nur um später zusammenzubrechen. Obwohl keiner von uns immer gefasst bleiben kann, reißen sich die meisten von uns am Riemen, wenn andere unsere Kraft brauchen.

Wir trösten die Menschen, die wir lieben, wenn sie wütend, verletzt oder enttäuscht sind. Wir trösten Freunde, die sich einer Operation unterziehen müssen oder eine Krise durchleben. Wir sitzen am Bett der Menschen, die uns nahe stehen, während diese auf den Tod warten. Immer wieder stellen wir unter Beweis, dass wir stark sind. Unsere Erfahrung beim Trösten anderer hilft uns, die Kraft unserer Freunde und Familienangehörigen anzuerkennen, wenn diese uns in Wut und Enttäuschung, in Trauer oder Krankheit beistehen.

Ich bin stolz darauf, dass ich andere trösten und denen Kraft geben kann, die es brauchen. Und ich bin dankbar für jene, die mir Trost spenden.

Ein Freund ist ein Mensch, vor dem man laut denken kann. Ralph Waldo Emerson

Wir fragen uns möglicherweise, was aus alten Freunden geworden ist, zu denen wir im Laufe der Jahre den Kontakt verloren haben. Manchmal nimmt uns unser geschäftiges Leben dermaßen in Anspruch, dass wir unsere Freundschaften vernachlässigen.

Wir können eine Beziehung neu aufbauen oder stärken, wenn wir den ersten Schritt wagen und auf den anderen zugehen. Alte Bindungen können neu gefestigt werden. Irgendwann einmal waren sie uns in unserem Leben wichtig – und das können sie erneut sein. Womöglich stellen wir fest, dass auch unsere Freunde oft an uns gedacht haben.

Heute können wir Stift und Papier zur Hand nehmen und ihnen etwas über uns schreiben. Jetzt ist der richtige Zeitpunkt gekommen, um herauszufinden, was aus unseren alten Freunden geworden ist, und sie wissen zu lassen, dass wir an sie denken.

Ich will heute versuchen, Kontakt zu einem alten Freund aufzunehmen.

Wenn du in eine Zwickmühle kommst und alles gegen dich steht, bis es den Anschein hat, dass du es keine Sekunde länger mehr aushältst, dann gib nicht auf, denn das ist genau der Ort und die Zeit, an der sich das Blatt wenden wird.

Harriet Beecher Stowe

Bisweilen setzen wir uns selbst zu sehr unter Druck – schneller, weiter, öfter. Obwohl wir den genauen Augenblick kennen, an dem wir eigentlich weder körperlich noch emotional weitermachen können, halten wir trotzdem durch.

Wenn wir schließlich einräumen müssen, dass wir es wieder einmal zu weit getrieben haben, mag es an der Zeit sein, ein Nickerchen einzulegen oder etwas Sport zu treiben, um unsere Emotionen freizusetzen. Oder wir entscheiden uns dafür, etwas Zeit mit Freunden oder Familienangehörigen zu verbringen. Allmählich verstehen wir, dass auch die schlechten Zeiten vorübergehen werden.

Wenn wir einfach nur einen weiteren Augenblick durchhalten, wird sich das Blatt zu unseren Gunsten wenden.

Ich bin in der Lage, selbst den schwersten aller schweren Tage zu überstehen.

Eine Krise lässt die Illusionen, in denen unser Leben verankert ist, häufig platzen. Robert Veninga

Unsere Krisensituation kann für uns so alltäglich werden, dass wir uns einlullen und glauben, wir würden bereits unser Bestes geben und könnten mit allem fertig werden. Wenn dann eine weitere Krise auftritt – familiäre Probleme, finanzielle Rückschläge oder der Verlust von Freunden –, versuchen wir dickköpfig, die Lage zu retten, nur um letzten Endes mit nichts weiter als Selbstmitleid, Wut oder Trauer belohnt zu werden.

Mit der Zeit erkennen wir für gewöhnlich, dass wir nicht jede Last tragen, nicht jedes Problem lösen müssen. Manchmal gibt es einfach keine andere Antwort, als zu akzeptieren, dass eine Situation nicht zu ändern ist. Was sich ändern lässt, ist unsere Reaktion auf diese Tatsache. Wir können unser Leben um diese neue Situation herum aufbauen, wie wir das schon zuvor getan haben. Wir können uns erlauben, zu noch größerer Reife heranzuwachsen.

Jeder Tag und jede Erfahrung ist eine Gelegenheit zu wachsen.

Tränen sind die Sommergewitter der Seele.

Alfred Austin

Unser ganzes Leben lang wurde uns gesagt, dass die Zeit alle Wunden heile – und was die Zeit nicht könne, das könnten die Ärzte.

Es gibt nur wenige Dinge, die so endgültig sind wie die Diagnose einer chronischen Krankheit. Chronisch heißt für immer – und wir können uns kaum ein Problem vorstellen, das niemals vorbeigehen wird. Möglicherweise müssen wir lange Zeit weinen, und wir fragen uns, ob dieser Tränenstrom jemals versiegen wird.

Für viele von uns sind die Tränen ein Zeichen dafür, dass wir angefangen haben zu trauern. Durch Trauer heilen wir uns emotional von der Last dieses «für immer». Die Tränen, die wir vergießen, tragen dazu bei, unsere Gedanken und unseren Körper zu reinigen, damit wir weitermachen und den Rest unseres Lebens leben können. Heute helfen uns unsere Trauer und unsere Tränen, auch weiterhin zu wachsen.

Ich kann all die reinigenden Tränen vergießen, die in meinem Herzen aufquellen. Sie werden mir helfen, mit meinem Leben fortzufahren.

Du bist dir selbst das Hemmnis, dem du dich stellst; durch eig'ne Entscheidung wählst deinen Platz du in der Welt.

James Allen

Jeder von uns trägt ein Hemmnis mit sich herum, auch wenn manche Hemmnisse leichter ins Auge fallen als andere. Es kann sich dabei um körperliche Einschränkungen handeln, aber auch um Emotionen, Gefühle oder Einstellungen, die einer umfassenden Freude und dem Versprechen eines guten Lebens im Weg stehen.

Ein erfülltes Leben hängt von unserer Fähigkeit ab, mit unseren Schwierigkeiten umzugehen und zu entscheiden, ob wir einige davon selbst verursacht haben. Wir haben uns nicht alle unsere Beschränkungen selbst ausgesucht – weder körperlich noch emotional –, aber wir können beschließen, unser Leben von denen zu befreien, die wir uns tatsächlich selbst geschaffen haben. Und wir können uns entscheiden, wie wir auf alle anderen reagieren wollen.

Ich werde mir meinen individuellen Platz in der Welt selbst aussuchen, und ich will versuchen, meine eigenen besten Erwartungen zu erfüllen.

Nur weil alles anders ist, heißt das nicht, dass sich etwas verändert hat. Irene Peter

Veränderungen können allmählich eintreten, ohne dass wir uns ihrer bewusst sind. Erst ein plötzliches Ereignis mag uns zu der Erkenntnis zwingen, wie anders unser Leben geworden ist. Doch selbst wenn sich Einzelheiten oder die Umstände verändert haben, können wir zu dem Schluss kommen, dass der eigentliche Sinn unseres Lebens derselbe geblieben ist.

Wir halten immer noch viele derselben Werte wie zuvor in Ehren. Wir sind dankbar für die stabilen Beziehungen, die mit uns zusammen gewachsen sind. Wir streben immer noch danach, die Ziele, die wir uns gesetzt haben, zu erreichen. Wir halten immer noch Ausschau nach dem Sinn unseres Lebens – und machen uns aktiv auf die Suche nach ihm. Sicherlich haben wir uns verändert, und auch viele Dinge sind anders geworden, aber in uns tragen wir immer noch dieselbe einzigartige Person, die wir sind, die Person, die wir immer waren.

Ich war immer schon ein Mensch, der zu ungeheurem Wachstum befähigt ist. Ich bin dankbar, dass ich Veränderungen vornehmen kann, die mich weiter wachsen lassen.

Jeder wahre Fortschritt in der verworrenen Welt der Emotionen muss vom Individuum erzielt werden. Jeder von uns hält den Spiegel zu seiner eigenen Seele in der Hand und starrt gespannt auf das, was er dort sieht.

Bernard S. Raskas

«Sich behelfen» ist ein altmodischer Ausdruck, der unsere Fähigkeit meint, mit dem, was uns zur Verfügung steht, zurechtzukommen. Wir denken bei diesem Ausdruck sicher alle an Essen, Geld oder Kleider, aber nur selten an unsere Gesundheit.

Wenn wir noch nicht damit angefangen haben, mit unseren Beschränkungen zurechtzukommen, dann werden wir wahrscheinlich immer noch von negativen Gefühlen wie Selbstmitleid oder Zorn beherrscht. Vielleicht haben wir uns in diese sinnlosen Gedanken dermaßen verstrickt, dass uns unsere Fähigkeit, zu wachsen und andere, echte Alternativen zu sehen, abhanden gekommen ist. Anstatt darüber zu jammern, wie unfair unser Leiden ist, können wir uns mit der Kraft, der Zeit, der Fähigkeit und Kreativität «behelfen», die wir immer noch haben.

Ich werde das, was ich habe, nutzen und nicht über das jammern, was ich nicht habe.

Das großartige und herrliche Meisterwerk des Menschen ist das Wissen, wie man sinnerfüllt lebt.

Michel de Montaigne

Wenn wir in eine Krisensituation geraten, dann stürzt unsere Selbstachtung für gewöhnlich erst einmal tief ab. Wenn das Leben uns eine Krise nach der anderen auszuteilen scheint, dann schwankt unser Selbstwert von Tag zu Tag. Sobald wir uns an die neueste Veränderung gewöhnt haben, erkennen wir, dass nur wir in der Lage sind, uns selbst richtig zu umsorgen.

Wir können einige unserer Probleme lösen, indem wir uns neue, realistischere Ziele setzen, Ziele, die wir auch erreichen können. Dann kann unsere angekratzte Selbstachtung allmählich wieder heil werden.

Ich bin in der Lage, mich besser um mich selbst zu kümmern, indem ich mir interessante Ziele setze und die Dinge tue, die ich liebe.

Wer sein Leiden verbirgt, kann nicht erwarten, geheilt zu werden. Äthiopisches Sprichwort

Wir gewinnen nur sehr wenig, wenn wir unsere Probleme dazu heranziehen, uns vor anderen Menschen und der Realität des Lebens zu verstecken. Manchmal jedoch geraten wir in diese negative Einstellung, obwohl ein einsiedlerisches Leben selbstsüchtig ist, nicht im Geringsten erfreulich und außerdem unfair gegenüber den Menschen, die sich um uns sorgen.

Eine mögliche Überlebenstechnik besteht darin, das Selbstvertrauen zu entwickeln, das wir brauchen, um uns anderen zu stellen. Unsere Probleme sollten nicht der erste Eindruck sein, den andere Menschen von uns bekommen, aber das ist alles, was wir präsentieren, wenn wir unser wahres Selbst vor ihnen verbergen. Wir haben so viel zu bieten – und so viel zu gewinnen –, wenn wir uns zusammenreißen, auf die Bühne des Lebens treten und aktiv mit unserem Leben fortfahren.

Ich bin in der Lage, mich selbst zu motivieren und mich jeder neuen Herausforderung zu stellen, indem ich mich aus meinem Versteck wage.

Der einzige Mut, auf den es ankommt, ist derjenige, der Sie von einem Augenblick zum nächsten trägt.

Mignon McLaughlin

Die Geräusche und Bilder des Morgens dringen durch das Schlafzimmerfenster. Wir liegen wach im Bett und fragen uns wieder einmal, ob wir uns diesem Tag stellen können. Wir brauchen Kraft, um loszulegen und den Tag zu beginnen.

Ein stilles Gebet kommt über unsere Lippen, während wir unsere ganze Energie sammeln. Wir sind außergewöhnlich starke Menschen. Unser Krise macht uns eine Quelle der Kraft bewusst, die früher unangezapft war. Wir öffnen uns dieser Kraft – der Kraft in uns, aber auch jener, die uns durch die Menschen zuströmt, die uns helfen, und durch eine Höhere Macht. Dann stehen wir auf und leben unser Leben.

Ich habe gerade jetzt zwei Geschenke – diesen Tag und die Kraft, mich seinen Herausforderungen zu stellen.

Ein Königreich ist mein Verstand
und bietet viel Erquickung,
ein Segen, der weit größer ist
als aller Welt Verzückung.

Sir Edward Dyer

Innerhalb der Privatsphäre unserer Gedanken können wir Burgen bauen oder davon träumen, alle Probleme dieser Erde zu lösen. Manchmal geben wir uns Tagträumen hin wie Kinder, die sich selbst als Helden, Erbauer oder Retter sehen. Unbewusst suchen wir vielleicht immer noch nach Dramatik und Aufregung.

Die Reife gibt uns etwas, das unser jugendliches Ich niemals verstanden hätte – Kompromisse. Wir müssen Kompromisse nicht als Niederlagen betrachten. Für uns können sie bedeuten, aktiv zu werden. Wenn wir erkennen, dass sich unsere Träume nie umsetzen lassen, können wir einen Kompromiss schließen und uns neue Träume suchen, die nicht nur ebenso wichtig wie unsere ursprünglichen Träume sind, sondern uns auch Erfolge bescheren.

Meine Träume können immer noch die Richtung meines Lebens bestimmen.

Zu wissen, was im Alltag vor uns liegt, ist die höchste Weisheit.
John Milton

Es ist nicht leicht, erwachsen zu werden. Wir müssen auf dem Weg des Lebens unseren Obulus entrichten. Und wenn wir schon Freud und Leid erfahren müssen, dann können wir auch gleich lernen, unsere wohlverdiente erwachsene Perspektive zum Einsatz zu bringen. Schließlich haben wir sehr hart gearbeitet, um so weit zu kommen!

Die Fröhlichkeit ist immer noch da und steht uns zur Verfügung. All das Nichtgreifbare, das wir früher genossen haben, ist immer noch da – Liebe, Ehre, Vertrauen. In den Wirrnissen unseres Alltags entscheiden wir allein, ob wir unser Leben als Scheitern oder als Erfolg bezeichnen, ob wir Freude oder Trauer erschaffen wollen. Eine Veränderung der Umstände bedeutet nicht das Ende eines fröhlichen Lebens. Solche Veränderungen helfen uns sogar oft, unser Leben weiser zu führen, mit größerer Wertschätzung und mehr Verständnis.

Ich will heute das Geschenk eines fröhlichen Lebens finden und akzeptieren.

Als reife Erwachsene müssen wir lernen, uns selbst nicht im Übermaß zu lieben, aber auch dem Universum nicht krankhaft zu misstrauen. Joshua Loth Liebman

Jedes Mal, wenn wir einen Erfolg verzeichnen, sei er groß oder klein, neigen wir dazu, uns selbst Beifall zu spenden. Wir haben doch alle schon gesehen, wie kleine Kinder vor Freude über einen winzigen Triumph in die Hände klatschen. Das ist die Spontaneität der menschlichen Natur.

Selbst heute, wo wir älter sind, fällt es uns oft schwer, uns nicht vor anderen zu loben, wenn wir etwas geschafft haben. Wir lernen, dass man uns anlässlich dieser besonderen Gelegenheiten, mit denen sich alle Menschen identifizieren können, Beifall spendet – Erfolg im Beruf oder wenn ein Kind oder Enkelkind geboren wird. Manchmal jedoch muss unser Beifall privat erfolgen – von keinem anderen als uns selbst bemerkt –, denn wir sind die Einzigen, die erkennen, wie sehr wir diesen Beifall verdient haben.

Wenn ich einen Erfolg erziele, egal in welchem Bereich meines Lebens, dann werde ich innerlich vor Stolz erglühen.

Ein Jegliches hat seine Zeit, und alles Vorhaben unter dem Himmel hat seine Stunde. Prediger 3,1

Jede Zeit und jeder Ort in unserem Leben haben eine Bedeutung und einen Wert. Ungeachtet dessen, was wir in der Vergangenheit getan haben, ob wir auf unsere früheren Taten stolz sind oder uns ihrer schämen, die einzige Zeit, über die wir Kontrolle ausüben können, ist das Heute. Wenn wir kein Gefühl für die Richtung unseres Lebens haben, wenn wir keine Kraft und keinen Sinn kennen, die uns durch den Alltag tragen, dann wandern wir ziellos durch diese Krisenzeit in unserem Leben, ohne ein Bewusstsein dafür, wohin wir gehen.

Die Wirklichkeit unseres Lebens ist doch: Unser Leben hat sich verändert. Wir sind diejenigen, die entscheiden können, wie wir mit dieser Realität umgehen wollen. Wir können sehnsüchtig zurückschauen oder im Hier und Jetzt leben, indem wir das Beste aus einer alles anderen als idealen Situation machen. Die Entscheidung liegt bei uns, aber nur die zweite Wahl verleiht unserem Leben einen Sinn und einen Zweck.

Ich will meine Zeit heute nicht damit verschwenden, in der Vergangenheit zu leben.

Zu kämpfen, wenn die Hoffnung schwindet,
zu leben, wenn sinnentleert das Leben,
zu träumen, wenn der Traum längst verflüchtigt,
auszuharren – und stetig weiterstreben.

Ben Jonson

Manchmal wohnen wir alle in dem Luftschloss, das unsere eigenen Träume geschaffen haben. Wenn dieses Schloss der einzige Ort ist, den wir aufsuchen, dann wird uns die Wirklichkeit irgendwann für die Gegenwart aufrütteln, woraufhin uns nur zwei Möglichkeiten offen stehen: Entweder setzen wir unser Leben fort oder wir leben weiterhin ständig in der Vergangenheit.

Gerade wenn es den Anschein hat, dass es keine Zukunft gibt, dass wir nicht die geringste Chance haben, jemals wieder ein normales Leben zu führen, taucht ein Hoffnungsschimmer auf, und wir kämpfen weiter. Die Erkenntnis, dass wir durchhalten können – und werden –, gibt Anlass zur Hoffnung und hilft uns, in aller Ruhe weiterzumachen.

Träume sind mir heilig, aber ich muss in der Gegenwart leben, denn nur so überlebe ich von einem Tag zum nächsten.

Jeder Zuber muss auf seinem eigenen Boden stehen.

Thomas Fuller

Wenn wir in unserem Leben ein Ziel erreichen, verspüren wir ungeheuer großen Stolz. Seien es Erfolge bei der Arbeit, in der Schule oder bei einer ehrenamtlichen Tätigkeit, jedes erreichte Ziel ist persönlich befriedigend.

Die Herausforderung, die eine schwierige Lebenssituation an uns stellt, besteht nun darin, unsere Ziele so zu planen, dass sie praktisch und erreichbar bleiben. Wenn wir unsere Zeit mit Klagen vergeuden, anstatt Änderungen durchzuführen, werden wir vielleicht niemals lernen, ein erfolgreiches Leben zu führen. Wir müssen einsehen, dass vieles niemals mehr wie früher sein wird. Diese Tatsache zu akzeptieren ist eine kolossale Herausforderung an uns.

Mein Glaube an mich selbst ist mit Beginn der Krise ins Wanken geraten. Doch jetzt wird mir klar, dass ich mich immer noch auf mich selbst verlassen kann.

Freundlichkeit kann ihr eigener Antrieb werden. Wir werden freundlich, indem wir uns freundlich verhalten.

Eric Hoffer

Ein paar nette Worte von uns an andere können unseren Tag aufhellen. Allzu häufig gehen wir ganz im persönlichen Elend unseres Lebens auf, sind viel zu sehr darin verstrickt, um auf andere Menschen zuzugehen. Wir vergessen dabei, dass die anderen dieselben Bedürfnisse haben wie wir. Aufgrund unserer eigenen Schwierigkeiten erwarten wir viel zu oft, dass die anderen auf uns zukommen. Das ist ihnen gegenüber nicht fair, und uns tut es nicht gut.

Ein paar freundliche Worte und Taten können uns durch schwere Zeiten hindurchhelfen. Wir können den alten Herrn anlächeln, der ganz allein vor uns in der Supermarktschlange steht. Wir können uns mit den Nachbarn unterhalten, dem jungen Mann danken, der uns höflich die Tür aufhält, und auf dutzenderlei Art und Weise auf die Menschen zugehen, die unser Leben, wenn auch nur kurz, berühren. Das ist gut für sie – und für uns.

Ich will mich heute besonders bemühen, zu meinen Nachbarn und meinen Freunden freundlich zu sein.

Einsamkeit: Ein guter Ort für einen Besuch, aber ein schlechter Wohnort. Joan Billings

Wahrscheinlich wissen wir um unser Bedürfnis nach Einsamkeit in unserem Leben – etwas Zeit für uns, in der wir nachdenken, Musik hören oder einfach die Stille genießen können. Wenn Einsamkeit jedoch zu einem Lebensstil wird, dann kann das zu Vereinsamung führen, und Vereinsamung kann in Selbstmitleid münden. Das ist gefährlich.

Unser Bedürfnis nach Einsamkeit ähnelt in der Tat einem Drahtseilakt. Wir müssen allein sein, aber nicht isoliert. In unserer Einsamkeit finden wir durch Meditation und Gebet zu Gelassenheit. Sobald wir mit neuer Energie aufgeladen sind, fällt es uns leichter, unser Leben wieder ins Gleichgewicht zu bringen, indem wir beispielsweise einen Freund zu uns einladen oder einem Menschen helfen, der selbst leidet. Einsamkeit ermutigt uns, der Vereinsamung den Rücken zu kehren und uns wieder anderen Menschen zuzuwenden.

Ich werde mich nicht selbst zu Einzelhaft verdammen. Ich bin immer noch ein wertvolles Mitglied der Gesellschaft.

Wo man Musik macht, kann es das Böse nicht geben.

Miguel de Cervantes

Viele von uns verbrachten einen Teil ihrer Kindheit wie gebannt vor dem Radiogerät, und mit großen Ohren lauschten wir unseren Lieblingsserien und -songs. Das Musikhören beanspruchte große Teile unseres Alltags. Die Freude an der Musik muss jedoch niemals schwinden.

Wir können die Lieder in unseren Herzen herauslassen, auch ungefragt, um die Erinnerungen unserer Seelen zu wärmen und unsere Tage neu zu beleben. Musik, die an die Oberfläche unseres Bewusstseins quillt, kann ein Zwinkern in die Augen zaubern und zu einem Lächeln führen, das langsam voll erblüht, selbst auf dem Gesicht des schüchternsten Menschen.

Wir können mit Hilfe der Magie der Musik unsere schlechte Stimmung heben oder unsere Trauer verjagen. Wenn wir der Musik lauschen, können wir unsere Probleme eine Zeit lang vergessen. Liebe zur Musik ist eine besondere Quelle des Glücks, die wir mit uns tragen können, wohin immer wir auch gehen.

Herzerwärmende Gefühle treten zutage, wenn ich Musik höre oder spiele, und ich fühle mich dann vollkommen glücklich.

Man wird an dem Tag erwachsen, an dem man das erste Mal so richtig lacht – über sich selbst. Ethel Barrymore

Wenn wir ständig ernsthaft sind und niemals die komischen Seiten des Lebens sehen, finden wir auch niemals Erholung von der Last unserer Probleme. Man beansprucht weniger Muskeln, wenn man lacht, als wenn man weint. Wir atmen leichter und tiefer und sind viel zufriedener, wenn wir lachen.

Achten wir doch einmal darauf, warum andere Menschen lachen. Wir können nämlich lernen, mit ihnen zusammen zu lachen. Wir können jeden Tag – sogar jede Stunde – versuchen, die positive und humorvolle Seite des Lebens zu entdecken, denn das Lachen hilft uns, die Dinge in die richtige Perspektive zu rücken. Es gibt uns Hoffnung und verleiht dem Leben einen Sinn.

Ich werde meine Augen für die komischen Seiten des Lebens öffnen und mit den anderen lachen.

Obwohl es in der Welt viel Leid gibt, gibt es doch auch viel Überwinden von Leid. Helen Keller

Es ist leicht, von den alltäglichen Kümmernissen und von den Unannehmlichkeiten eines schweren Lebens überwältigt zu werden. Wir versuchen unser Bestes, aber hin und wieder gerät unsere Perspektive aus dem Gleichgewicht. Dann denken wir nur noch an Leid und Qual.

Bisweilen fällt es uns schwer, einen freundlichen Gedanken zu hegen oder eine Zuflucht für uns zu finden. Wenn wir unser Leben mit Schmerz, Enttäuschung und Groll überschatten, werden wir nie in der Lage sein, uns in den Beschränkungen unseres Alltags zu entspannen. Jeder neue Tag ist ein Neuanfang, und es liegt an uns, ihn mit Freude und Dankbarkeit zu begrüßen. Es ist an uns, die Hindernisse auf dem Weg zu unserem Glück zu überwinden.

Heute will ich die Verantwortung für mein Glück übernehmen.

Mai

Blüten werden vom Wind verweht, und dem Wind ist es egal, aber die Blüten des Herzens kann kein Wind berühren.

Yoshida Kenko

Unsere persönlichen, privaten oder spirituellen Emotionen schlummern wie noch nicht entfaltete Blüten in uns. Es gibt auch andere, weniger private Emotionen. Die Liebe und Fürsorge, die wir jenen Menschen entgegenbringen, die uns am nächsten stehen, sind voll erblühte Blumen, die uns nie versiegende Freude bereiten.

Wir mögen nicht unbedingt mit großen Emotionen reagieren, wenn der Wind Blüten davonträgt, aber wir sehen ehrfürchtig zu, wie eben diese Blüten als Knospen beginnen und dann innerhalb eines Sommers voll erblühen. Die Schönheiten der Natur sind wahre Wunder – ebenso wie die Schönheiten der Menschheit.

Meine innersten Emotionen erblühen, wachsen in mir heran und tragen die Frucht der Reife und der Liebe zu anderen.

Weisheit meint das Streben nach den besten Ergebnissen mit den besten Mitteln. Francis Hutcheson

Erinnern Sie sich noch, wie wir als Kinder immer sagten: «Wenn ich erst mal groß bin, dann werde ich ...»? Irgendwie tritt dieser magische Augenblick niemals ein. Wir wachsen jeden Tag ein Stückchen heran, aber die Veränderung stellt sich nur allmählich ein.

Wir erkennen, dass wir reifer geworden sind, wenn wir unsere Tage als eine Reihe von Möglichkeiten sehen. Äußere Umstände können diese Möglichkeiten in gewissem Maße verändert haben, aber es stehen uns immer noch Optionen offen.

Wir haben keine Wahl, was die uns auferlegten Probleme angeht, aber wir können «hineinwachsen» in eine positivere Einstellung und lernen, sie zu akzeptieren. Wir können das Beste für uns selbst erreichen.

Obwohl einige meiner Entscheidungen sich von denen unterscheiden, die ich ursprünglich einmal geplant habe, kann ich mich immer noch für das Beste entscheiden, was das Leben mir jetzt zu bieten hat.

Zutiefst im Herzen fühlt sich wirklich jeder von uns dem Rest der Welt überlegen oder wenn schon nicht überlegen, dann doch «anders», und diese Andersartigkeit ist für uns sehr kostbar und herrlich und bildet die Grundlage für all unseren Stolz und unsere Ausdauer. Solomon Eagle

Wie ähnlich wir uns alle sind und doch wie andersartig! Unterschiede machen jeden einzelnen Menschen zu etwas Besonderem. All unsere Bemühungen und all unsere Erfahrungen können erstrahlen und unser Leben sowie das Leben anderer bereichern, wenn wir es nur wagen, unsere Unterschiede deutlich zutage treten zu lassen.

In dieser komplexen Welt wird jeder von uns mitsamt seinen Unterschieden gebraucht. Um festzustellen, wo unsere Einzigartigkeit am besten eingesetzt werden kann, müssen wir möglicherweise unsere angestammten Pfade verlassen. Vielleicht müssen wir sogar eine Nische für uns erschaffen, wie wir das schon so oft zuvor getan haben. Dabei bestätigen wir unseren Wert und den aller anderen.

Ich akzeptiere meine Andersartigkeit als ein Geschenk und als Stärke, nicht als Schwäche.

… ich war der Broterwerber. Nur dass ich das Brot nicht einfach erwarb, sondern hart dafür arbeiten musste und es mir mühsam verdiente … Elise Maclay

Wenn eine gesundheitliche oder seelische Krise die Art und Weise, wie wir unser Leben leben, nur leicht verändert, dann ist eine Anpassung zwar nicht einfach, aber machbar. Doch wenn die Krise unsere Lebensweise nachhaltig verändert und uns vielleicht sogar den Lebensunterhalt raubt, dann fällt die Anpassung schon sehr viel schwerer.

Bei anhaltenden Schwierigkeiten verlieren wir oft auch den Arbeitsplatz und hängen von Familienangehörigen oder von der Sozialhilfe ab. Es kann seine Zeit dauern, bis wir eine neue Perspektive gewinnen und erkennen, dass wir immer noch einen Wert als Mensch besitzen, ob wir nun arbeiten oder nicht. Am wichtigsten ist doch, was für ein Mensch wir sind, nicht welcher Arbeit wir nachgehen.

Das Leben hat mir eine Portion geliefert, die ich nicht bestellt habe und auch nicht mag, aber ich kann meine Reaktion darauf selbst bestimmen.

Lerne, das zu mögen, was du bist, denn du nimmst dich überallhin mit, wohin du auch gehst. K. O'Brien

Physische oder psychische Veränderungen können unser Selbstwertgefühl verringern. Eine der schwierigsten Lektionen, die wir nun lernen müssen, ist es, den Menschen zu akzeptieren, der wir jetzt sind, nicht den, der wir gern sein würden.

Jeden Tag sollten wir uns versichern, dass wir unser Bestes geben. Wenn wir uns selbst akzeptieren, dann vermittelt uns das eine Gelassenheit, die wir früher nicht gekannt haben. Das heißt nicht, dass wir aufgeben sollten; es bietet vielmehr das Fundament, auf dem wir aufbauen können. Wenn wir akzeptieren, wo wir jetzt stehen und wer wir heute sind, dann besitzen wir die Ehrlichkeit, auch unsere Defizite zuzugeben. Das wiederum verleiht uns die Zuversicht, echte Fortschritte zu erzielen. Wir können voller Stolz darauf vertrauen, dass wir Erfolg haben werden, selbst unter dieser neuen und ungewollten Last.

Die veränderten Umstände haben den Menschen, der ich bin, nicht verändert. Die Richtung meines Lebens mag jetzt eine andere sein, aber mein Kurs bleibt derselbe – immer nach vorn.

Schwierigkeiten wachsen, genau wie Babys, wenn man sie hegt. Lady Holland

Je mehr wir uns erlauben, über unsere Probleme zu grübeln, desto größer scheinen sie zu werden. Bald schon geraten sie völlig außer Kontrolle.

Vielleicht sollten wir uns jeden Tag etwas Zeit nehmen, um uns zu sorgen. Es ist viel einfacher, unsere sorgenvollen Gedanken zu verbannen, wenn wir wissen, dass wir uns ihnen jeden Tag zu einer bestimmten Zeit widmen werden. Diese «Sorgenzeit» gibt uns die Chance, zu entscheiden, ob wir irgendeine Kontrolle über diese Probleme haben oder ob wir sie einfach loslassen sollen. Keiner von uns ist ohne Probleme, und wenn wir jeden Tag ernsthaft über sie nachdenken, dann sollten wir anschließend in der Lage sein, unsere Gedanken für die wichtigeren Dinge in unserem Leben frei zu machen – wie beispielsweise persönliches Wachstum oder den Aufbau von Werten.

Ich will heute für ein glückliches Gleichgewicht zwischen Kummer und Freude sorgen.

Der Glaube hat eine machtvolle Wirkung und kann den Menschen zu einem Gefühl des Gleichgewichts, des Seelenfriedens und der Hoffnung verhelfen. Robert Veninga

Das ist das Komische an der menschlichen Natur: Wenn es uns gut geht, denken wir nur selten über eine Höhere Macht nach. Wenn wir jedoch in eine Krisensituation geraten, dann verlieren scheinbar viele von uns eine Zeit lang ihren Glauben. Wer hätte nicht schon gefragt: «Warum ich?», wenn er vom Schicksal einer harten Prüfung unterworfen worden ist? Es ist ganz normal, unseren Glauben in einer solchen Zeit zu hinterfragen.

Eine leidvolle Erfahrung führt oft zu Seelenerforschung und spiritueller Suche. Das Leben, wie wir es gekannt haben, ist auf den Kopf gestellt, und wir brauchen Zeit, um uns anzupassen. Nach einer Weile kehren viele von uns mit erneuerter Kraft zu unseren spirituellen Überzeugungen zurück.

Mein Glaube an eine Höhere Macht mag eine Weile klein gewesen sein, aber ich tröste mich mit dem Wissen, dass der Glaube immer da ist.

Freizeit ist die anspruchsvollste Verantwortung, vor die ein Mensch gestellt wird. William Russell

Wir sind eine Gesellschaft, die sich an der Arbeit orientiert. Als Kinder hat man uns beigebracht, Schulaufgaben und Haushaltspflichten zu erledigen. Wir haben «Haushalt» gespielt oder vorgegeben, «zur Arbeit» zu gehen.

Ein Spiel kann somit zu einer echten Herausforderung werden, besonders jedoch für Erwachsene. Aufgedreht nach einem harten Tag am Arbeitsplatz oder einem Tag, an dem wir uns mit einer schwierigen persönlichen Situation auseinander zu setzen hatten, können wir kaum zur Ruhe kommen, weil hektische Gedanken unser Bewusstsein überfluten. Freizeit kann für uns zur Last werden, wenn wir nicht wissen, wie wir sie kreativ füllen sollen.

Ungeachtet dessen, worin unsere Aufgaben bestehen, zu Hause oder draußen, wir können lernen, sie beiseite zu schieben, sobald die Arbeit getan ist. Die Zeit, in der wir spielen können, sollte uns heilig sein, denn es ist eine besondere Zeit, in der wir unserem Bedürfnis nachkommen, unbekümmert und spontan zu sein.

Wenn ich in meiner Freizeit spiele, macht mich das geistig und körperlich gesünder.

Die dunkle, beklommene Welt des Familienlebens – wo die Größten versagen und die Geringsten erstrahlen können.

Randall Jarrell

Wir tragen ungeheuer viel emotionales Gepäck von der Kindheit in unser Erwachsenenleben. Die Gesamtsumme all unserer Erfahrungen formt unsere Persönlichkeit und auch die Essenz unseres Wesens, unser spirituelles Selbst. Nur selten fallen uns die herrlichen Erinnerungen ein, die glücklichen Zeiten. Die unangenehmen Gefühle, die traurigen Erinnerungen, die schweren Zeiten – daran erinnern wir uns am häufigsten.

Wer wir sind, woher wir kommen, sollte nicht das Einzige sein, was uns als Erwachsene definiert. Es mag eine Zeit kommen, in der wir ungeachtet unserer früheren Erfahrungen unsere Vergangenheit anerkennen, sie dann ad acta legen und mit unserem Leben fortfahren können.

Ich kann meine Vergangenheit ablegen, indem ich meiner Zukunft erwartungsvoll und voller Hoffnung entgegenblicke. Ich strebe nach Fortschritt, nicht nach Vollkommenheit.

Das Leben wäre unendlich viel glücklicher, wenn wir nur im Alter von achtzig Jahren geboren werden könnten und uns dann langsam dem achtzehnten Lebensjahr näherten.

Mark Twain

Erst wenn wir unserem Leben viele Jahre hinzugefügt haben, erkennen wir, wie gut es den meisten von uns mit achtzehn ging. Wir waren im Großen und Ganzen nur für uns selbst verantwortlich. In der Rückschau sehen wir alles ganz scharf.

Wie schön für uns, dass sich die Erkenntnisse der Rückschau, die wir im Laufe der Jahre entwickelt haben, jetzt zu unserem Vorteil einsetzen lassen. Wir begreifen, dass es nur natürlich ist, wenn ältere Leute jüngere anführen und lehren. Die Bezahlung für die Erfahrungen unseres Lebens – für die Freude und das Leid – ist uns nicht immer leicht gefallen. Wir haben uns die Weisheit, die wir jetzt besitzen, redlich verdient.

Da ich nicht weise sein konnte, als ich noch jung war, wird mir die Weisheit, die ich mit zunehmender Reife gewonnen habe, gut dienen, je älter ich werde.

Emotionen können endlos sein. Je mehr wir sie zum Ausdruck bringen, desto mehr haben wir, was wir zum Ausdruck bringen können. E. M. Forster

Wie eine Farbschicht nach der anderen lässt sich unser Widerstand, unsere Emotionen auszudrücken, abschälen. Der Überdruss an unseren Schwierigkeiten mag uns das Gefühl vermitteln, als sei jede Anstrengung schon zu viel. Wir haben uns in uns selbst zurückgezogen und isolieren unsere Gefühle aus Angst, verletzt oder enttäuscht zu werden.

Doch der jetzige Augenblick ist eine gute Zeit, um uns selbst einmal genau unter die Lupe zu nehmen. Versuchen wir uns zu schützen, indem wir nicht über unsere Emotionen sprechen und unsere Gefühle nicht mit anderen teilen? Erst wenn diese äußeren Schichten aus Angst, Einsamkeit und Schmerz abgeschält sind, können wir mit unseren Emotionen in Berührung kommen. So überraschend es auch sein mag, wenn wir unsere Gefühle loslassen und anfangen, völlig ehrlich zu uns zu sein, finden wir größere, tiefere und liebevollere Emotionen, die wir zum Ausdruck bringen können.

Ich kann meine Gefühle gegenüber den Menschen, die mir am nächsten stehen, offen zum Ausdruck bringen.

Nicht jeden Tag kann Laternenfest sein.

Chinesisches Sprichwort

Viele von uns plagt manchmal das Gefühl, unser Leben sei langweilig, als ob jeder Tag vorhersehbar und reine Routine wäre. «Mir fehlt etwas», denken wir, oder: «Es muss doch mehr im Leben geben als das.»

In solchen Augenblicken sollten wir uns daran erinnern, dass das Leben einer Reise ähnelt. Wie bei jeder langen Reise gibt es auch bei diesem Tage, an denen die Landschaft monoton und wenig anregend ist. Aber wir sind in Bewegung; wir machen Fortschritte in unserem persönlichen Wachstum, und unsere Einstellung verbessert sich. Routine ist gar nicht so schlecht und kann ein gutes Element in unserem Leben sein, wenn sie unserem Alltag Form und Gleichgewicht verleiht. Erst die Routine gibt uns oft die Zeit und Energie, um neue Projekte anzugehen oder Veränderungen durchzuführen.

Heute will ich die Ruhe meines Lebens genießen. Innerhalb dieser Ruhe werde ich tagträumen und Pläne schmieden, um mein Leben noch erfüllter zu machen.

Geduld und Seelenstärke bezwingen alle Dinge.
Ralph Waldo Emerson

Erinnern Sie sich noch daran, wie Sie als Kind auf besondere Gelegenheiten wie Geburtstage oder den Ferienbeginn gewartet haben? Das Warten schien endlos. Die Erwachsenen pflegten uns zu ermahnen: «Nur Geduld. Alles kommt zu dem, der warten kann.»

Wir waren immer überaus überrascht, dass die Zeit schneller zu vergehen schien, wenn wir uns beschäftigten – genau wie unsere Eltern das gesagt hatten. Als Erwachsene hören wir bei vielen Gelegenheiten, dass die einzige Möglichkeit, ein Problem zu bezwingen, darin besteht, es auszusitzen. Wir können nichts tun, denn gleichgültig, wie wichtig das ersehnte Ereignis oder die Nachricht ist, wir können die Zeit ebenso wenig verkürzen, wie wir als Kinder ein rascheres Eintreffen unseres Geburtstags herbeiführen konnten. Heute wie damals haben wir nur die Wahl, Geduld zu zeigen und uns irgendwie zu beschäftigen.

Heute, da ich durch eine schwierige Phase im Leben gehe, lerne ich den wahren Wert der Geduld kennen.

Ein wahrer Freund ist das Beste auf der Welt und wird doch so wenig gesucht. La Rochefoucauld

Selbst mit den besten Absichten werden wir hin und wieder die Menschen, die sich um uns sorgen, mit weniger Respekt behandeln, als sie es verdienen. Wenn unser Leben eine schwere Krise durchläuft, können wir von uns selbst wahrhaft besessen werden. Anfangs ist es schwer, nicht selbstsüchtig zu werden, denn wir haben Angst und sind angesichts unserer Zukunft mehr als unsicher.

In diesem Augenblick können wir uns unseren engsten Freunden durch langweilige tagtägliche Jammerlitaneien entfremden. Erst allmählich lernen wir, dass unsere Beschwerden nur ein Teil unseres Lebens sind und dass es sinnlos ist, bei ihnen zu verweilen. Das kann sogar unseren Freundschaften schaden. Wenn unsere Besessenheit aufhört, sind wir wieder in der Lage, anderen Menschen gegenüber Interesse und Mitgefühl aufzubringen – die Grundlage jeder Freundschaft.

Meine Freundschaften sind unschätzbar. Ich werde meine Freunde heute wissen lassen, wie viel mir an ihnen liegt.

Erziehung ist Beispiel und Liebe, sonst nichts.

Friedrich Fröbel

Manchmal unterstreicht eine Krise noch die Schwachstellen in unseren Beziehungen. Aus welchem Grund auch immer – mehr Ehrlichkeit, weniger Toleranz oder das stärkere Bedürfnis nach Offenheit –, wir kämpfen häufiger mit widersprüchlichen Gefühlen gegenüber den Menschen, die wir lieben, insbesondere unseren Eltern.

Es kann sehr heilsam für uns sein, wenn wir unsere Kindheitsjahre ohne Schuldzuweisungen oder Verschönerungen Revue passieren lassen. Wir können zurückschauen und erkennen, dass auch unsere Eltern von ihrer Kindheit beeinflusst wurden. Haben sie die Unterstützung bekommen, die sie brauchten? Die Liebe, die sie verdienten? Wenn wir auf diese Weise über unsere Eltern nachdenken, ermahnt uns das, uns selbst zu vergeben wie auch jedem, dessen Leben wir berühren.

Ich werde mir heute erlauben, voller Vergebung auf meine Eltern zurückzuschauen.

Das Leben ist eine Reihe von Erfahrungen, von denen eine jede uns größer macht, selbst wenn wir das nur schwer einsehen können.

Henry Ford

In den schlimmsten Zeiten unseres Lebens können wir kaum glauben, dass wir auf lange Sicht gesehen aus dieser Erfahrung einen Nutzen ziehen werden. Wenn wir schmerzliche oder zermürbende Tage durchleben, die wir kaum ertragen können, sind wir uns ganz sicher nicht bewusst, wie wir daran wachsen oder daraus lernen.

Doch in den etwas ruhigeren Zeiten unseres Lebens, wenn wir nicht mehr in einem Tief stecken, gelangen wir zu der Einsicht: «Ja, ich habe tatsächlich etwas gelernt», oder: «Dieses Ereignis hat mich in der Tat wachsen lassen». Nach einer schweren Krise, wie immer diese auch aussehen mag, können wir eine Bestandsaufnahme machen und erkennen, dass eine gesündere Einstellung zum Leben und ein stärkerer Charakter die Folge dieser Erfahrungen sind.

Ich will mir heute die Zeit nehmen, alles aufzulisten, wozu mir eine «schlechte» Erfahrung geholfen hat, ein besserer beziehungsweise reiferer Mensch zu werden.

Wenn du einem anderen aus der Grube seiner Schwierigkeiten heraushilfst, dann hast du einen Ort gefunden, an dem du deine eigenen vergraben kannst. Anonym

Wenn wir uns so verhalten, wie andere Menschen das von uns erwarten, dann mögen wir ihnen zwar helfen. Aber kommt diese Hilfe wirklich tief aus unserem Herzen? Häufig verhalten sich Menschen nicht aus Mitgefühl oder Fürsorge so, wie sie es tun, sondern weil sie das Gefühl haben, andere würden das von ihnen erwarten.

Wenn wir anderen auf völlig selbstlose Weise helfen, brauchen wir ihre Anerkennung nicht länger, denn wir haben kein anderes Motiv als das, hilfreich zu sein. Die Bereitschaft, anderen Menschen bei ihren Problemen zur Seite zu stehen, erschafft für uns eine ganz eigene Freiheit.

Ich weiß, dass ich in dem Moment weniger selbstsüchtig bin, in dem ich keine Sekunde lang zögere, bevor ich einem anderen Menschen helfe.

Schmerz gehört zum Leben, das müssen wir lernen. Schmerz währt nicht ewig und ist auch nicht notwendigerweise unerträglich. Das muss man uns lehren.

Harold Kushner

Wenn wir jemand oder etwas verlieren – einen geliebten Menschen, ein besonderes Buch, selbst ein Ziel, das wir für erreichbar gehalten haben –, kann das zutiefst schmerzlich sein. Doch ist der Verlust unserer Gesundheit eine der quälendsten Erfahrungen, die wir erleiden können, denn er symbolisiert das Ende des uns vertrauten oder erhofften Lebens. Die Schmerzen einer langwierigen oder chronischen Krankheit sind nicht nur körperlich, sondern auch emotional zu spüren. Wir fürchten sogar, dass wir nicht in der Lage sein könnten, diese Veränderung zu überleben.

Mit der Zeit passen wir uns jedoch an. Wir schaffen neue Gewohnheiten, die unsere geschwächte Konstitution berücksichtigen. Wenn unsere Tage wieder von Lachen erfüllt sind, dann verstehen wir, dass nicht einmal die Verzweiflung von Dauer ist.

Ich wende mich nach außen, strecke meine Arme nach der Hoffnung aus. Ich wende mich nach innen mit der Absicht, mir selbst zu helfen. Ich werde stärker.

Der Gedanke an den Selbstmord ist ein starkes Trostmittel: Mit ihm kommt man gut über manche böse Nacht hinweg.
Friedrich Wilhelm Nietzsche

Viele von uns geben vor, dass uns der Gedanke an Selbstmord niemals in den Sinn gekommen sei, aber unser Denken wird bisweilen morbid – und wir haben Angst.

Diese Gedanken scheinen schädlich, aber in Wirklichkeit können sie sogar hilfreich sein. Der Gedanke an Selbstmord zwingt uns zu der Erkenntnis, wie sehr wir das Leben schätzen.

Wenn wir über den Augenblick nachdenken, in dem unser Leben enden wird, erwacht in uns neuer Kampfgeist, und wir spüren unsere Sehnsucht nach Leben, obwohl wir vielleicht nicht verstehen, warum wir diese Sehnsucht haben. Wichtig ist hierbei, dass wir uns die Wahl gelassen haben, uns für den Tod zu entscheiden, und uns dagegen entschieden haben. Sobald wir die Freude über diese Entscheidung verspüren, können wir wieder an uns selbst und an unseren Wert denken. Wir wollen in Wirklichkeit leben, und wir sind stark genug, um zu wissen, dass Selbstmord keine akzeptable Lösung für unsere Probleme ist.

Ich bin voller Freude, weil ich weiß, dass ich mich für das Leben entscheiden kann.

All ihrer Masken beraubt, sind die Ängste der Menschen sich ziemlich gleich: die Angst vor Einsamkeit, vor Zurückweisung, vor Minderwertigkeit, vor unbeherrschbarem Zorn, vor Krankheit und Tod. Joshua Loth Liebman

Manchmal versuchen wir, uns von anderen abzuheben; wir tun so, als ob uns unsere Einzigartigkeit zu etwas Besonderem macht. Doch hinter all unserem Gehabe und all unserem Prahlen erkennen wir, dass unsere Ängste von allen Menschen geteilt werden.

Wir gestalten unser Leben so, dass wir vor Verletzungen geschützt sind, dass wir jene, die wir lieben, nicht verstimmen, und dass wir uns selbst nicht enttäuschen. Unsere beste Chance auf Erfolg besteht – trotz einiger schwieriger Lasten auf unseren Schultern – immer noch darin, eine positive Einstellung zu entwickeln, ein offenes Wesen und die Bereitschaft zum Risiko. Das wird uns zwar nicht notwendigerweise vor all unseren Ängsten schützen, aber es schafft ein ehrliches Band zu anderen Menschen, die ebenfalls ihre menschliche Natur akzeptieren.

Meine Ängste müssen mich nicht isolieren; sie können sogar das Hilfsmittel sein, durch das ich mit anderen in Kontakt trete.

Aus dem Pflichtgefühl heraus und aus dem Wunsch, einen geliebten Menschen zu beschützen, wird ein teuflischer Kreislauf aus Fehlinterpretationen, Spekulationen, Schweigen und Isolation in Gang gesetzt. Neil A. Fiore

Eine Zeit lang haben wir vielleicht versucht, die Menschen, die wir lieben, zu beschützen, indem wir unsere persönlichen Probleme nicht erwähnten. Womöglich hofften wir insgeheim, sie würden sich auflösen, wenn wir einfach nicht über sie sprachen. Wir mussten jedoch erfahren, dass dies nicht der Fall war und dass Probleme häufig eskalieren, wenn man sie nicht angeht.

Heute ist uns klar, dass wir unsere Familienangehörigen und unsere Freunde nicht schützen können. Der Versuch, sie zu schützen, bedeutete, dass wir unsere eigenen Gefühle leugneten und die ihren ignorierten. Wir mussten entdecken, dass die Menschen, die wir lieben, nicht geschützt werden müssen – und es oft auch gar nicht wollen. Sobald wir sie nicht länger beschützten, stellten wir fest, dass wir und die Menschen, die wir lieben, wachsen und stärker werden.

Ich kann mit den Menschen, die ich liebe, ehrlich über meine Gefühle und Bedürfnisse reden.

Glück ist wie Raum und Zeit – wir machen und messen es selbst; es ist wie ein Phantasiegebilde, so groß oder so klein, wie man will: einfach nur ein Ding aus Gegensätzen und Vergleichen. George du Marier

Glück ist ein Bezugspunkt, ein relativer Gemütszustand, mit dem wir andere Emotionen vergleichen. Glücklich zu sein ist eines unserer größten Ziele. Wie wir dorthin gelangen oder ob wir dorthin gelangen, hängt oft davon ab, wie wir leben und wie wir mit anderen Menschen umgehen.

Als Kinder wurden viele unserer Bedürfnisse von anderen erfüllt. Heute liegt es meistens bei uns, ob wir unser eigenes Glück erschaffen. Wir sind nicht länger Kinder, deren Traum- und Wunscherfüllung von anderen abhängt. Wir sind erwachsen, und es steht uns frei, unser Glück in jeder Form oder Gestalt zu suchen, nach der uns der Sinn steht.

Mein Glück hängt allein von mir ab, nicht von anderen.

Das Gebet, kristallisiert im Wort, legt immer wieder die Wellenlänge fest, auf welcher das Zwiegespräch weitergeführt werden muss. Dag Hammarskjöld

Viele von uns haben schon fast vergessen, wie man betet. Wir wollen dem Gebet gar nicht aus dem Weg gehen – es passiert einfach. Anstatt zu beten, suchen wir in uns selbst oder in anderen nach Antworten für unser Wohlergehen. Unser spirituelles Leben stagniert.

Die Wirklichkeit einer einschneidenden Erfahrung lässt uns spüren, wie begrenzt die Macht ist, die wir über einige Bereiche unseres Lebens haben. Wir haben keine Macht über Diagnosen, Prognosen, Rückfälle oder Begleiterscheinungen. Sei es aus Wut, Schmerz, Niedergeschlagenheit oder Hoffnungslosigkeit, wir verspüren das Bedürfnis, in einer Welt, die plötzlich verrückt spielt, unser Gleichgewicht wiederzufinden. In diesem Augenblick wenden wir uns an eine Macht, die größer ist als wir selbst, und suchen bei ihr den Trost, den wir so dringend benötigen. Wir beten; wir meditieren. Wir finden Frieden.

Ich muss meine Last nicht allein tragen.

Wessen Sie sich auch sicher sein mögen, eines ist gewiss – Sie ähneln in schrecklicher Weise anderen Leuten.

James Russell Lowell

Wissenschaftler wissen schon lange, dass alle menschlichen Körper im Grunde dieselbe Struktur aufweisen. Heutzutage kann selbst das Herz eines Menschen – wie viele andere Organe auch – in den Körper eines anderen Menschen verpflanzt werden.

Andere Ähnlichkeiten kommen uns in den Sinn, wenn wir den alltäglichen Kampf mit unserer Krise ausfechten. Wir teilen dieselben Frustrationen, dieselben unvergossenen Tränen, die Ängste und die Hoffnungslosigkeit mit all jenen Menschen, die sich ebenfalls mit einer schwierigen Lebenssituation auseinander setzen. Aber wir teilen auch die Freude, das Vergnügen an den kleinen und großen Erfolgen, die wir alle erzielen können, wenn wir mit unserem Leben fortfahren. Jeder von uns ist anders, aber wir sind auch in hohem Maße gleich.

Trotz meiner persönlichen Schwierigkeiten teile ich mit allen anderen Menschen viel mehr Ähnlichkeiten als Unterschiede. Heute will ich nach diesen Ähnlichkeiten Ausschau halten.

Vieles von eurem Schmerz ist selbst gewählt. Er ist der bittere Trank, mit dem der Arzt in euch das kranke Ich heilt.

Khalil Gibran

Wir denken nur selten, wenn überhaupt, an Trauer, wenn es um die Gesundheit geht, die wir eingebüßt haben, und doch macht jeder von uns einen Trauerprozess durch. Wir neigen dazu, jene Menschen zu vertreiben, die uns am nächsten stehen – jene, die bereit sind, unseren Schmerz mit uns zu teilen –, weil wir nicht sicher sind, wie wir mit unserer Krise umgehen sollen.

Während der Zeit, in der wir trauern, liegen wir emotional bloß, sind offen und verletzlich. Wir weigern uns womöglich aus dickköpfigem Stolz heraus, Hilfe anzunehmen, und übersehen dabei völlig, dass die Menschen, die sich um uns sorgen, ebenfalls Qualen leiden und sich auch mitteilen müssen. Glücklicherweise geht die Trauer vorbei, und obwohl wir niemals wieder wie früher sein werden, werden wir genesen.

Der Verlust meiner Gesundheit ist neu für mich, und ich muss lernen, wie ich freundlich zu denen sein kann, die sich um mich sorgen.

Wisse um den wahren Wert der Zeit; ergreife, packe und genieße jeden einzelnen Moment. Keine Müßigkeit, keine Faulheit, kein Hinauszögern – verschiebe nichts auf morgen, was du heute erledigen kannst. Lord Chesterfield

Ob unsere Erinnerungen gut oder schlecht sind, wir können niemals einen Augenblick zurückrufen, der bereits vorüber ist. Jedes besondere Ereignis sollte als etwas Einzigartiges geschätzt werden, das sich niemals wiederholen wird.

Möglicherweise sind wir nicht sicher, was die Zukunft für uns bereithält, insbesondere dann nicht, wenn wir uns nicht mehr so vital fühlen wie früher. Sobald wir jedoch begreifen, wie kostbar jeder einzelne Tag ist, können wir die Art und Weise verbessern, wie wir unser Leben leben.

Jeder Tag ist wertvoll und bietet uns einzigartige Gelegenheiten, das Beste aus dem Augenblick zu machen – das meiste aus jeder Chance auf Leben herauszuholen.

Jeder Augenblick ist kostbar. Ich will das Beste aus jedem Tag machen.

Wahre Wunder werden von Menschen bewirkt, die den Mut und die Intelligenz benützen, die Gott ihnen gegeben hat.

Jean Anouilh

Vor kurzem promovierte eine Frau an einer amerikanischen Universität. Sie war achtzig Jahre alt und erklärte, sie wolle neue Welten erobern.

Die Suche nach Wissen sollte niemals enden, doch allzu oft haben wir das Gefühl, unsere Ausbildung sei zu Ende, sobald wir die Schule hinter uns haben. Wenn wir etwas wirklich wollen – ob wir nun eine Ausbildung oder ein anderes Ziel anstreben –, dann ist es sehr wahrscheinlich, dass wir einen Weg finden, um unsere Bedürfnisse auch zu erfüllen. Manchmal entdecken wir unterwegs andere Pfade, denen wir von da an folgen und die uns zu einem etwas anderen Endpunkt führen als demjenigen, den wir ursprünglich anvisiert hatten. Als reife Erwachsene lernen wir, Ersatzlösungen zu akzeptieren. Und wir strecken uns immer noch so weit aus, wie wir können.

Ich kann lernen, mir neue Ziele zu setzen – Ziele, die mich anspornen, aber nicht über meine Kräfte gehen.

Für die wenigsten verläuft das Leben nach ihrer Wahl. Jedermann muss sich mit Umständen abfinden, auf die er keinen Einfluss hat und mit denen er oft nicht zurechtkommt.

Samuel Johnson

Wie kommt ein Mensch mit einer schweren Krise zurecht? Unser Leben wird durch die Ereignisse um uns herum geprägt; diese Ereignisse laufen oft nach einem eigenen Drehbuch ab, ohne unsere Zustimmung und auch ohne unsere Kooperation. Nun, da die Probleme offensichtlich sind, wird dieses Leben mit der Veränderung unseren Charakter auf eine harte Probe stellen.

Jene von uns, die gelernt haben, mit einer radikal veränderten Lebensweise zurechtzukommen, und die immer noch lieben, lachen und weinen können, sind Überlebenskünstler. Unser Teil am Leben mag uns nicht gefallen, aber wir sind entschlossen, das Beste daraus zu machen.

Ich habe mir nicht alle Veränderungen in meinem Leben ausgesucht, aber ich kann mich dafür entscheiden, die Veränderungen zu akzeptieren und ein Leben im Einklang mit mir und meinen Nächsten zu führen.

Es gibt eine Phase im Leben, da müssen wir eine Erkenntnis über uns selbst schlucken, die uns entweder gut bekommt oder uns schwer im Magen liegt. Pearl Bailey

Wir neigen dazu, uns an jene Träume, Ziele und Bilder zu klammern, die wir als junge Menschen hatten. Wenn wir die Realität dessen akzeptieren, was aus unserem Leben geworden ist – sei es gut oder schlecht –, sind wir endlich erwachsen.

Es ist weitaus einfacher, die äußere Realität zu akzeptieren als unsere tiefere, viel persönlichere, innere Realität. Zu akzeptieren, dass wir niemals groß oder sportlich oder reich sein werden, ist viel einfacher, als zuzugeben, dass wir selbstsüchtig oder jähzornig oder unfreundlich sind. Vielleicht sind die Äußerlichkeiten deshalb einfacher, weil es nichts gibt, was wir tun können, um sie zu ändern, und wir weigern uns, charakterliche Mängel zuzugeben, weil diese sich durchaus ändern lassen. Es mag uns nicht gefallen, was wir sehen, aber sobald wir die bittere Pille geschluckt haben, sind wir in der Lage, uns zu ändern.

Ich will meine Angst ignorieren und all das Gute und das Schlechte in mir zugeben. Das räumt mir die Freiheit ein, mich zu ändern.

Ich erwarte, das Leben nur einmal zu durchlaufen. Wenn es daher irgendeine Freundlichkeit gibt, die ich erweisen kann, oder irgendetwas Gutes, das ich einem Mitmenschen tun kann, dann will ich es sogleich tun. William Penn

Jeden Abend, wenn wir den Kopf auf unser Kissen sinken lassen, können wir den Tag noch einmal Revue passieren lassen und uns an die Dinge erinnern, die wir gesagt oder getan haben und mit denen wir anderen eine Freude haben bereiten können. Für gewöhnlich haben dieselben Worte und Taten auch in unser eigenes Leben Freude getragen.

Zeit unseres Lebens bieten sich uns zahllose Gelegenheiten, freundlich zu anderen zu sein – und es gibt keine zweite Chance. Wir können uns jedoch dieser besonderen Gelegenheiten bewusst sein und das Beste aus ihnen machen.

Mein neues Bewusstsein für die flüchtigen Gelegenheiten des Lebens wird mir helfen, häufiger meine freundliche Seite zu zeigen.

Lachen ist ein Beruhigungsmittel ohne Nebenwirkungen.

Arnold Glasow

Gute Freunde, die gemeinsam lachen, können selbst das Herz eines unbeteiligten Beobachters erwärmen. Im Gegensatz zu Medikamenten kostet uns das Lachen nichts und kann so oft eingenommen werden, wie wir es wollen.

Wenn düstere Wolken unser Leben überschatten, dann ist es schön zu wissen, dass eines stets gleich bleibt: Wir können immer noch lachen. Über uns selbst. Mit Freunden. Über eine ulkige Fernsehsendung.

Kräftiges, herzhaftes Lachen ist Therapie für Seele und Körper. Fröhliches Lachen kann zu einem bemerkenswerten Gefühl des Wohlbefindens und der Freude führen. Lachen löst alle Sorgen und Kümmernisse des Tages auf und lässt sie uns viel leichter ertragen.

Ich werde mich immer sofort besser fühlen, wenn ich offen und spontan lache.

Juni

Sorgen sind wie Gewitterwolken – in der Ferne scheinen sie schwarz, über unserem Kopf kaum grau.

Jean Paul Richter

Manchmal lassen wir uns von unseren Sorgen über die Dinge auffressen, die wir unserer Ansicht nach tun oder entscheiden oder beenden müssen. Häufig haben diese Sorgen ihre Ursache in uns – nicht in unseren Schwierigkeiten –, denn wir versuchen, alle Probleme auf einmal zu lösen und alle Entscheidungen auf einmal zu treffen.

Als Ganzes gesehen können die Ereignisse eines Lebens erdrückend wirken. Unsere Ängste, unsere Sorgen, unsere Qual über den Verlust der Gesundheit, der Jugend oder selbst eines Menschen, den wir sehr geliebt haben, können uns völlig vereinnahmen. Doch wenn wir lernen, unsere Sorgen eine nach der anderen anzugehen, sie in kleine Stücke aufzuteilen, werden wir feststellen, dass wir sie als kleinen Teil unseres Lebens akzeptieren können. Wir können dennoch durchhalten. Wenn man die Sorgen eine nach der anderen anpackt, werden sie sich zu kleinen, flockigen Wölkchen auflösen.

Alle Dinge sind zu handhaben, wenn ich sie als eine Reihe von kleinen Vorfällen betrachte.

All unsere Vernunft endet in der Kapitulation vor den Gefühlen. Blaise Pascal

In all unseren Bemühungen wird deutlich, dass Erfolg nur aufgrund dauerhafter Anstrengung möglich ist. Wenn wir ein wirklich lohnenswertes Ziel erreichen wollen, müssen wir alle einen Preis zahlen. Wir sollten nicht überrascht sein, wenn uns dabei negative Gedanken im Kopf herumschwirren. Diese Gedanken gehen nicht einfach wieder weg. Wir haben menschliche Schwächen, darum sind unsere Gedanken häufig desorganisiert, und unsere Gefühle werden entweder unterdrückt oder allzu offen ausgelebt. Vollkommenheit ist unmöglich, gleichgültig, wie sehr wir nach ihr streben. Aber wir können nach Antworten suchen.

Wir können nicht alles haben, darum müssen wir eine Wahl treffen. Wir sollten auch über Kompromisse nachdenken, bevor wir eine Wahl treffen. Wie diese Wahl auch ausfallen mag, wir sollten sie treffen und akzeptieren. Eine vergeudete Chance, um ein Problem zu lösen, kann für immer verloren sein.

Ich kämpfe immer wieder mit denselben Problemen. Heute nehme ich mir vor, meine Suche nach Antworten zu beginnen.

Ohne Schweiß kein Preis. Adlai Stevenson

Eltern sind oft überrascht, wenn ihre Kinder sich vor ihren Augen zu verändern scheinen. Das gilt auch für unseren Umgang mit jedem einzelnen Tag. Es war beängstigend, als wir miterleben mussten, wie viele Bereiche unseres Lebens, die uns Trost spendeten und von denen wir glaubten, dass sie uns immer Trost spenden würden, plötzlich Kopf standen. Anfänglich haben wir vielleicht gedacht, wir würden nie wieder in der Lage sein, ein produktives Leben zu führen.

Aber wir haben unser Leben neu aufgebaut. Wie Kleinkinder haben wir jeden Tag neue kleine Schritte nach vorn gemacht. Tag für Tag ist unsere Kraft gewachsen, indem wir regelmäßige, wenn auch kleine Fortschritte erzielt haben. Schritt für Schritt haben wir unser Leben neu aufgebaut, häufig ohne unser Wachstum überhaupt zu bemerken. Dann plötzlich betrachten wir unser Leben und sind erstaunt, wie weit wir es gebracht haben. Erstaunt – und stolz.

Heute will ich mir die Zeit nehmen, mein Wachstum zu messen, sowohl emotional als auch spirituell.

Das höchste Glück im Leben ist die Gewissheit, geliebt zu werden. Shakespeare

Bedingungslose Liebe ist die Zusicherung, dass wir geliebt werden, gleichgültig, wie wir aussehen oder uns verhalten oder leben. Wir müssen uns diese Liebe nicht verdienen, wir müssen keine Ansprüche erfüllen. Viele von uns hatten das Glück, auf diese Weise von ihren Eltern oder anderen Familienangehörigen geliebt zu werden. Wir wurden umarmt, wir wurden akzeptiert – ohne Vorbehalt.

Einige von uns hatten nicht so viel Glück und verbringen möglicherweise einen großen Teil ihres Erwachsenenlebens auf der Suche nach dieser Liebe. Glücklicherweise haben wir gelernt, dass wir sie nicht finden müssen, wir müssen sie nur verschenken – wir können uns selbst auf völlig bedingungslose Weise lieben. Die Vergangenheit können wir nicht ändern, aber wir können den Einfluss, den diese Ereignisse auf die Gegenwart haben, verändern.

Das Gefühl, mich selbst zu lieben und von anderen geliebt zu werden, wärmt und trägt mein Leben.

Ich lache über alles aus Angst, weinen zu müssen.

Pierre de Beaumarchais

Manchmal würden wir am liebsten weinen. Wir spüren schon das charakteristische Brennen in den Augen, aber wir lassen keine Tränen zu. Möglicherweise blinzeln wir sie weg, oder wir wenden unseren Blick ab, damit andere es nicht sehen. Schließlich, so denken wir, könnte uns jemand unerwünschte Aufmerksamkeit schenken oder – schlimmer noch – uns bemitleiden.

Wenn wir unsere Emotionen in den Griff bekommen wollen, geht es im Grunde um zwei Punkte: unsere Emotionen anzuerkennen und sie zu zeigen. Wir können uns zwar dafür entscheiden, anderen nicht all unsere Emotionen zu zeigen, aber wir sollten sie zumindest selbst anerkennen. Unsere negativen Emotionen zu leugnen ist kontraproduktiv für die Ehrlichkeit, die wir brauchen, wenn wir ein erfülltes Leben aufbauen wollen. Wir können uns die Erlaubnis geben, uns traurig, aber auch fröhlich zu fühlen, wütend, aber auch glücklich zu sein. Das sind ehrliche Gefühle.

Ich stehe am Anfang der Reise zur Entdeckung meiner Emotionen.

Das Gebet ist keine Bitte. Es ist eine Sehnsucht der Seele.

Mohandas «Mahatma» Gandhi

Manche Menschen sind der Ansicht, wir sollten im Gebet um nichts bitten, doch wird unser Bedürfnis zu beten oft von einem emotionalen beziehungsweise körperlichen Schmerz oder von Zweifel und Verwirrung genährt. Sicher können wir nicht darauf warten – und sollten es auch auf keinen Fall –, bis bedrückende Situationen vorübergehen, bevor wir beten oder meditieren.

Unsere Seelen sehnen sich nach Ausgeglichenheit und Gelassenheit, und die finden wir, wenn wir unseren Schmerz, unsere Zweifel und unsere Ängste der tröstlichen Gegenwart einer Höheren Macht anvertrauen. Häufig suchen wir keine Antwort auf eine Frage, sondern nur das Gefühl, geliebt und verstanden zu werden. Wenn wir dieses Gefühl in der physischen Welt nicht finden können, forschen wir mit unserem spirituellen Selbst nach einer ausgleichenden Gegenwart, die unsere tiefsten Schmerzen und Ängste und unsere größte Freude versteht.

Gleichgültig, was ich in meinem Gebet zum Ausdruck bringe, ich fühle mich in dem Wissen getröstet, dass ich verstanden werde.

Das Wissen, wie man am besten alt wird, ist das Meisterwerk der Weisheit und eines der schwierigsten Kapitel in der großen Kunst des Lebens. Henri Frédéric Amiel

Oftmals trachten wir, Menschen nachzuahmen, die wir bewundern – insbesondere Lehrer, unsere Eltern oder Freunde. Viele ältere Menschen, denen wir nacheifern, sind produktive Mitglieder der Gesellschaft geblieben und haben sinnvolle Wege gefunden, anderen Menschen zu helfen. Wenn wir aktiv, beschäftigt und hilfreich sein können, werden wir nicht nur unser eigenes Leben bereichern, wir werden auch zu Vorbildern für Menschen, die jünger sind als wir.

Es gibt einige Menschen, die mit so viel Würde zu altern scheinen, dass sie die Fähigkeit besitzen, jedem in ihrem Umfeld das Gefühl zu vermitteln, etwas Besonderes zu sein. Wir alle wissen solche Freunde zu schätzen, und wir selbst können auch so werden.

Ich will mein Leben so führen, dass ich zu einem Vorbild für jüngere Menschen werde.

Manchmal erweist sich das, was wir für ganz unmöglich halten, am Ende doch als möglich. K. O'Brien

Die schiere Freude an der Vorstellungskraft liegt darin, dass sie keine Grenzen kennt. Selbst wenn uns durch besondere Umstände Grenzen auferlegt sind, können wir trotzdem glauben, dass bessere Zeiten vor uns liegen. Und es stimmt, wir können, wenn wir wollen, immer Möglichkeiten finden, unsere kostbare Zeit und Energie sinnvoll einzusetzen.

Die Zeit, die wir in Gedanken verloren verbringen, ist nicht verschwendet, denn diese unschätzbaren Momente erinnern uns an die wunderbare Zeit, die nun vorüber ist, und lässt uns künftige Rollen einproben. Wir sollten uns vorstellen, wie wir stolz und wieder voll einsatzfähig sind. Das mag zwar noch nicht wahr sein, aber je mehr wir es anstreben, desto besser werden wir uns in der Öffentlichkeit darstellen können. Und je leichter es uns fällt, uns in der Öffentlichkeit zu bewegen, desto häufiger werden wir ausgehen.

Ich verschwende keine Zeit, wenn ich tagträume, denn meine Träume helfen mir, die Veränderungen in meinem Leben zu akzeptieren, und sie gestatten es mir, die Zukunft einzuüben.

Kein Mensch ist ein Eiland, ganz für sich allein.
John Donne

Manchmal ist es leicht, sich einsam zu fühlen. Während unserer emotionalen und körperlichen Tiefpunkte isolieren wir uns voller Trauer und Bitterkeit von anderen Menschen, weil wir uns ihnen gegenüber so fremd fühlen. Unser Leben scheint so viel komplizierter als ihres.

Für gewöhnlich entscheiden wir uns jedoch nicht dafür, von anderen völlig unabhängig zu werden. Im Verlauf unseres Alltags wird unser Leben von vielen Menschen berührt. Sie sind fester Bestandteil von Rhythmus und Fluss unserer Erfahrung.

Und wir sind Teil ihres Lebens. Auf hunderterlei Weise tragen und stützen wir uns alle. Wir teilen unsere Freude und unser Leid, weil wir uns sorgen, weil wir menschlich sind.

Wenn ich in Not bin, umgeben mich fürsorgliche Menschen. Ich will sicherstellen, dass ich für andere da bin, wenn auch sie mich brauchen.

Schmerz ist schwer zu ertragen … Aber mit Geduld wird auch das, Tag für Tag, vorübergehen. Theodore Tilton

Wenn emotionale oder körperliche Schmerzen unerträglich werden, scheinen die Tage länger als vierundzwanzig Stunden zu dauern. Jede Bewegung scheint unzumutbar, jeder Versuch, den Tag zu beginnen, trifft auf die schrillen Einwände der Stimme des Schmerzes.

Genau in diesem Augenblick sind wir jedes Mal aufs Neue versucht, den Kampf aufzugeben und uns einfach gehen zu lassen. Doch dann drängt uns etwas, es nur ein einziges Mal noch zu versuchen – nur noch *einen* weiteren Tag. Also kämpfen wir weiter und entdecken irgendwann zu unserem Erstaunen, dass wir einen weiteren Sonnenaufgang und Sonnenuntergang erfolgreich überstanden haben. Die Kraft, weiterzumachen, war die ganze Zeit da, tief in unserem Innern.

Wenn meine Schmerzen stärker werden als je zuvor, dann muss ich meine inneren Ressourcen anzapfen, um weiterzumachen.

Was wir als Anfang bezeichnen, ist oftmals das Ende. Und etwas zu beenden heißt, einen Neuanfang zu wagen. Wir fangen immer am Ende an. George Eliot

Manchmal kann ein schmerzliches Ende der Anfang einer neuen Lebensweise sein, die zur glücklichen Realität wird. Das Ende der Trauer bringt uns neue Akzeptanz und neue Ausgeglichenheit. Das Ende einer schlechten Beziehung kann ein willkommener Neuanfang sein.

Ein Ende? Oder ein Anfang? Häufig hängt die Antwort davon ab, wie wir es sehen wollen. Wenn unsere erwachsenen Kinder das Elternhaus verlassen, kann dies ein trauriges Ende sein oder eine aufregende Möglichkeit, dass wir nun unser eigenes Leben beginnen. Ein Umzug kann bedeuten, alte Freunde zu verlieren oder neuen zu begegnen. Fast jedes Ereignis im Leben – eine Hochzeit, eine neue Arbeitsstelle, ein Schulabschluss, selbst ein Urlaub – bedeutet in irgendeiner Form ein Ende. Wenn wir uns einem Ende stellen, dann können wir uns dafür entscheiden, es als Neuanfang zu betrachten.

Heute will ich daran denken, dass das Leben aus vielen Neuanfängen besteht.

Entwickle ein stets sich verstärkendes Gefühl des Wunders angesichts der Welt, deiner selbst und Gottes. Der Welt wird es niemals an Wundern mangeln – nur an dem Wunsch nach Wundern. Bernard S. Raskas

Eine Lebenskrise kann uns grausam und bitter machen, aber sie kann auch zu einer intensiven Gewissensprüfung führen. Jene von uns, die eine Bestandsaufnahme vornehmen und in ihr Innerstes schauen, können durchaus in ihrer Fähigkeit, sich zu freuen und freizügig zu geben, ein persönliches Erwachen erleben. Wenn wir uns der Schönheit und der Symmetrie bewusst werden, die uns ständig umgeben, erweitert sich unser Horizont.

Sobald wir uns spirituell wieder ganz fühlen, werden wir uns bewusst, welchen Einfluss wir auf andere und auf die Natur ausüben.

Ein spirituelles Selbstgefühl ist wichtig bei meiner Suche, wer ich bin und was für ein Mensch ich sein möchte.

Eine verzweifelte Situation ruft nach drastischen Maßnahmen.
Guy Fawkes

Sicherheit ist uns allen wichtig, aber manchmal hat es Gründe, wenn wir uns weigern, ein Risiko einzugehen. Wir bleiben womöglich in einer ungesunden Beziehung oder ignorieren unser eigenes bizarres Verhalten oder das anderer, weil wir uns einfach davor fürchten, die Sicherheit unseres gewohnten Alltags aufzugeben.

Andererseits nehmen wir bereitwilliger Risiken auf uns, wenn die Lage verzweifelt wird. Dann greifen wir zu verzweifelten Maßnahmen. Wir nehmen eine Eheberatung in Anspruch oder reichen die Scheidung ein, um eine schmerzliche Beziehung zu retten oder zu beenden. Wenn wir emotional durcheinander sind, bitten wir um professionelle Hilfe. Auch das beinhaltet ein Risiko. Diese Entscheidungen fallen uns nicht leicht. Viel Gewissensprüfung ist vonnöten, aber wir sind in der Lage, diese Entscheidung zu treffen, sobald wir erkannt haben, dass Sicherheit manchmal gefährlicher ist als das Risiko.

Ich kann Entscheidungen fällen, die gut für mich sind, selbst wenn sie meine gewohnte Sicherheit gefährden.

Sitze nicht immerfort bei dem traurigen Freunde.
Wenn du einen Garten betrittst, siehst du die Blumen nicht?
Verweile öfter bei Rosen und Jasmin.

Mewlana Dschelaleddin Rumi

Manchmal übertreten wir die Grenze einer engen Freundschaft. Bis zu diesem Punkt war es ein echtes Band, eine wahre Seelenverwandtschaft. Aber plötzlich teilen wir nicht nur unsere Gedanken und Probleme, sondern behandeln die Probleme des anderen auch wie unsere eigenen. Wir sind besessen davon, Antworten für unsere Freunde zu finden.

Wir konzentrieren uns ja auch nicht auf das Unkraut in unserem Garten, also dürfen wir auch nicht nur die negativen Aspekte im Leben unserer Freunde sehen. Wir können sie unterstützen, aber wir dienen unseren Freunden am besten, wenn wir ihnen gestatten, sich ihren Problemen selbst zu stellen.

Ich will daran denken, dass Freunde einander trösten können, aber sie können einander nicht ihre Bürde abnehmen.

Nicht die Fähigkeit, uns zu erinnern, sondern die Fähigkeit, zu vergessen, ist eine notwendige Voraussetzung unserer Existenz.

Scholem Asch

Wenn wir in unserer Beziehung glücklich leben wollen, dann können wir nicht ständig die Vergangenheit neu beleben und sie als Knüppel benützen, um ein anderes menschliches Wesen zur Unterwürfigkeit zu prügeln. Und doch neigen wir alle dazu. «Ich hab's dir doch gesagt» und «Du hättest auf mich hören sollen» oder «Du hast dich geirrt» sind Sätze, bei denen wir uns oft selbst ertappen.

Wir können jedoch lernen, diese letzte Kontrolle aufzugeben, diese Neigung, ein anderes menschliches Wesen mittels Schuldgefühlen zu manipulieren. Wir können einen anderen Menschen nicht ändern. Unsere Bereitschaft, Irrtümer zu vergeben, große wie kleine, wird zu einem Meilenstein in unserem persönlichen Wachstum. Vergebung liegt in unserem eigenen Interesse; wir sind erst dann frei, wenn wir vergeben.

Heute will ich einen Groll loslassen. Je mehr mein Verständnis wächst, desto mehr wächst auch meine Fähigkeit, zu vergeben.

Wir leben kein gleichförmiges Leben, sondern eines der Kontraste und des Flickwerks; jetzt etwas Freude, dann Trauer, jetzt eine Sünde, dann eine großzügige oder tapfere Tat.

Ralph Waldo Emerson

Im Laufe der Entfaltung unseres Lebens kosten wir einige Tage voll aus, andere verleben wir geradezu minimalistisch. Wenn wir uns zu sehr auf die weniger produktiven Tage konzentrieren oder wenn wir sie nur als minderwertige Vergleichsgröße gegenüber unseren besten Tagen heranziehen, verlieren wir unter Umständen den wahren Wert und Sinn der Zeit aus den Augen, die uns geschenkt worden ist.

Ein ganzheitliches Leben, ein produktives Leben, ein gutes Leben – wie immer wir es nennen wollen – ist kein glänzender, perfekt gewebter Stoffballen. Es ist eher ein Quilt aus verschiedenen Stoffresten, die von geschickten Händen zusammengenäht worden sind. Wir können nicht einfach eine schlechte Erfahrung oder eine ungünstige Entscheidung verwerfen; vielmehr sollten wir sie dem ganzen bunten Gewebe hinzufügen, aus dem das Leben besteht.

Heute will ich mir stärker bewusst sein, wie die Widersprüche in meinem Leben ein einzigartiges und wunderschönes Muster bilden.

Vielfalt ist die Mutter des Entzückens.

Benjamin Disraeli

Idealerweise freuen wir uns darauf, morgens aufzuwachen, noch unsicher, was uns der Tag bringen wird, aber dennoch voller Vorfreude. Manchmal fällt uns dieser Eifer leichter, denn wir wollen bestimmte Orte aufsuchen und Leute treffen. Dann wieder sind wir unfähig, diese Freude einzufangen. Wie ist uns unsere Lebensfreude nur abhanden gekommen? Was können wir tun, um sie wiederzuerlangen?

Das Leben endet nicht mit der Pensionierung oder wenn die Kinder aus dem Haus sind oder wenn wir unsere Gesundheit verlieren. Das Leben verändert sich einfach. Wir können neue Interessen und Hobbys entwickeln. Wir können alte Einstellungen überprüfen und mit neuen Perspektiven aufwarten. Musik und Freundschaften bereichern unser Leben und geben uns die Kraft, weiterzumachen. Wir können uns an unseren spirituellen Wesenskern wenden und werden dort Freude kennen lernen.

Ich bin mir der Wunder und Gelegenheiten bewusst, die mich umgeben. Und ich will die Freude, die ich entdecke, teilen.

Folge niemals blind dem Glauben, überprüfe alles selbst! Was du selbst nicht lernst, das weißt du nicht. Bert Brecht

Obwohl der Glaube hier das Schlüsselwort zu sein scheint, lobt dieses Zitat auch den Wert des Lernens. Gelehrtheit ist nicht das Gegenteil von Glauben. Vielmehr unterstützt und trägt Gelehrtheit unseren Glauben. Häufig können wir darauf vertrauen, dass uns unsere Intuition durch all die Lektionen führen wird, die das Leben uns bietet. Es liegt an uns, auszuwählen und zu entscheiden, welche Lektionen besonders wichtig für uns sind, und dieses Wissen in unsere eigene Spiritualität einzubauen.

Wir lernen aus unseren alltäglichen Lebenslektionen natürlich aus erster Hand, aber wir können auch von den Erfahrungen anderer profitieren, und das ist für uns gleichermaßen wertvoll. Finden wir es doch einfach selbst heraus.

Gelehrtheit stärkt meinen Glauben – an eine Höhere Macht, an andere und an mich selbst. Ich kann diesen größeren Glauben einsetzen, um die Qualität meines Lebens zu verbessern und zu vertiefen.

Wir können entweder die Komplexität des Lebens verändern … oder eine Möglichkeit finden, wie wir mit dem Leben effizienter umgehen. Herbert Benson

Unsere Lebenskrise hat unser Leben sehr viel komplexer gemacht, und unsere Reaktionen können im Laufe der Zeit intensiver ausfallen – insbesondere wenn wir uns hilflos fühlen oder uns selbst bemitleiden.

Alle Menschen durchlaufen Krisenzeiten. Unsere Krise macht uns nicht immun gegen die völlig normalen Probleme, Kümmernisse und Enttäuschungen, denen wir uns alle stellen müssen. Wenn überhaupt, dann haben wir anderen gegenüber, die noch nie eine solche Krise kennen gelernt haben, einen Vorteil; wir haben gelernt, Überlebensstrategien zu entwickeln. Außerdem sind wir offener für Ratschläge und Hilfe von anderen. Wir können stolz darauf sein, wie weit wir gekommen sind, und wir dürfen optimistisch sein, wie weit wir es noch bringen werden.

Ich will freudig Hilfe und Unterstützung mit meinen Freunden austauschen.

Sei zufrieden, jeden Tag nur ein wenig zu wachsen. Wenn die Verbesserung von der Art ist, die nur sehr langsam zunimmt, dann miss sie nicht zu oft nach. Stelle alle zwei Wochen oder alle sechs Monate einen Selbstvergleich an – was immer angemessen ist. Lewis F. Presnall

Es ist nicht leicht, die Art und Weise zu verändern, wie unser Verstand arbeitet, aber manchmal müssen wir uns einfach zurücklehnen und eine Bestandsaufnahme machen, wie wir unser Leben geführt haben – sowohl im Großen wie im Kleinen. Vielleicht wird uns dann klar, dass wir durch unser Leben rasen, ohne uns auch nur einen Augenblick für unser Wohlbefinden Zeit zu nehmen. Möglicherweise sind wir auch der Selbsttäuschung erlegen, dass wir nur für unser eigenes Wohlbefinden in solche Hektik ausbrechen.

Am wichtigsten ist doch, dass wir das Tempo unserer Tage variieren. Wir brauchen die schnellen Zeiten, aber die langsameren, leichteren Zeiten sind entscheidend für unsere ganzheitliche Gesundheit – emotional, körperlich, sozial und spirituell.

Ich will heute langsamer machen und ein paar Momente der Stille mit mir selbst verbringen.

Eine einzige Wolke reicht aus, um die Sonne zu verdunkeln.
Thomas Fuller

Manchmal wird ein herrlicher Tag plötzlich zunichte gemacht, weil uns ein Freund kritisiert oder wir vor einem wichtigen Termin im Verkehrsstau stecken bleiben. Später fragen wir uns, warum ein einziger kleiner Zwischenfall andere, glückliche Ereignisse überschatten konnte.

Höchstwahrscheinlich ist die Antwort in uns und unserer Erwartungshaltung zu finden. Wenn wir davon ausgehen, dass jeder Tag und all unsere Beziehungen ohne Pannen und ohne Missverständnisse ablaufen, dann fordern wir es förmlich heraus, enttäuscht zu werden. Wenn wir unsere Energie darauf verwenden, unseren Freunden und Verwandten auf Kosten unserer eigenen Bedürfnisse und Werte zu gefallen, dann legen wir zu viel Verantwortung in ihre Hände. Wir können unsere Tage lohnender verbringen, wenn wir unsere Erwartungen realistischer gestalten. Jeder Tag wird unerwartete Verzögerungen oder missliebige Bemerkungen mit sich bringen, aber das sind nur vereinzelte Wolken an einem hellen, weiten, wunderbaren Himmel.

Ich will mir realistischere Erwartungen setzen.

Ein Gebrechen strapaziert für gewöhnlich eine gute Ehe und legt eine schlechte offen. Robert Lovering

Der Druck, der durch eine chronische Krankheit auf Partnerschaften ausgeübt wird, zeigt sich deutlich an der Tatsache, dass deren Scheidungsrate höher ist als im nationalen Durchschnitt. Vielleicht ist das gar nicht so merkwürdig, da jede aufreibende Situation dazu beiträgt, bereits existierende Mängel noch zu betonen.

Eine Krankheit ist ein persönlicher und einsamer Zustand, auch wenn andere schon dort waren, wo wir jetzt sind. Wir können einen Teil unserer Schmerzen mit anderen teilen, oder wir sind vielleicht für sie eine Inspiration, weil wir mit unserem Leiden so gut umgehen. Wir können immer noch unsere Einstellung und unsere Reaktionen frei wählen. Und auch wenn es einige Situationen gibt, die sich unserer Kontrolle entziehen, gibt es immer Hoffnung und Hilfe. Wir können Erleichterung und Verständnis finden.

Ich will versuchen, mir in all meinen Beziehungen der zusätzlichen Belastungen, die durch die Krankheit hervorgerufen werden, bewusst zu bleiben.

Grad und Art der Geschlechtlichkeit eines Menschen reicht bis in den letzten Gipfel seines Geistes hinauf.

Friedrich Nietzsche

Eine Krise und ihre Folgen stellen uns vor neue Probleme, mit denen wir als Teil unseres Gesamtbildes umgehen müssen. Ein Bereich, der dabei zu Schwierigkeiten führen kann, ist die Sexualität.

Sexualität ist die Art und Weise, wie wir über uns denken, wie wir uns selbst präsentieren, alles, was uns einzigartig macht. Unser Selbstbild mag den absoluten Tiefpunkt erreichen, während wir es mit den täglichen Hürden unserer Krise zu tun haben, und eine Zeit lang fühlen wir uns vielleicht weder sexy noch sinnlich. Es dauert eine Weile, bis wir erkennen, dass wir immer noch dieselben Bedürfnisse haben wie früher – berührt zu werden und uns wohl zu fühlen. Wir müssen nicht stumm oder passiv sein. Wir brauchen Liebe und Unterstützung, und manchmal müssen wir darum bitten, bevor unsere Bedürfnisse erfüllt werden können.

Ich will mich daran erinnern, dass die Qualität einer Beziehung von beiden beteiligten Personen abhängt.

Es befindet sich ein Magnet in deinem Herzen, der wahre Freunde zu sich zieht. Dieser Magnet ist die Selbstlosigkeit, die an andere immer zuerst denkt.

Paramahansa Yogananda

Freundschaften entwickeln sich langsam und gründen auf gemeinsamen Interessen und auf Verständnis. Sie werden von der Zeit, durch Veränderungen der Lebensumstände und auch durch eine Krise auf die Probe gestellt. Ein wahrer Freund zu sein heißt, da zu sein, wenn es hart auf hart kommt, selbst wenn sonst niemand da ist. Es heißt auch, zu geben, nicht zu nehmen, und darauf zu vertrauen, dass unsere Freunde bereit sind, dasselbe für uns zu tun.

Wahre Freunde nehmen füreinander Risiken auf sich – besonders emotionale Risiken –, ohne sich im Stich zu lassen. Eine wertvolle Freundschaft wird nicht hinterfragt, denn tief in unserem Herzen wissen wir, dass wir immer da sein werden, um unseren engsten Freunden zu helfen. Und wir wissen, auch sie werden immer da sein, um uns zu helfen.

Ich habe starke und lohnende Freundschaften. Ich pflege meine Freundschaften.

Nichts ist für die Gesundheit abträglicher, als wenn man sich zu sehr um sie kümmert. Benjamin Franklin

Mal ehrlich: Es gibt Zeiten, in denen wir von unserer Gesundheit wahrhaft besessen sind. Schließlich wären wir, hätten wir ein Bein gebrochen, ja nicht normal, wenn wir uns keine Sorgen darüber machten, wie wir jetzt laufen sollen oder wie frustrierend das ist. Langfristige medizinische Probleme sind jedoch eine ganz andere Sache. Wenn wir weiterhin ständig über unsere Gesundheit reden, werden wir die Menschen vergraulen, die wir am meisten brauchen.

Weniger über unsere gesundheitlichen Probleme zu reden hat seine Vorteile. Wir erschöpfen unsere Freunde und Familienangehörigen nicht mit unseren langwierigen medizinischen Vorträgen, und wir nehmen unsere Situation auch besser hin. Wer lebt, muss sich Herausforderungen, Problemen und Konflikten stellen. Die Akzeptanz sorgt dafür, dass wir einiges von dem Schmerz überwinden und dass unsere Hoffnung erneuert wird.

Akzeptanz bringt Erleichterung und Seelenfrieden. Gott wird mir die Gelassenheit gewähren, die Dinge zu akzeptieren, die ich nicht ändern kann.

Man kann seine Erfahrungen nicht in den Ruhestand versetzen. Man muss sie gebrauchen. Bernard Baruch

Wir mögen vielleicht so tun, als ob ein Teil unserer Lebenserfahrungen nie geschehen sei, aber sie sind geschehen. Wir haben sogar dazu beigetragen, einige der schlimmen Erfahrungen zu erschaffen. Wir sind die Gesamtsumme all dieser Erfahrungen.

Wir sollten unsere Verhaltensweisen und Einstellungen anerkennen und selbst jene zugeben, mit denen wir uns nicht so wohl fühlen. Wenn wir das tun, urteilen wir nämlich nicht ständig über uns selbst. Wir können unsere negativen Erfahrungen als Grundlage für die Veränderungen heranziehen, die wir durchführen müssen. Unsere Schwächen sind nützlich für uns, denn durch sie lernen wir, wo wir mit unseren Veränderungen ansetzen müssen. Sie führen uns zu neuen Einstellungen und Stärken, zu denen wir dann voller Stolz stehen können. Sobald wir bereit sind, können wir die Verbesserungen in uns erschaffen und akzeptieren.

Ich bin die Gesamtsumme all meiner Erfahrungen. Ich kann meine Erfahrungen nützen, um mich zu positiven Veränderungen zu führen.

Der Himmel ist nicht weniger blau, nur weil der Blinde ihn nicht sieht. Dänisches Sprichwort

Jeden Tag treffen wir neue Entscheidungen. Wir können uns dafür entscheiden, dass Qualen und Enttäuschungen die bitteren Früchte des Lebens sind, oder wir können auf unsere Fähigkeit vertrauen, aus unseren alltäglichen Erfahrungen Harmonie, Begeisterung und Dankbarkeit zu ziehen. Wir können die Musik in den Stimmen spielender Kinder hören oder von dem Lärm genervt sein. Wir können beten oder uns dafür entscheiden, unseren Groll zu hätscheln.

Wir können wählen, wie wir die Welt sehen wollen. Wenn wir wütend und verzweifelt sind, hören wir nur Lärm, sehen wir nur dunkle, bedrohliche Wolken – das ist dann unsere Realität. Aber unsere negativen Entscheidungen verändern die Welt nicht. Vogelgezwitscher und Kinderlachen erfüllen immer noch die Luft. Die Menschen kümmern sich immer noch liebevoll und fürsorglich umeinander. Und der strahlende Himmel ist so blau wie eh und je.

Heute will ich meine Realität auf den positiven Dingen um mich herum gründen.

Glaube und denke daran: Jeder Heilige und jeder Sünder beeinflusst Menschen, die er niemals sehen wird, denn seine Worte und Taten drücken sich überall wie ein Stempel auf den weichen Lehm der menschlichen Natur.

Joshua Loth Liebman

In einer Welt von Milliarden von Menschen ist es leicht, sich unbedeutend zu fühlen. Möglicherweise ist das auch unsere Entschuldigung, wenn wir nicht nach unserem Gespür für das handeln, was richtig ist. Was macht es schon für einen Unterschied, so könnten wir argumentieren. In solchen Augenblicken haben wir den Welleneffekt vergessen.

Gelegentlich erleben wir mit, wie unsere Worte und Taten von einem Menschen zum anderen überspringen, doch häufiger sehen wir gar nichts. Dann müssen wir wählen – ob wir voller Verbitterung die Vorstellung, etwas bewirken zu können, verwerfen wollen oder ob wir darauf vertrauen, dass irgendwo irgendjemand von einer kleinen Welle, die wir in Gang zu setzen wagen, getröstet wird.

Meine Gegenwart wird von den Menschen, die ich kenne, wahrgenommen – und von Menschen, die ich niemals kennen lernen werde.

Sagen Sie Dank für die Trauer, die Sie Mitleid lehrt, für den Schmerz, der Sie Mut lehrt. Und seien Sie vor allem für das Geheimnis dankbar, das ein Geheimnis bleibt – den Schleier, der Sie von dem Unendlichen trennt und es Ihnen ermöglicht, an das zu glauben, was Sie nicht sehen können.

Robert Nathan

Wir können vor unseren Problemen nicht davonlaufen. Gewaltige Probleme – beispielsweise ein Ehepartner mit einer chronischen Erkrankung – müssen angegangen und gelöst werden. Ängste können erdrückend sein, Aufgaben endlos, und die Herausforderung mag allzu groß erscheinen. Es ist tröstlich, wenn wir uns klar machen, dass wir nichts allein angehen müssen.

Wir können nicht immer tapfer sein, aber die Angst wird von unserer inneren Kraft aufgelöst, von unserem Vertrauen, dass wir unsere Probleme überwinden und uns so gut halten werden, wie uns das möglich ist. Wir können uns selbst auf positive Weise zureden.

Ich werde nicht zulassen, dass Angst und Panik mein Heute mit Beschlag belegen. Mut wird die Tür zu Weisheit und Seelenfrieden öffnen.

Der Lahme, der den richtigen Weg einhält, lässt den Läufer hinter sich, der den falschen Weg einschlägt. Je nun, es ist offensichtlich, dass Letzterer, je forscher und schneller er ist, sich umso weiter verirren wird. Francis Bacon

Auf unserer Reise durch das Leben halten uns Ablenkungen davon ab, unser Ziel zu erreichen. Manchmal können herrliche, glückliche Umstände unsere Richtung verändern, oder wir ändern ein Ziel, weil es plötzlich eine gravierende Krisensituation gegeben hat.

Ungeachtet des geänderten Kurses dürfen wir unser Ziel nicht aus den Augen verlieren. Wir müssen uns Ziele setzen, die erreichbar sind – gleichgültig, wie die Umstände aussehen. Um uns erfolgreich zu fühlen und stolz sein zu können, müssen wir unsere neuen Ziele auch wirklich erreichen können. Trotzdem können wir Ideale anstreben, die uns Träume, Herausforderungen und die Möglichkeit zum Erfolg bieten.

Ich folge dem Weg, der für mich am besten ist, und ich bleibe dabei meiner eigenen Straßenkarte treu.

Juli

Die Zeit fliegt … Die Zeit hat Flügel … Zeit und Gezeiten warten auf keinen Menschen. Sprüche

Wir alle haben Probleme, aber wir gehen auf unterschiedliche Weise mit ihnen um. Einige von uns versuchen, sich von dem Ort ihres Unglücks zu entfernen. Wir geben Beziehungen auf, kündigen unsere Arbeitsstelle, ziehen aus unserer Heimatstadt weg. Doch schließlich erkennen die meisten von uns, dass wir die größten Probleme – nämlich uns selbst und unser Verhalten – mitgenommen haben. Die Zeit scheint zu kriechen, bis wir uns selbst konfrontieren und beschließen, Hilfe zu holen und Veränderungen einzuläuten.

Wir müssen eine echte Einschätzung unserer Probleme vornehmen. Anschließend können wir entscheiden, inwieweit wir bereit sind, jene persönlichen Faktoren zu ändern, die zu unseren Problemen beitragen. Unsere Last wird dann leichter, und die Zeit wird wieder Flügel haben.

Mir ist klar, dass mein Verhalten einen großen Teil meines Lebens bestimmt. Ich trage für mein eigenes Tun die Verantwortung.

Wenn ich gewusst hätte, dass ich so lange leben würde, dann hätte ich mich besser um mich gekümmert. Leon Eldred

In unserer Kindheit hatten wir außer essen, schlafen und mit Freunden spielen nur wenig, was uns kümmerte. Als junge Erwachsene arbeiteten wir exzessiv und gingen exzessiv unseren Vergnügen nach, wobei wir oft alle Signale, die unser Körper aussandte, ignorierten. Wir sind einfach davon ausgegangen, dass wir nach einem sportlichen Training eben steif sind, und haben es als Teil unserer Lebensweise akzeptiert.

Als unsere chronischen Beschwerden auftraten, waren unsere Gewohnheiten in Sachen Gesundheit schon fest etabliert. Wir können zweifelsohne die frühe Pflege – oder Vernachlässigung – unseres Körpers nicht ungeschehen machen, aber wir können neue Gewohnheiten erlernen, die uns an jedem Tag unseres Lebens von Nutzen sind.

Letztendlich hängt meine körperliche und emotionale Gesundheit von meiner Bereitschaft ab, auf mich selbst aufzupassen.

Eine chronische Krankheit ist ein ständiger und bisweilen erdrückender Gefährte … Nur die Macht eines warmen Herzens kann die eisige Kälte lindern.

Robert K. Massie

Wenn sich unsere Lebensweise ändert und eine Krankheit unser Dasein überschattet, dann fühlen wir uns oft einsam. Anders als bei einer schlechten Stimmung lässt sich das nicht einfach abschütteln.

Wir brauchen Freunde und Familienangehörige in unserer Nähe, aber es liegt an uns, ihnen das zu signalisieren. Viele Menschen halten sich zurück, bis wir ihnen erlauben – und sie sogar ermutigen –, näher zu kommen. Wir brauchen die Unterstützung, die sie uns geben können, und sie brauchen die Befriedigung, zu unserem Wohl beitragen zu können, gleichgültig, wie sehr wir uns durch unsere Krankheit verändert haben. Wir trösten und ermutigen einander und fühlen uns alle gesegnet.

Meine Krankheit hat mich als Person nicht grundlegend verändert. Ich brauchte früher die Liebe und die Unterstützung anderer. Und ich brauche sie auch heute noch.

Du sollst einen Baum nach seinen Früchten beurteilen, nicht nach seinen Blättern. Euripides

Manchmal neigen wir zu voreiligen Urteilen. Leider trifft das insbesondere dann zu, wenn wir Menschen begegnen, die offensichtlich körperbehindert sind. Wir bilden uns eine Meinung über sie, die einzig und allein auf der Tatsache beruht, dass sie anders gehen oder möglicherweise in einem Rollstuhl sitzen.

Wir können jedoch die Menschen als Individuen beurteilen – nicht als medizinischen Zustand. Wir können begreifen, dass Menschen ihr ganz persönliches Zeichen in dieser Welt hinterlassen, nicht aufgrund ihrer körperlichen Fähigkeiten, sondern aufgrund ihrer mentalen und spirituellen Präsenz.

Ich will über die äußeren Kennzeichen der Menschen hinaussehen und die einzigartigen Eigenschaften in ihrem Innern entdecken.

Wenn wir das Beste geben, was uns möglich ist, dann wissen wir nie, welches Wunder sich dadurch in unserem Leben zeigen wird – oder im Leben eines anderen!

Helen Keller

Wenn wir einen Kieselstein in einen See werfen, breiten sich konzentrische Kreise von ihm aus, noch lange nachdem der Stein nicht mehr zu sehen ist – das ist die so genannte Wellenwirkung. Häufig zeitigen unsere Taten ähnliche Ergebnisse.

Wir wissen nicht immer, welche Wirkung unser Leben und unsere Entscheidungen auf andere Menschen haben. Die unmittelbaren Auswirkungen unseres täglichen Lebens sind wahrscheinlich einfacher zu beurteilen, aber häufig bleiben uns die langfristigen Wirkungen, die wir auf andere ausüben, verborgen. Und darauf kommt es auch gar nicht wirklich an, denn alles, was von uns gefordert wird, ist, uns bei unseren Entscheidungen von Freundlichkeit und einem Gefühl der Verantwortung leiten zu lassen. Die unmittelbare Wirkung, die wir sehen, ist das Gefühl des Wachstums in uns selbst; die langfristige Wirkung wird zweifelsohne ein Wunder sein, auch wenn wir es vielleicht niemals sehen werden.

Ich will heute daran denken, dass mein Tun sich nicht nur auf mich, sondern auf viele Menschen auswirkt.

Das Gestern ist ein stornierter Scheck; das Morgen ist ein uneingelöster Schuldschein; das Heute ist das einzige Bargeld, das du hast – also gib es weise aus. Kay Lyons

Jeder Tag ist ein winziges Fragment eines ganzen Lebens. Diese Tatsache macht uns frei, uns auf die Dinge zu konzentrieren, die wir wahrhaft beeinflussen können. Wir können niemals in die Vergangenheit zurückkehren, außer in unseren Erinnerungen. Und wir wissen nicht, was die Zukunft für uns bereithält. Die einzige Zeit, die wir «ausgeben» können, ist das Heute; die einzige Zeit, die wir berühren können, ist der gegenwärtige Augenblick.

Die schlichte Einfachheit der Gegenwart gestattet uns, die Vergangenheit loszulassen und das Unbekannte der Zukunft zu ignorieren. Auf solche Weise befreit können wir uns daran machen, unser Leben körperlich, emotional und spirituell zu bereichern. Unangenehme Schulden an die Vergangenheit sind bezahlt, und wir haben der Zukunft gegenüber keine Hypothek. Wir können in unser Wachstum investieren, indem wir das «Bargeld» verwenden, das wir zur Hand haben.

Der heutige Tag ist ein wertvoller Teil meines Lebens, ich will weise in ihn investieren.

Das Lächeln bildet den Kanal für eine künftige Träne.

Lord Byron

Wir haben oft erlebt, wie ein Lächeln zu Gelächter führte und Gelächter wieder zu Tränen. Bei Familienzusammenkünften ertönt das fröhliche Plaudern der Angehörigen, die versuchen, in fünf Minuten zwanzig verlorene Jahre aufzuholen.

Menschen, die an der Parkinsonkrankheit leiden, beklagen bisweilen, dass ihr Gesicht nicht zu den Gefühlen passt, die sie zum Ausdruck bringen möchten. Die Maske dieser Krankheit verlangsamt die normalen Bewegungen der Gesichtsmuskulatur. Noch tragischer ist ein Mensch, der keine Gefühle mehr kennt. Kein Lachen und keine Tränen.

Wir haben Glück, dass wir unsere Gefühle ausdrücken können, dass wir unsere Zufriedenheit und unser Unglück zeigen können. Was soll's, wenn das Lachen von heute zu den Tränen von morgen wird? Wir wissen, dass wir wieder lachen werden – und auch wieder weinen. Unsere früheren Erfahrungen verleihen der Gegenwart Bedeutung.

Ich will all meine Gefühle als Bejahung meines Daseins akzeptieren. Wechselnde Gefühle sind Bestandteil eines normalen Lebens.

Sie täuschen sich in mir, die sagen, ich käme nicht mehr zu dir, denn Tag für Tag erscheine ich und warte hier vor deiner Tür.
Walter Malone

Gelegenheiten klopfen nicht nur einmal an, sie sind ständig da. Möglicherweise können wir sie nicht sehen, weil wir uns davor fürchten, Neues auszuprobieren. Oder wir sind aus Selbstgefälligkeit blind. Eine Möglichkeit, wie wir feststellen können, ob wir wirklich durchdachte, reife Entscheidungen fällen, besteht in der Analyse unserer Bereitwilligkeit, der Gelegenheit wieder unsere Tür zu öffnen.

Wenn wir in den Ruhestand treten, erwarten wir bisweilen, dass das Leben automatisch wunderbar wird – wir haben alle Zeit der Welt und nichts Konkretes zu tun. Es kann Zeit erfordern, bis wir uns dem anpassen. Die Gelegenheiten sind immer da und warten. Wir können lernen, unsere Tür zu öffnen.

Ich kann meine Energien erneuern, indem ich eifrig nach vorn strebe, indem ich Kraft in meine Hobbys stecke, indem ich mit anderen arbeite.

Habe ich nach Tee und Kuchen noch die Kraft, die diesem Augenblick zu seinem Höhepunkt verhilft?

Thomas Stearns Eliot

Manche Menschen bezeichnen es als «um den heißen Brei herumreden». Wenn es gilt, sich einem Problem zu stellen, ist es uns im kritischen Moment oft peinlich, darüber zu reden. Wir versuchen mit aller Macht, den emotionalen Rahmen unseres Lebens auszugleichen, und wollen daher fast nie derjenige sein, der ein offensichtliches Tabuthema anschneidet. Was wir denken, sagen wir nicht immer; was wir beabsichtigen, äußern wir nicht deutlich; und nur selten bitten wir um das, was wir brauchen. Unsere Halbwahrheiten und Doppeldeutigkeiten führen nicht gerade zu ehrlicher Kommunikation.

Medikamentenmissbrauch? Manipulatives Verhalten? Essstörungen? Finanzielle Probleme? Die einzige Möglichkeit, sich einem Problem zu stellen, besteht darin, zuzugeben, dass dieses Problem existiert, über das Problem zu reden und gemeinsam zu beschließen, welche Schritte unternommen werden können, um dagegen anzugehen.

Heute will ich mich ehrlich einem Problem stellen.

Weisheit, die mit Erfahrungen erkauft wird, ist teuer.

Roger Ascham

Wir gelangen auf unterschiedliche Weise zu Weisheit. Wir können von anderen lernen, wenn wir dazu bereit sind. Wir können auf unsere innere Stimme hören – diesem innewohnenden Gefühl, was getan werden kann und sollte. Oder wir bezahlen – was häufig vorkommt – den Preis, den Weisheit, die durch Erfahrungen erworben wird, kostet.

Manchmal ignorieren wir die warnenden Stimmen wohlmeinender Freunde und unseres Instinkts und stürzen uns in ein närrisches oder gar gefährliches Unterfangen. Das kann familiäre Probleme oder unsere Finanzen betreffen oder sogar die Art und Weise, wie wir uns um uns selbst kümmern. Häufig scheitern wir und zahlen einen hohen Preis – in unseren Beziehungen, an Geld oder Gesundheit. Aber selbst unser Scheitern ist nicht ganz umsonst, wenn wir daraus Weisheit, Vorsicht und Fürsorge gewinnen.

Ich will versuchen, heute auf andere zu hören und von ihnen zu lernen und mir somit einiges an Schmerzen zu ersparen.

Unsere größte Trauer von heute ist jedoch die Erinnerung an die Freude von gestern. Khalil Gibran

Auch wenn wir vom Kopf her wissen, dass ein chronisches Leiden nicht einfach wieder verschwindet, schenken wir uns selbst emotional einen Hoffnungsschimmer, dass nämlich unser Leben wie zuvor weitergehen könnte.

Wir mögen etliche Zeit damit verbringen, die Erinnerungen unseres Lebens durchzugehen, wobei wir ganze Kapitel ausklammern und uns nur mit dem beschäftigen, wie das Leben zu sein pflegte. Doch dann können wir einen völlig neuen Abschnitt des Lebens eröffnen, der es uns gestattet, Schmerz und Trauer als Teil unseres Alltags einzuschließen. Wir arbeiten dabei im heutigen Bezugsrahmen. Dieses Problem gehört ins Heute, und wir können es in unser Leben einarbeiten. Wenn wir anerkennen, dass wir einen Teil unseres Lebens anders leben als zuvor, ist das unser erster Schritt in Richtung Anpassung. Wir akzeptieren unsere Situation, wir verändern uns und erschaffen neue Freuden in der Gegenwart, die unsere Trauer lindern.

Wenn ich mich zu meinen Zielen bekenne, kann ich wieder in den Strom des Lebens eintauchen.

Es gibt einen bestimmten Gesundheitszustand, der es uns nicht erlaubt, alles zu verstehen; und vielleicht schneidet uns die Krankheit auch von bestimmten Wahrheiten ab; aber die Gesundheit schneidet uns ebenso wirksam von vielen anderen Wahrheiten ab. André Gide

Solange wir gesund sind, können wir uns nur schwer vorstellen, was ein Kranker durchmacht. Wir können Mitgefühl für ihn empfinden – uns sogar in ihn hineinversetzen –, aber wir sind von seiner Wirklichkeit ausgeschlossen, weil wir keine persönliche Erfahrung mit der Krankheit gemacht haben.

Doch nun können wir uns aufgrund unserer Krankheit selbst in den Schuhen eines anderen sehen. Viele unserer Freunde und Familienangehörigen wissen nicht immer, wie sie sich uns gegenüber verhalten oder was sie sagen sollen. Sie sind diejenigen, die sich unwohl fühlen, wenn sie sich mit unserer Welt konfrontiert sehen. Wir können ihnen helfen, denn wir wissen, was sie empfinden.

Ich will gegenüber den Menschen, die ich liebe, mitfühlend sein, während sie versuchen, mir zu helfen und mich zu verstehen.

Häufig treffen wir eine sinnlose Wahl, weil wir keine Ahnung von unseren Bedürfnissen haben. Wir wählen genau das Gegenteil von dem, was wir eigentlich brauchen, weil wir gar nicht wissen, was wir brauchen. Lila Swell

Manchmal wiederholen wir stets aufs Neue sinnlose Verhaltensweisen. Schlechte Arbeitsgewohnheiten können dazu führen, dass wir gefeuert werden und wieder einmal am Boden liegen. Ein Übermaß an Nahrung führt zu Fettleibigkeit, gesundheitlichen Problemen und einem schlechten Erscheinungsbild, was wiederum zu irgendeiner Trenddiät und weiterem Scheitern führt. Erst wenn uns die Erkenntnis wie ein Blitzschlag trifft, wird uns klar, dass wir unsere tiefsten Bedürfnisse vernachlässigen – sowohl spirituell als auch emotional. Wir trotten denselben Weg entlang.

Die Richtung unserer Verhaltensweisen ändert sich, wenn wir erkennen, wie unsere Bedürfnisse aussehen und dass sie für alle die gleichen sind. Wir brauchen alle Liebe, Mitgefühl und die Gelegenheit, andere zu lieben, und wir können diese Bedürfnisse auf gesunde Weise befriedigen.

Ich will heute immer die positive Wahl für mich treffen.

Nichts ist undenkbar, nichts unmöglich für einen ausgeglichenen Menschen, vorausgesetzt, es entsteht aus den Anforderungen des Lebens und ist der Weiterentwicklung des Lebens zugedacht. Lewis Mumford

Gelegentlich sind wir angesichts des Verlusts von Fähigkeiten, auf die wir immer zählen konnten, entmutigt. Es erfordert oft eine gewaltige emotionale Anpassung, diesen Verlust anzunehmen.

Unser Leben darf nicht von unseren Unfähigkeiten definiert werden, sondern nur von unseren Möglichkeiten. Wenn wir in Negativität versinken, werden wir zu wahrhaft unfähigen Menschen, und andere sehen das auf den ersten Blick.

Wunderbare Gelegenheiten zu Wachstum und Freude warten häufig auf uns – hinter Türen, die wir nur zu öffnen und zu durchschreiten brauchen. Fast nichts ist unmöglich, wenn wir nur intensiv genug dorthin kommen wollen.

Ich will meine Probleme nicht als Ausrede vorschieben, um mich vom Leben zurückzuziehen. Heute will ich nach neuen Herausforderungen und Gelegenheiten zu neuem Wachstum Ausschau halten.

Lasst uns denn frisch ans Werke gehen, dem Schicksal kühn ins Auge sehen. Henry Wadsworth Longfellow

Es mag Zeiten in unserem Leben gegeben haben, in denen wir aus dem einen oder anderen Grund gezwungen waren, eine rigide Schonkost einzuhalten. Die Gründe hierfür sind unwichtig; wichtig ist nur, wie absolut überdrüssig wir der abwechslungslosen braunweißen Einheitsspeise wurden! Über kurz oder lang verloren wir unsere Vorfreude auf das Essen.

Manchmal verschreiben wir auch unserem Leben eine rigide Schonkost. Die Alltagsabläufe bleiben irgendwie immer gleich, Tag für Tag, Jahr für Jahr. Von zu Hause zur Arbeit zum Sofa ins Bett und dann wieder von vorn. Manche Routineabläufe sind wie eine gesunde Ernährungsweise und geben uns Stabilität und Sicherheit, aber ein Hauch von Risiko ist die Würze, die unserem Leben Schwung verleiht. Wir können nach dem greifen, was für uns keine Gewohnheit ist. Wir können es weiter versuchen, auch wenn frühere Anstrengungen gescheitert sind. Wir können uns eine ordentliche Portion vom Leben nehmen.

Heute will ich es wagen, mich zu ändern oder neue Dinge auszuprobieren, ohne dafür all meine Gewohnheiten und Sicherheiten zu opfern.

Was ist Erfahrung? Eine armselige kleine Hütte, erbaut aus den Ruinen eines Palasts aus Gold und Marmor, der einst unsere Illusion war. Joseph Roux

Unsere jugendlichen Träume von Ruhm, Abenteuer und Reichtum blieben für die meisten von uns unerfüllt, und doch sind wir nicht enttäuscht. Die kindliche Illusion, dass ein sinnvolles Leben auf Aufregung und Macht basieren muss, ist einer Reife gewichen, die einfachere, wenn auch wichtigere Ziele zu schätzen weiß.

Unsere Sehnsucht nach Bedeutsamkeit, die wir früher hatten, basierte auf dem Urteil anderer. Wir wollten, dass andere Leute unseren Reichtum sahen, unsere Macht zu spüren bekamen, uns vielleicht sogar um unseren Einfluss beneideten. Heute streben wir nur nach unserer eigenen Anerkennung. Wir schätzen Gelassenheit, nicht Abenteuer. Liebe, nicht Neid. Akzeptanz, nicht Macht. Wir leben mit Zielen, nicht mit Illusionen.

Ich bin dankbar, dass meine Werte so stark sind.

Ein Ding von Schönheit ist eine Freude immerdar. Stets mehrt sich seine Lieblichkeit, und niemals löst es sich im Nichts auf.

John Keats

Wir wissen, dass ein echtes Kunstwerk nur an Wert zunehmen kann. Im Laufe der Jahre entwickelt Kunst einen eigenen Charakter, der ihre Schönheit noch vertieft und unterstreicht.

Wir fragen uns das auch bei Menschen. Es gibt eine Anmut, die mit dem Alter kommt, das ist uns klar, aber wie können Menschen immerdar überdauern? Die Antwort lautet natürlich, dass wir das nicht können. Doch alles, was wir ersinnen und erschaffen – die Liebe, die Fürsorge, die Geschichten, die Dinge, die wir mit unseren Händen machen –, wird ewig fortbestehen. Ebenso langlebig und vielleicht noch wertvoller ist der Respekt, den wir unserer Familie und unseren Traditionen zollen. Das und der Rest unseres Familienerbes sind unsere Sicherheit, dass nichts und niemand sich im Nichts auflöst.

Mich trösten die Traditionen meiner Familie und meines Glaubens und die Bedeutsamkeit, die diese meinem Leben geben.

Wer die Vergangenheit kontrolliert, kontrolliert die Zukunft; wer die Gegenwart kontrolliert, kontrolliert die Vergangenheit.
George Orwell

Wir hatten vor, gesund zu bleiben, und zwar für immer gesund zu bleiben, darum kann die Anpassung an unsere nicht ganz so optimale Gesundheitslage sich etwas schwierig gestalten. Solange wir unsere Prioritäten nicht neu geordnet haben, kann es so scheinen, als ob die Waage zu unseren Ungunsten ausschlagen würde.

Das Leben erdrückt uns förmlich, wenn wir keine Atempause von unseren Schmerzen und unseren Unannehmlichkeiten erkennen können. Es dauert manchmal eine Weile, bis wir gelernt haben, mit einem gesundheitlichen Problem zu leben, aber wir können es schaffen. Im Laufe der Zeit gewinnen wir Einsichten. Unser Leben ist wieder unter Kontrolle.

Wir sind für uns selbst verantwortlich, auch wenn wir diesen Umstand manchmal vergessen. Sobald wir unsere Emotionen, unsere neuen Probleme fest im Griff haben, begreifen wir, dass wir immer noch unsere eigenen Entscheidungen treffen.

Ich kann noch immer positive Entscheidungen fällen, die den Weg meines Lebens verändern.

Unser Glaube kommt in kurzen Augenblicken; unsere Laster sind Gewohnheit. Ralph Waldo Emerson

Einige Angewohnheiten tun uns nicht gut, und doch verfallen wir ihnen mühelos. «Nur noch einen Drink», argumentieren wir, «der schadet mir schon nicht. Ich muss morgen ja ohnehin nicht arbeiten.» – «Nur noch ein Stück Kuchen. Ich fange morgen mit meiner Diät an.» Möglicherweise ist uns gar nicht klar, dass wir nach einem Muster handeln. Wir sind auch nur Menschen und werden so lange damit fortfahren, bis etwas geschieht, das uns zwingt, unsere Verhaltensmuster und uns selbst zu ändern.

Was immer dieses Etwas ist, es kann zu vielem führen, unter anderem dazu, dass wir uns Trost suchend an unseren Glauben wenden. Viele Dinge in unserem Leben sind unsicher. Es ist unsicher, wie unser Tag verlaufen wird. Nur unser Glaube bringt uns weiter, ungeachtet, wie viele Rückschläge wir erleben. Die Momente der Dunkelheit, in die wir alle mitunter geraten, können durch den Glauben überwunden werden.

Ich glaube an eine Höhere Macht und vertraue ihr, gleichgültig, was gerade in meinem Leben geschieht.

Wir sollten uns von unseren Ängsten nicht davon abhalten lassen, unseren Hoffnungen zu folgen. John F. Kennedy

Ungeachtet unserer Situation brauchen wir alle Hoffnung. Als junge Menschen waren wir ständig in Eile. Jedes Problem brauchte eine schnelle Lösung. Und die Zukunft, die wir uns erhofften, war völlig unbefleckt von Erwachsenenansichten.

Manchmal kann es sich bei dem, was wir fälschlicherweise die Angst vor dem Tod nennen, in Wirklichkeit um das Bedauern handeln, dass wir unser Leben nicht erfüllt genug gelebt haben. Wir wissen heute, was vernünftig ist und was nicht. Uns ist klar, wo wir in unserem Leben stehen, und wir akzeptieren, dass es niemals eine ideale Situation geben wird. Wir haben gelernt, damit zu leben, wer wir sind und was wir bewerkstelligen können. Wir haben gelernt, dass wir so, wie wir heute sind, okay sind.

Ich habe gelernt, damit zu leben, wo ich heute im Leben stehe. Meine Ängste werden mich nicht länger zurückhalten.

Eine Stunde voll Schmerz ist so lang wie ein Tag voll Freude.
Sprichwort

Wenn wir auf unser Leben zurückblicken, fallen uns dann die schmerzlichen Erfahrungen zuerst ein? Vielleicht erinnern wir uns an die Schwierigkeiten, die zum Ende einer Beziehung oder dem Verlust unserer Arbeitsstelle führten. Das Leben schien in solchen Zeiten stillzustehen, und wir fragten uns, ob wir einem anderen Menschen jemals wieder nahe stehen, jemals eine neue Arbeitsstelle finden oder jemals wieder voller Zuversicht sein würden.

Wahrscheinlich haben wir erst viel später gelernt, dass unser Scheitern eine Gelegenheit zu neuem Wachstum war. Wenn wir unsere schlimmsten Erinnerungen durchgehen, können wir auch unsere glücklichen hervorholen in dem Wissen, dass wir aus unserem Schmerz gelernt haben und an ihm gewachsen sind. Und wenn unsere «Stunde» des Schmerzes sich ihrem Ende zuneigt, können wir die großen und kleinen Freuden von heute erkennen und uns an jene von gestern erinnern.

Ich will mir meine Freuden und Vergnügungen nicht von Schmerzen verdunkeln lassen.

Wir müssen an den Sieg über den weltlichen Geist durch den Geist Gottes glauben. Aber dieses Wunder muss in uns geschehen, bevor es in der Welt geschehen kann.

Albert Schweitzer

Im Fortschreiten des Lebens oder einer schicksalhaften Prüfung gibt es einen Zeitpunkt, an dem wir erkennen, dass wir uns nicht allein auf uns verlassen können, gleichgültig, wie umfassend unsere Ressourcen sind, gleichgültig, wie tief unser emotionaler Brunnen ist. Wir erkennen diese Zeit alle von allein, wenn sie vor uns liegt; niemand muss uns davon in Kenntnis setzen.

Selbst wenn unser Glaube schon einmal erschüttert worden ist, wir sind auch jetzt wieder in der Lage, uns an eine Macht zu wenden, die größer ist als wir selbst. Diese Höhere Macht bietet uns die Zusicherung, dass uns noch mehr Trost und Fürsorge offen stehen, während wir uns weiter anpassen und so gut zurechtkommen, wie uns das möglich ist.

Ich kann nicht alles kontrollieren. Das Wissen, dass ich das auch gar nicht muss, verschafft mir Freiheit und Erleichterung.

Ein Freund leuchtet heller als das Licht des Himmels, denn es wäre besser für uns, dass die Sonne ausgelöscht würde, als dass wir ohne Freunde sein sollten.

Johannes Chrysostomos

Freundschaft ist unsere größte Leistung und Belohnung. Unsere Freunde sind Menschen, die uns wichtig sind, mit denen wir feiern und auf die wir zählen können. Gerade in einer Krisensituation sind Freunde füreinander da. In engen Freundschaften finden wir jederzeit das Beste im anderen.

Freundschaften bereichern unser Leben. Es ist kein Zufall, dass wir uns nahe kommen und den Kontakt aufrechterhalten. Unsere Wege kreuzen sich aus gutem Grund, und wir sind für immer ein Teil im Leben des anderen. Wir hören einander wirklich zu. Wir öffnen uns einander. Wir bieten uns gegenseitig Hilfe und Hoffnung an. Wir teilen unseren Schmerz und fördern gegenseitig unser Wachstum. Wir schätzen die einzigartigen Eigenschaften unserer Freunde. Wir lassen einander wissen, wer wir wirklich sind.

Ich bringe mich offen und ehrlich in meine Freundschaften ein.

Behalte deine Ängste für dich, aber teile deinen Mut mit anderen. Robert Louis Stevenson

Jeder von uns hegt geheime Ängste. «Werde ich wohl zurechtkommen?» – «Schaffe ich es durch den heutigen Tag?» – «Wird meine Familie mich auch dann noch lieben, wenn ich mich daneben benehme?»

Wir lernen ziemlich früh im Spiel des Lebens, dass eine schwarzseherische Einstellung nach einer Weile all unsere Freunde vergrault. Daher sind wir in der Bewältigung unserer Ängste oft auf uns allein gestellt. Wir tun alles, um uns in einer Krise selbst Mut zuzusprechen – und manchmal brauchen wir auch zusätzliche Hilfe –, aber im Großen und Ganzen können wir es schaffen. Das liegt nicht daran, dass wir im Übermaß unabhängig oder wütend wären. Es liegt daran, dass wir den Menschen, die wir lieben, helfen müssen, mit unserer Krisensituation umzugehen. Also tun wir unser Bestes, um unsere Ängste nicht ins Irrationale ausufern zu lassen. Und das geht dann oft als Mut durch.

Ich will meine Ängste heute in die richtige Perspektive rücken, denn das hilft mir – und den Menschen, die ich liebe.

Wer andere kennt, ist gelehrt, wer sich selbst kennt, ist weise.

Laotse

Manchmal lassen wir uns von dem, wie wir uns unserer Meinung nach verhalten sollten, davon abhalten, unsere tiefsten Gefühle zu zeigen. Vielleicht verhalten wir uns so, wie andere das von uns erwarten, und vergraben gleichzeitig den Schmerz und die Ängste, die mit unserer schwierigen Lebenssituation einhergehen, tief in unserem Innern.

Es kann schwer sein, nach den eigenen Gedanken und Gefühlen zu handeln; doch danach zu handeln, was andere denken, ist frustrierend – und unmöglich. Allmählich finden wir immer mehr Stabilität und Zuversicht in uns selbst. Dieses Selbstvertrauen erlaubt uns, unsere Gefühle zu zeigen und unsere Ideen und Gefühle zum Ausdruck zu bringen. Manchmal sind wir vielleicht aufbrausend oder ungeduldig oder wütend. Keiner von uns ist vollkommen. Wenn wir diese Wahrheit akzeptieren, nimmt uns das die Last, anderen gefallen zu wollen. Wir entdecken die Freude, gemäß den eigenen inneren Botschaften von Wachstum und Ehrlichkeit zu handeln.

Ich bin erst dann richtig frei und kann wachsen, wenn ich ehrlich entsprechend meinen eigenen Werten und Gefühlen handele.

Die Zukunft heißt «vielleicht», und nur so kann man die Zukunft nennen. Man darf sich nur nicht erlauben, sich dadurch einschüchtern zu lassen. Tennessee Williams

«Ich werde in der Fabrik arbeiten wie mein Vater.» – «Ich werde Lehrerin.» – «Ich will Soldat werden.» Als Kinder haben wir an diese absoluten, unabänderlichen Ziele geglaubt. Als Erwachsene lernen wir, dass wir nicht immer das bekommen, was wir erwarten. Manchmal kommen wir dem nicht einmal nahe. Jene von uns, die es fertig bringen, ein glückliches und erfülltes Leben zu führen, sind flexible, reife Erwachsene.

Flexibilität bedeutet, dass wir Veränderungen in unser Leben einbauen können, selbst wenn diese Veränderungen die Art und Weise, wie wir leben, auf den Kopf stellen. Wir müssen nur immer daran denken, dass wir Ziele verändern und sie erreichen können, dass das Glück für uns da ist, wenn wir darauf hinarbeiten und es einplanen.

Ich fürchte mich nicht davor, Veränderungen vorzunehmen, die gut für mich sind.

Ein Zeichen für Reife ist der gesunde Respekt vor der Realität – ein Respekt, der sich auf der Ebene der eigenen Wünsche manifestiert und in der Treffsicherheit der Einschätzung von Schwierigkeiten, die die Fakten von heute von der strahlenden Hoffnung auf das Morgen trennen.

Robert H. Davies

Wenn wir unser Leben nicht in der Falle der «Es hätte sein können»-Depression verbringen wollen, dann sollten wir unseren Standpunkt neu bewerten und wie wir dorthin gekommen sind. Wir sollten aufhören, über die verlorene Zeit Bedauern zu empfinden, und uns auf die Möglichkeiten konzentrieren, die uns hier und heute zur Verfügung stehen.

Wenn wir die Ziele, die wir uns früher gesetzt haben, nicht erreichen, können wir uns neue Ziele setzen und eines nach dem anderen verwirklichen. Wir haben den Rest unseres Lebens vor uns, und wir können realistische neue Ziele in Angriff nehmen, die uns einerseits herausfordern, andererseits aber auch erreichbar sind.

Ich will mir realistische Ziele setzen in dem Wissen, dass es keine bessere Zeit gibt als das Jetzt.

Das Leben ist kein «Kerzenstumpf». Es ist eine herrliche Fackel, die ich so hell als möglich leuchten lassen will, bevor ich sie an künftige Generationen weiterreiche.

George Bernard Shaw

Was für ein Glück wir doch haben, dass die herrliche Fackel unseres Lebens unsere Tage erhellt. Manche Menschen sind der Ansicht, gesundheitliche Probleme könnten unsere Fähigkeit, das Leben zu genießen, dauerhaft behindern.

Wenn wir einmal davon ausgehen, dass jeder unserer «Kerzenstümpfe» eine unserer Stärken darstellt, dann können wir sie zu einer Fackel der Hoffnung zusammenfügen. Wie wir den Rest unseres Lebens verbringen – vierzig Monate oder vierzig Jahre –, liegt allein an uns. Lassen Sie Ihre Fackel leuchten!

Die Möglichkeiten meines Lebens sind endlos, wenn ich bereit bin, sie zu sehen und sie auszuschöpfen.

Eine positive Einstellung – Optimismus, hohe Selbstachtung und ein mitteilsames Wesen, Fröhlichkeit und die Fähigkeit, gut mit Stress umgehen zu können –, so man sie sich früh im Leben angewöhnt, kann die wichtigste Basis für eine dauerhaft gute Gesundheit sein. Helen Hayes

Eine positive Einstellung und hohe Selbstachtung sind wunderbare Eigenschaften, aber nicht alle von uns haben das Glück, sie früh im Leben entwickeln zu können. Doch nur, weil wir keine starken Bewältigungsstrategien entwickelt haben, muss das noch lange nicht heißen, dass wir die Chance dafür jetzt verpasst hätten. Es ist nicht leicht, sich zu ändern, und es gelingt uns nur, wenn es uns so wichtig wird, dass wir die Anstrengung auf uns nehmen.

Wenn wir eine Zeit voller Stress durchmachen, besonders eine Zeit, in der unsere Gesundheit uns Sorgen bereitet, können wir unseren Mut aufbauen, indem wir so tun, «als ob» wir eine hohe Selbstachtung besitzen, «als ob» wir alles gut in den Griff bekommen würden. Bemerkenswerterweise wird das höchstwahrscheinlich auch der Fall sein.

Eine überaus stressige Zeit hat mich gezwungen, mich meinen Charakterschwächen zu stellen. Ich arbeite daran, eine positive Haltung zu entwickeln.

Nichts nehmen wir so zögerlich in Empfang wie einen Rat.
Joseph Addison

Als Kinder waren die meisten von uns taub gegenüber Ratschlägen. Unsere Eltern warnten uns, aber wir überhörten das, weil wir Unabhängigkeit anstrebten.

Wenn uns heute Freunde oder Familienangehörige Vorschläge unterbreiten, reagieren wir vielleicht ähnlich wie damals. Wir brauchen immer noch Unabhängigkeit, und manche Ratschläge – gleichgültig, wie gut sie gemeint sind – deuten implizit an, dass wir nicht in der Lage seien, Gefahren zu erkennen oder unsere Wahlmöglichkeiten einzuschätzen. Heute vermögen wir jedoch, die Botschaften, die wir erhalten, einzuordnen. Wir haben dann zwei Möglichkeiten. Wenn jemand, der uns liebt, uns einen Vorschlag unterbreitet, von dem wir wissen, dass er schlecht oder für uns ungeeignet ist, dann können wir uns ins Gedächtnis rufen, dass er gut gemeint war, und uns einfach bedanken. Und ist der Ratschlag gut, können wir dasselbe tun.

Ich will heute aufmerksam allen liebevollen Ratschlägen zuhören, die man mir erteilt.

Vom Glück zum Leid ist es nur ein Schritt; vom Leid zum Glück ist es eine Ewigkeit. Jüdisches Sprichwort

Wenn eine Krisensituation über uns hereinbricht, kann das selbst den Stärksten von uns umwerfen. In einem einzigen zerbrechlichen Augenblick scheint unser Leben in Trümmern zu liegen. Alles, was wir erhofften, alles, was wir planten, scheint für immer vorbei. Wir fragen uns, ob wir es jemals durch dieses Martyrium schaffen werden.

Eine Zeit lang mag es den Anschein haben, als ob wir unter Wasser lebten – nichts ist mehr klar oder eindeutig. Die Dinge, die uns einst Vergnügen bereiteten, scheinen sich aufzulösen, und Trauer nimmt ihren Platz ein. Freunde bieten uns ihre Hilfe an – und das hilft uns auch für eine Weile –, aber letztendlich stehen wir unseren Problemen allein gegenüber.

Doch irgendwann verstehen wir, dass Trauer ein Entwicklungsprozess ist, wie auch das ganze Leben ein Entwicklungsprozess ist. Wir werden in der Lage sein, zu Akzeptanz und Gelassenheit zu finden, und schließlich können wir wieder glücklich sein. Wir können weiterleben.

Mich tröstet das Wissen, dass Trauer zwar ihre Zeit braucht, aber sie wird enden. Ich kann weiterhin wachsen.

August

Oft, wenn die bleiche Morgendämmerung den Himmel hebt und die Berge teilt, spüre ich in meinem Herzen Vollendung.

Edwin Markham

Die Welt ist ein einziges, großes Ganzes, und wir sind ein Teil davon. Doch manchmal sind wir so mit uns selbst beschäftigt – mit den Einzelheiten unseres Lebens, mit den ungerechten Beschränkungen, die uns auferlegt worden sind –, dass wir uns verschließen und den Rest der Welt ausblenden. Wir sehen nichts. Wir hören nichts.

Doch sobald wir uns wieder in die Welt begeben, wird uns deren natürliches Gleichgewicht Frieden und Trost vermitteln. Ihre Schönheit – Farbkleckse, der Duft der Blumen, die Bäume, die in der Brise wogen – ist auch unsere Schönheit. Wir atmen den Hauch von Frühling inmitten der Geräusche des Lebens ein. Alles ist gut in der Welt, und wir sind eins mit allem Leben.

Heute will ich Freude und Sinn darin finden, in einer lebendigen Welt am Leben zu sein.

Kein Mensch taugt zu irgendetwas, wenn er nicht einen Funken an Eigensinn besitzt, den er zu gegebenem Anlass einsetzt.
Henry Ward Beecher

Das Wort *eigensinnig* wird häufig auf Kinder angewendet, die sich weigern, eine bestimmte Vorstellung oder Verhaltensweise aufzugeben. Obwohl wir möglicherweise nicht wollen, dass andere uns als eigensinnig bezeichnen, könnte es durchaus sein, dass etwas Eigensinn in entsprechenden Situationen eine notwendige Eigenschaft ist.

Manchmal ist es nämlich ganz gesund, wenn wir dickköpfig sind, wenn wir an dem festhalten, was wir wollen und wer wir sind und wo wir sein wollen. Der Glaube an uns selbst und eine Portion Eigensinn sind möglicherweise genau das, was wir brauchen, um einen schweren Tag durchzustehen. Und wir stehen ihn durch, nicht weil wir töricht sind, sondern weil unsere innere Reife uns sagt, dass wir uns an das halten sollen, was wir als richtig erkannt haben.

Ich will mir so viel Unabhängigkeit bewahren, wie ich kann.

Irgendwann in unserer Entwicklung entdecken wir, wer wir wirklich sind, und dann treffen wir unsere eigentlichen Entscheidungen, für die wir verantwortlich sind.

Eleanor Roosevelt

Viele von uns haben damit angefangen, ihr Leben und ihre Werte einer neuerlichen Prüfung zu unterziehen. Bin ich stolz darauf, wie ich mich verhalte? Auf das, was ich tue? Ist diese Entscheidung wirklich zu meinem Besten? Habe ich starke, interagierende Beziehungen?

Ein mögliches Ergebnis dieser Selbstprüfung könnte darin bestehen, dass wir seltener Illusionen erliegen und dass wir auch nicht versuchen, andere zu täuschen. Die Entdeckung, wer wir wirklich sind und was uns wichtig ist, drängt uns zu größerer Ehrlichkeit. Es steht uns nun frei, uns mit Freunden und Familienangehörigen zu versöhnen über Dinge, die wir gesagt oder getan haben. Wir zögern weniger, wenn wir um Hilfe bitten müssen, und wir sagen es anderen, wenn wir glauben, uns werde Unrecht getan. Und was das Beste ist, wir haben uns von unserer alten Opferhaltung befreit und die Verantwortung für unser Leben übernommen.

Ich will heute voller Freude damit anfangen, verantwortungsvolle Entscheidungen zu treffen.

Heute ist der Tag, an dem Sie die edelsten Eigenschaften Ihres Geistes und Ihres Herzens zeigen und mindestens eine Sache tun sollten, die Sie lange aufgeschoben haben …

Grenville Kleiser

Ehrenamtliche Arbeit. Es gibt ehrenamtliche Tätigkeiten für Menschen aller Fähigkeitsstufen. Die wichtigste Voraussetzung besteht darin, sich um andere zu sorgen. Jeder Tag bietet uns die Gelegenheit, das Leben eines anderen Menschen zum Besseren zu wenden. Wir können im Gemeindechor singen, in einer Amateurband mitspielen, Menschen mit eingeschränkter Sehfähigkeit Geschichten vorlesen oder Briefe für sie schreiben.

Ehrenamtliche Arbeit. Bemerkenswert sind die Vorteile, die wir daraus ziehen, wenn wir einfach unsere Fähigkeiten, unser Leben und unsere Fürsorge mit anderen teilen. Das stärkt den Bund, der zwischen uns existiert. Wir beschäftigen uns dadurch nicht länger nur mit uns selbst und unseren eigenen Beschränkungen, sondern kehren wieder in den Strom des Lebens zurück.

Heute will ich meine Fähigkeiten und Talente mit anderen teilen.

Meine Behinderung ist ein Teil von mir, denn ich musste mit ihr Frieden schließen. Dadurch habe ich auch Frieden mit den weniger offensichtlichen Behinderungen anderer Menschen geschlossen wie Groll, Vorurteile und Hass.

Ginger Hutton

Das Leben mit einer Krankheit – sei es unsere eigene oder die eines geliebten Menschen – hat uns gelehrt, dass Behinderungen nicht immer nur körperlich sind. Wir verstehen allmählich, dass eine Behinderung viele Gesichter haben kann: das der Furcht, der Vorurteile, der Unzugänglichkeit für andere.

Immer mehr sind wir in der Lage, Frieden mit unseren eigenen Beschränkungen und denen anderer zu schließen, und während wir das tun, gewinnen wir Einblick, welche Beschränkungen wir akzeptieren müssen und welche nicht. Wir begreifen, dass es einige Beschränkungen gibt, gegen die wir angehen können, und andere, die wir unserer Gelassenheit zuliebe einfach akzeptieren müssen.

Je toleranter ich werde, desto weniger Grenzen sind mir gesetzt.

Glaube gerade dann, wenn du am unglücklichsten bist, dass es in dieser Welt etwas für dich zu tun gibt. Solange du den Schmerz eines anderen versüßen kannst, ist dein Leben nicht umsonst gelebt. Helen Keller

Alltägliche Probleme werden bisweilen so bedrückend, dass wir uns einfach nicht mehr vorstellen können, wie wir sie bewältigen sollen. In solchen Zeiten sind die drei schwierigsten Dinge, die man tun kann, genau die drei Dinge, die man tun sollte.

Zuerst müssen wir uns selbst gegenüber zugeben, dass wir in einer emotionalen Krise stecken. Dann sollten wir Hilfe bei anderen suchen. Niemand weiß, dass wir Hilfe brauchen, wenn wir nicht darum bitten. Eine fast endlose Zahl von Hilfseinrichtungen steht uns zur Verfügung: Trauerbewältigungsgruppen, Therapiegruppen, die Anonymen Alkoholiker, Al-Anon, Selbsthilfegruppen für Menschen mit Essstörungen und andere Zwölfschrittegruppen. Drittens haben wir die Wahl, über den eigenen Tellerrand hinauszusehen und jemand zu helfen, der in Not ist.

Es steht in meiner Macht, mir selbst zu helfen, indem ich Kontakt zu Menschen suche, denen ich wichtig bin.

Essen Sie abends nur wenig, öffnen Sie die Fenster, fahren Sie oft hinaus und halten Sie in Dingen und Menschen nach dem Guten Ausschau … Dann werden Sie nicht länger traurig oder gelangweilt oder krank sein. Mary Knowles

Wenn wir in unseren Problemen feststecken, kann es den Anschein haben, als würden sie eskalieren, sich dann wiederholen und erneut eskalieren. Wir alle machen schwere Zeiten durch – Zeiten, in denen wir nicht sicher sind, ob das Leben einen Sinn hat oder nicht. Und in solchen Zeiten kann es sich so anfühlen, als ob wir keine Kontrolle über die Richtung oder die Qualität unseres Lebens hätten.

Aber wenn wir uns ein wenig beruhigen und an die vielen hundert kleinen Entscheidungsmöglichkeiten denken, die uns offen stehen, dann sind wir eher in der Lage, einige der großen unveränderlichen Realitäten unseres Lebens zu akzeptieren. Wir können uns nicht heilen oder andere Menschen verändern, aber wir können unsere eigene Wahl treffen und die Entscheidungen fällen, die uns zustehen.

Ich kann mein Leben vereinfachen, indem ich die Entscheidungen und Probleme loslasse, mit denen nicht ich mich abgeben muss.

Ein Mensch kann viel tun, um sich selbst zu verbessern – außer seine Eigenliebe mache ihn so blind, dass er seine eigenen Unvollkommenheiten und Schwächen nicht sieht.

Martha Wilson

Wissen Sie noch, wie Sie als Kind Verstecken spielten? Eins, zwei, drei, ich komme! Was waren das doch für herrliche Zeiten, als wir uns so sicher waren, dass wir uns vor anderen verstecken konnten. Heute sind wir erwachsen, und man sollte meinen, dass wir uns nicht länger zu verstecken brauchen. Das ist leider jedoch nicht immer richtig. Viele von uns verbergen sich in negativen Verhaltensweisen, die zu festen Gewohnheiten geworden sind.

Es ist keine leichte Aufgabe, sich die eigenen Schwächen vor Augen zu halten. Wir wissen, dass wir charakterliche Mängel besitzen, aber wir fürchten uns, unsere vertrauten Wege zu verlassen. Wenn wir zugeben, dass wir ein Problem haben, ist der erste Schritt schon getan. Als Nächstes kommt der Wunsch nach Veränderung. Und schließlich werden wir uns nicht länger verstecken müssen.

Selbstverbesserung ist für mich möglich, wenn ich meine negativen Verhaltensweisen zugebe.

Wenn die Menschen traurig sind, tun sie normalerweise nichts. Sie beweinen einfach ihren Zustand. Aber wenn sie wütend sind, dann bringen sie eine Veränderung zuwege.

Malcolm X

Jene von uns, die an chronischen Schmerzen leiden, sind häufig voller Wut, aber es liegt an uns, wie wir mit dieser Wut umgehen. Wenn wir sie konsequent leugnen, dann isolieren wir uns womöglich und sind von einer unerträglichen Traurigkeit wie betäubt. Oder wir lassen unsere Wut an den Menschen aus, die wir lieben.

Eine gesündere Alternative besteht darin, unsere Wut zuzugeben – und unser Recht, wütend zu sein. Wir verdienen diese Schmerzen nicht. Wenn wir uns diese ehrliche Reaktion gestatten, gelangen wir eher dazu, unser Schicksal anzunehmen – und aktiv zu werden. Wenn wir unsere Beschränkungen akzeptieren – gleichgültig, wie ungerecht sie sind –, können wir entscheiden, wo und wie und wann wir die notwendigen Veränderungen in unserem Leben vornehmen wollen.

Meine Wut kann mich wachsen lassen, wenn ich sie auf die richtige Weise einsetze.

Nur wenigen Menschen geht es so schlecht, dass sie nicht von ihrem Unglück erzählen mögen … Maria Edgeworth

«Lass dich bloß nicht auf eine Unterhaltung mit Harry ein. Er wird dich mit der Schilderung seiner Probleme zu Tode langweilen.» Wir wurden alle schon einmal vor einer bestimmten Person gewarnt. Es gab wahrscheinlich Zeiten, als wir selbst dieser «Harry» waren, den andere zu meiden suchten. Es ist normal, wenn wir auf unseren Problemen herumreiten, und wir alle reden gern über sie.

Wir können die Gefahr, unsere Mitmenschen zu langweilen, aber minimieren, indem wir uns bewusst machen, was wir tun, und unsere ausführlichen Krisengespräche für diejenigen aufsparen, denen wirklich etwas daran liegt und die davon wissen müssen. Ansonsten werden wir feststellen, dass unsere Freunde sich bald aus dem Staub machen, weil sie nicht wissen, wie sie die Last unserer veränderten Lebenssituation ertragen sollen.

Zurückhaltung wird zu meiner Losung, während ich lerne, mit meiner veränderten Lebenssituation zu leben.

Vor einer wichtigen Entscheidung umklammert jemand Ihre Hand – ein goldener Funken im Eisengrau, der Beweis all dessen, an das Sie nie zu glauben wagten.

Dag Hammarskjöld

Nichts ist so einsam, wie eine Entscheidung treffen zu müssen. Denken Sie an die Gefühle, die eine Familie durchmacht, wenn ein geliebtes Haustier eingeschläfert werden muss. Die Eltern, die die Situation wahrhaft verstehen, müssen die Entscheidung treffen. Wenn wir einen Arbeitsplatzwechsel ins Auge fassen, wird das unsere unmittelbare Familie und unsere Freundschaften beeinflussen.

Wenn ein Mensch uns hilfreich seine Hand entgegenstreckt, begrüßen wir sie, wie ein Hungernder Lebensmittel willkommen heißen würde, denn sie bietet uns Ermutigung und Mitgefühl. Die Entscheidung bleibt schwierig, aber wir besitzen eine innere Kraft, die uns trägt.

Ich glaube an mich selbst, aber ich werde die Unterstützung anderer in meinem Entscheidungsprozess begrüßen.

Das Leben ist so voll von Elend, großem und kleinem …
Agnes Repplier

Gelegentlich wendet ein Mensch, der in einer Krisensituation steckt, viel zu viel Zeit für die Suche nach einer Lösung des Problems oder Linderung des Leids auf. Selbsthilfegruppen werden weitaus mehr als nur Mittel zum Zweck; sie werden unser einziger Zweck. Der ganze Tag lässt sich mit der Suche nach den «richtigen» Leuten ausfüllen, die unsere Probleme für uns lösen. Jede Ähnlichkeit mit einem ausgeglichenen Leben wird so zunichte gemacht.

Es gibt absolut keinen Grund, warum wir unsere Tage durch unrealistische Zielsetzungen noch verschlimmern sollten. Nur wenn wir lernen, so gut zu leben, wie uns das angesichts der Beeinträchtigung durch die Krise möglich ist, können wir aus einem großen Leid ein kleines Leid machen.

Ich kann meine emotionale Unversehrtheit bewahren, indem ich in meinem Leben nach Ausgeglichenheit strebe.

Wenn du es den Menschen gestattest, dich für deine Ziele auszunutzen, werden sie dich auch für ihre Ziele einspannen.

Äsop

Ist es auf einer Party nicht immer die Person mit dem Gips oder jemand, der frisch operiert ist, der die ganze Aufmerksamkeit auf sich zieht? Wenn wir in eine schwierige Lebenssituation geraten, versuchen wir anfangs vielleicht, anderen Menschen Mitgefühl zu entlocken.

Doch schließlich begreifen wir, dass die meisten von uns unterschiedliche Bedürfnisse haben. Unsere mögen etwas dauerhafter sein als die eines Menschen, der sich nur ein Bein gebrochen hat. Wenn uns das klar wird, werden wir eventuell wütend, weil andere unsere Bedürfnisse nicht vorausahnen. Erst nach und nach erkennen wir, dass es an uns liegt, andere wissen zu lassen, wie wir uns fühlen und wie unsere Bedürfnisse aussehen. Dann können wir nach Verständnis suchen, nicht nach Mitleid.

Ich muss mich davor in Acht nehmen, nicht die Rolle des «Leidenden» auszunützen. Ich werde das als persönliche Herausforderung betrachten.

Körperliche Kraft kann niemals dauerhaft der Wucht spiritueller Kraft widerstehen. Franklin Delano Roosevelt

Es ist schon eine seltsame Ironie des Lebens, dass einige von uns durch ein physisches Handicap entweder Agnostiker werden oder zu mehr Spiritualität finden. Nur wenige bleiben in der Grauzone.

Wir, die wir das Glück haben, eine Höhere Macht zu finden oder unseren Sinn für Spiritualität neu zu entdecken, empfinden einen tiefen und ehrfürchtigen Glauben an spirituelle Kräfte, die allezeit in unserem Leben gegenwärtig sind.

Die Spiritualität transzendiert alle Probleme; wir können uns jederzeit auf ihren Trost und ihre Unterstützung verlassen. Unser Glaube kann uns aufrichten, wenn wir uns niedergedrückt fühlen, und alle Facetten unseres Lebens in höchstem Maße bereichern.

Die spirituellen Kräfte, die in mir arbeiten, gehören auf einzigartige Weise zu mir – ich kann sie mit anderen teilen oder sie für mich behalten. Sie werden mein Leben stets bereichern.

Mit fortschreitendem Lebensalter begreifen wir die Grenzen unserer Fähigkeiten. J. A. Froud

Können Sie sich noch an die hoch gesteckten Ziele erinnern, die Sie als Kind hatten? Ziele, zu denen unter anderem gehörte, der oder die Beste zu sein, alle Kinder zu retten und Berge von Geld zu besitzen. Wir wollten Präsident werden, Feuer löschen oder auf der Bühne stehen. Als wir jung waren, konnten wir alles bewerkstelligen. Je älter wir wurden, desto realistischer wurden wir auch. Uns wurde allmählich bewusst, was wir alles nicht tun können, dass nicht jede Familie funktioniert, dass nicht jeder Mensch glücklich ist.

Wir fanden neue Ziele, Ziele, mit denen wir zu dieser Zeit unseres Lebens zufrieden waren. Selbst heute, wo wir diese Zeilen lesen, lernen wir immer mehr über uns. Wir wissen, dass wir die Ziele unserer Kindheit möglicherweise nicht erreichen werden. Wir haben unsere Grenzen kennen gelernt und führen unser Leben nun auf realistische Weise.

Das Bewusstsein für meine Grenzen hat mir geholfen, mir realistische Ziele zu setzen. Ich bin erfolgreich.

Fürchte dich nicht vor dem Leben. Glaube, dass das Leben lebenswert ist, und dein Glaube wird dir helfen, es zu einer Tatsache zu machen. William James

Die Worte «das Leben ist lebenswert» mögen jemand, der in einer tiefen Krise steckt, unangemessen erscheinen. Ein freundschaftliches Auf-die-Schulter-Klopfen oder eine Umarmung reicht nicht aus, um uns davon zu überzeugen, dass trotz allem, was wir durchstehen müssen, das Leben «lebenswert» bleibt.

Das Gefühl, etwas wert zu sein, ist ein fortlaufender Prozess. Der Wert des Lebens wird durch unsere Bereitschaft, auf unsere emotionalen und körperlichen Bedürfnisse zu hören, bestätigt und gestärkt – insbesondere dann, wenn wir unglücklich oder krank sind. Diese Bereitschaft zeigt sich im Handeln. Sich bei einer Tasse Kaffee vor einem engen Freund ausweinen zu können, die Weisheit und die Fürsorge einer Höheren Macht zu akzeptieren oder die Hilfe von ausgebildeten Fachleuten zu suchen – all diese Handlungen sagen: «Ich und mein Leben haben einen Wert.»

Wenn ich mir selbst helfen will, dann muss ich gemäß meinem Glauben handeln, dass das Leben lebenswert ist.

Traurigkeit ist meistens nichts anderes als eine Form der Müdigkeit. André Gide

Es gibt in jedem Leben Phasen, in denen der Weg ein wenig holperig wird. Gelegentlich fühlen wir uns von unserer Arbeit oder dem Leben im Allgemeinen so erdrückt, dass es uns erschöpft. Mit dieser Müdigkeit kann Traurigkeit einhergehen – darüber, dass wir nicht in der Lage sind, so zu arbeiten, wie wir uns das erhofft haben, dass wir nicht so gut aussehen oder uns fühlen, wie wir das gerne möchten. Vielleicht bemitleiden wir uns selbst oder fühlen uns von dieser Müdigkeit wie gelähmt.

Wir können uns klar machen, dass Erschöpfung eine der vielen Formen ist, wie Traurigkeit sich zeigt. Gefühle der Betrübnis oder Hilflosigkeit lassen sich mindern, indem wir sie einem Freund oder einem Arzt anvertrauen. Uns kann es immer nur so gut gehen, wie wir das selbst erwarten – so gut, wie wir es uns erlauben.

Wenn ich mich sehr müde oder traurig fühle, kann ich meine Probleme offen und ehrlich zur Sprache bringen. Solange ich mich hinter meiner Müdigkeit verstecke, führt das nur zu Traurigkeit.

Du kannst andere nur nach dem beurteilen, was du über dich selbst weißt. Khalil Gibran

Wir wissen durchaus, dass unsere Verhaltensweisen nicht die einzig akzeptablen sind. Viele von uns haben den Großteil ihres Lebens damit verbracht, anderen zu Gefallen zu sein. Jetzt lernen wir, uns selbst zu gefallen. Endlich begreifen wir, dass absolut keine Notwendigkeit besteht, über unsere eigenen Fähigkeiten hinauszuwachsen.

Jetzt, da unsere physischen Kräfte beeinträchtigt und wir emotional fast bis zum Zerreißen gespannt sind, wird uns allmählich klar, dass die Menschen unseres Umfelds möglicherweise selbst ernsthafte Probleme haben. Wenn wir selbstlos auf sie zugehen, können wir helfen. Unabsichtlich werden wir durch dieses Verhalten selbst reiche Ernte einfahren.

Ich lerne immer mehr über meine Grenzen und erkenne mich dadurch besser denn je zuvor. Ich erfahre viel über mein unangezapftes Potenzial.

Die Vergangenheit sollte wie ein Kistchen frischer Erdbeeren behandelt werden, gereinigt vom Schmutz, umsichtig gesüßt und in kleinen Portionen nicht allzu häufig serviert.

Laura Palmer

Viele von uns verweilen bei der Vergangenheit. Wir reden uns ein, unser Gestern sei besser gewesen, als es unser Morgen jemals werden kann. Es kann gefährlich sein, in diesem «was einmal war» zu leben, denn wir passen uns dann den Veränderungen des Lebens weniger an.

Schöne Erinnerungen sind gesund, wenn sie uns ins Gedächtnis rufen, auf welche Weise unsere Erfahrungen unser Leben geformt haben. Erinnerungen verdeutlichen unsere Entwicklung zu dem produktiven Menschen, der wir heute sind. Das Leben wird jeden Tag besser, denn wir haben sowohl die Freuden der Gegenwart als auch einige süße Erinnerungen an die Vergangenheit. Wir werden unsere Schwierigkeiten nicht nur überleben, wir gewinnen auch wieder Glück und Seelenfrieden für das Leben im Heute.

Ich will nicht in der Vergangenheit leben, sondern werde jeden Tag als neu und vielversprechend betrachten.

Ruhe ist für die Ausgelaugten und die Alten, für die Kranken und die Unglücklichen auch nicht willkommener als Gefahren, Schwierigkeiten und Mühen für die Jungen und Abenteuerlustigen. Fanny Burney

Im Laufe einer einzigen Woche steuerte ein zehnjähriger Junge ein Flugzeug allein quer durch Amerika, und eine Frau erklomm mit über achtzig den Mount Everest. Manche von uns streben solche grandiosen Leistungen gar nicht an. Aber es gibt eine Zeit der Abenteuerlust und eine Zeit der Ruhe. Das muss nicht mit dem Alter zusammenhängen.

Manchmal kann uns die Sorge um unser Alter mehr einschränken als beispielsweise körperliche Gebrechen. «Sollte jemand in meinem Alter das noch tun?» – «Ich glaube, ich bin zu alt dafür.» Gedanken wie diese halten uns davon ab, neue Fertigkeiten zu erforschen, zu erlernen und uns anzueignen. Wir können die Richtung unseres Lebens selbst bestimmen, ungeachtet unseres Alters.

Ich will alle meine Vorurteile in Sachen Alter über Bord werfen, wenn ich die Möglichkeiten prüfe, die sich mir heute bieten.

Nichts kann dir Frieden bringen als du selbst.

Ralph Waldo Emerson

Wahrer Friede entstammt der Harmonie, die wir in unserem Innern spüren. Wir können nicht losziehen und Seelenfrieden suchen; er ist das Ergebnis dessen, was wir tun. Harmonie heißt, sich mit sich selbst wohl zu fühlen, mit seinem Umfeld und seinem Leben im Einklang zu sein. Das ist keine leichte Aufgabe, da wir die Themen in den Griff bekommen müssen, die uns Kummer bereiten.

Das soll jedoch nicht heißen, dass all unsere Probleme gelöst werden müssen, bevor wir zu innerem Frieden finden können, denn das Leben ähnelt einer Gebirgsstraße mit Kurven und vielen unerwarteten Schlaglöchern. Seelenfrieden ist eine Realität für jene, die das akzeptieren, was sich nicht ändern lässt, und die alle Herausforderungen annehmen, die angegangen werden können und müssen. Frieden ist leichter zu finden, wenn wir das Geschenk des gegenwärtigen Augenblicks zu schätzen wissen.

In meinem Leben beginnt der Friede in mir. Ich will daran denken, dass Frieden der Siegeskranz des Geistes ist und jedem zur Verfügung steht.

Ich habe Gicht, Asthma und verschiedene andere Leiden, aber ansonsten geht es mir blendend. Sydney Smith

Möglicherweise sehen wir voller Ehrfurcht auf Menschen, die jedes Problem, das sich ihnen stellt, wie durch Zauberkraft bewältigen. Sie sind stark, so denken wir, und offenbar können sie ihr emotionales und spirituelles Selbst mühelos von dem trennen, was ihnen körperlich zustößt.

Es gibt Menschen, die es immer fertig bringen, ihr Glück zu machen. Häufig finden sie sogar mitten im Chaos einen Grund zum Lachen. Möglicherweise sind wir eifersüchtig auf ihre offensichtliche Fähigkeit, mit Schwierigkeiten umzugehen. Doch dann erfahren wir, dass sie schreckliche Lebenskrisen überstehen mussten, Missbrauchsbeziehungen, Krebs oder chronische Krankheiten. Diejenigen, die wir beneiden, haben womöglich nur auf die harte Tour gelernt, dass man bei jedem Problem das Wesentliche angehen muss. Es gibt keine Zauberkraft, nur Menschen ohne Berührungsängste.

Ich mag meine Probleme haben, aber ich kann mir erlauben, mich ansonsten wohl zu fühlen.

Lass dir von einem bewölkten Tag niemals deinen Sonnenschein vergällen, denn selbst wenn du sie nicht sehen kannst, die Sonne ist dennoch da, sie ist in dir, bereit zu scheinen, wann immer du es zulässt. Amy Michelle Pitzele

Aus Kindermund tut sich häufig erstaunliche Weisheit kund. Amy war gerade neun Jahre alt, als sie diese Zeilen schrieb, die letzte Strophe eines Gedichts, in dem es darum ging, Veränderungen zu begreifen. Das Leben kann durch die Augen eines Kindes heiter und einfach scheinen. Woher bekommt ein Kind solche Weisheit und ein so tiefes Verständnis?

Wir sollten uns darum bemühen, das Kind in uns lebendig zu halten. Auch wir können erkennen, dass selbst an bewölkten Tagen der Sonnenschein – unser Lächeln, unsere Hoffnungen, unsere Träume – immer noch da ist, bereit, uns schon im nächsten Augenblick anzustrahlen.

Heute wird meine ureigenste Sonne in mir scheinen, gleichgültig, wie das Wetter draußen sein mag.

Fehler sind groß, wo die Liebe klein ist.

James Howell

Häufig übersehen wir die Fehler der Menschen, die wir lieben. Manchmal macht uns unsere Liebe sogar so blind, dass wir ihre Fehler nicht übersehen müssen, weil wir sie erst gar nicht wahrnehmen. Doch wenn unsere Liebe schwindet oder eine Freundschaft schwächer wird, dann mag es so scheinen, als ob unsere Freunde zahllose Schwächen oder aufreizende Gewohnheiten entwickeln würden.

Wenn dies geschieht, lernen wir, unsere Beziehung und uns selbst neu einzuschätzen. Anstatt zu der Schlussfolgerung zu gelangen, dass der Mensch, den wir lieben, weniger liebenswert ist als zuvor, können wir erkennen, dass sich die Veränderung in uns selbst vollzogen hat. Dann können wir entscheiden, ob uns die Freundschaft wichtig genug ist, um zu versuchen, sie erneut aufzubauen. Manchmal ist sie das, und wir arbeiten daran, das Vertrauen und die Kommunikation, die wir einst hatten, wieder einzufangen. Manchmal ist sie das nicht, dann beschließen wir, sie loszulassen und dabei auch Groll und Fehlersuche aufzugeben.

Die Entscheidung, eine Freundschaft neu aufzubauen oder loszulassen, liegt häufig bei mir.

Manchmal ist es wichtiger, das zu entdecken, was man nicht tun kann, als das, was man tun kann. Lin Yutang

Es ist wichtig, dass wir in unserem Leben unsere Grenzen erkennen. Wenn wir älter werden, lassen wir ganz natürlich einstige Träume los und bauen neue auf. Wir bewerten vieles neu, setzen Prioritäten und finden heraus, wozu wir fähig sind und was wir noch erreichen können. Zu guter Letzt verstehen wir, dass wir nicht die Größten, die Reichsten, die Bestaussehenden oder die Intelligentesten sein müssen.

Wir lernen, das herauszufinden, was für uns normal ist und wie wir in unserem Leben ein neues Gleichgewicht errichten können. Wenn wir die Veränderungen in unserem Leben akzeptieren wollen, so gehören dazu auch jene Veränderungen, die durch den Abbau unserer physischen Kräfte entstehen. Das ist eine der schwierigsten Herausforderungen überhaupt, aber unsere Fähigkeit, mit den Einschränkungen zurechtzukommen, wird daran wachsen.

Ich bemühe mich unablässig, ein Gleichgewicht in meinem Leben zu finden, denn ich weiß, es ist ein Wachstumsprozess, zu dem ich fähig bin.

Freundschaft: Ein Schiff, groß genug, um bei gutem Wetter zwei Menschen, bei schlechtem aber nur einen zu tragen.

Ambrose Bierce

Seien wir ehrlich: Wenn wir die Wahl haben, gehen wir dann Ärger, Angst und Unbehagen in unseren Freundschaften nicht aus dem Weg? Bevor wir ein Urteil über Freunde und Familienangehörige fällen, die nicht in der Lage sind, mit unseren schwierigen Lebensumständen umzugehen, sollten wir versuchen, ihre Entscheidung zu verstehen. Wenn wir dieselbe Wahl hätten wie sie, dann würden wir uns doch sicher nicht freiwillig für den Schmerz, die Unannehmlichkeiten und die Beschränkungen entscheiden, die unsere Lage mit sich bringt.

Die meisten von uns sind schon einmal von Freunden enttäuscht worden, die uns in einer Krise einfach allein gelassen haben, aber vielleicht ist es jetzt an der Zeit, dass wir ihnen vergeben. Wir können uns ins Gedächtnis rufen, dass unsere Freunde nicht kalt oder gefühllos sind, nur weil sie uns verlassen haben; es heißt nur, dass sie sich für eine Möglichkeit entschieden haben, die uns nicht offen steht.

Ich will daran arbeiten, jenen zu vergeben, die mich im Stich gelassen haben.

Im Grunde … befähigt der Optimismus den Menschen, sich aufrecht hinzustellen, die Zukunft für sich zu beanspruchen und sie nicht seinen Feinden zu überlassen.

Dietrich Bonhoeffer

«Sie sieht immer nur das Negative», haben wir oft gehört. Oder: «Er lächelt immer so freundlich.» Wir wissen alle, dass der Unterschied zwischen einem Optimisten und einem Pessimisten einzig und allein in der Einstellung liegt. Ein Pessimist kennt nur wenig, wenn überhaupt etwas, auf das er sich im Leben freuen kann. In seinem Fall scheint das Leben trostlos. Wenn wir jedoch positiv denken, sehen wir das Gute. Das Gute wird zum wichtigsten Teil unseres Lebens.

Ein Optimist steht ungeachtet seiner persönlichen Probleme jeden Morgen begeistert auf – um zur Arbeit zu gehen, um mit Freunden oder Angehörigen zusammen zu sein, um das Glück des Tages auszukosten. Menschen fühlen sich zu Optimisten hingezogen, denn ihre Freude strahlt auf jeden in ihrem Umfeld aus.

Das Leben ist ein Abenteuer der Möglichkeiten, kein Martyrium, das man irgendwie überstehen muss. Ich entscheide mich für Optimismus und Freude.

Schmerz ist Leben – je schlimmer, desto mehr Beweis für das Leben. Charles Lamb

Wir alle leiden in unserem Leben an Schmerzen. Dabei muss es sich nicht notwendigerweise um eine Krankheit handeln, es können auch tiefe emotionale Schmerzen sein, die durch unsere Wahrnehmung von Scheitern oder Erfolg verursacht werden, von dem Ende einer Beziehung, von einem Verlust oder weil wir unrealistische Ziele haben aufgeben müssen. Wir alle erleben Schmerz.

Wir gewinnen jedoch die Erkenntnis, dass der Schmerz unsere Erfahrungsbandbreite erweitern und uns stärker machen kann – oder schwächer. Wir sind diejenigen, die letztendlich die Last und die Freude unseres Lebens zu tragen haben.

Es gibt mehr als nur Schmerz im Leben. Am wichtigsten ist, wie wir mit unserem Schmerz umzugehen lernen, wie wir auf das reagieren, was den Schmerz verursacht hat, und wie wir anderen unseren Schmerz mitteilen.

Ich entscheide mich dafür, ein Überlebenskünstler zu sein. Meine Erfahrungen können mein Leben bereichern.

Herr … unsre Tage zu zählen, das lehre uns, damit wir ein weises Herz erlangen! Psalm 90

Es ist schon komisch, aber als Kinder haben wir wahrscheinlich nicht viel über Worte wie *Frieden* und *Harmonie* nachgedacht. Wir haben einfach unser süßes kindliches Leben gelebt, ohne uns groß Gedanken über unsere Gefühle zu machen, wenn überhaupt.

Heute sprechen wir oft von einem «Zusammenfinden der Seelen», von «harmonischen Gedanken» und «Weltfrieden», denn wir alle wollen das höchste Maß an persönlichem und emotionalem Wohlbefinden erreichen, das uns möglich ist. Mit unserem neu erlangten Verständnis von Weisheit geht ein tiefer Stolz einher, denn wir wissen, dass jeder Tag eine kostbare Einheit ist, an sich schon etwas ganz Besonderes.

Ich kann die Harmonie und den Frieden, die mich umgeben, in Besitz nehmen.

Eine grundlegende Tatsache der heutigen Zeit ist das ungeheuerliche Tempo der Veränderung im menschlichen Leben.

Jawaharlal Nehru

Gerade in dem Augenblick, in dem wir uns davon überzeugt haben, dass wir zur Ruhe gekommen sind, geschieht etwas, das eine neuerliche Veränderung einläutet. Wir müssen uns in ein Chamäleon verwandeln, offen für Veränderung und bereit, uns anzupassen.

Das ist kein einfaches Unterfangen, denn manchmal versetzt uns das Leben einen völlig unerwarteten rechten Haken. Nicht jede Veränderung ist positiv, manche sind schlicht und einfach schwer. Vielleicht werden wir ganz überraschend Großeltern, oder wir müssen in eine andere Stadt ziehen. Wir verlieren unseren Partner oder unsere Arbeitsstelle oder unsere Gesundheit. All diese Vorkommnisse führen zu weiteren Veränderungen. Wenn wir uns der Lage gewachsen zeigen, lehrt uns das, dass wir uns zu guter Letzt wahrhaft wie Erwachsene verhalten.

Jedes Mal, wenn ich mich verändere, lasse ich einen alten Traum los. Ich bin stolz auf meine Fähigkeit, mich an neue Umstände anzupassen.

Ein reifer Mensch ist jemand, der nicht in absoluten Begriffen denkt, der in der Lage ist, selbst dann objektiv zu bleiben, wenn er emotional zutiefst verstört ist …

Eleanor Roosevelt

Viele von uns sind sich durchaus bewusst, wie leicht unser Zorn mit uns durchgeht oder wie nahe wir am Wasser gebaut haben, wenn wir uns plötzlich einem Problem oder einer unerwarteten Situation gegenübersehen. Vielleicht trägt eine leidvolle Erfahrung noch zu dieser Empfindlichkeit bei, aber wir sollten uns auch überlegen, ob wir möglicherweise innerlich härter geworden sind. Klammern wir uns allzu fest an absolute Begriffe und erwarten für alles die richtige Antwort oder die richtige Reaktion?

Reife bedeutet oft, das Bedürfnis nach Kontrolle loszulassen. Wir finden größeren Frieden, wenn wir uns zugestehen, auf Menschen und Ereignisse nicht vorbereitet zu sein, auf die wir uns einfach nicht vorbereiten können. Es gibt nichts Absolutes, und wir müssen nicht so leben, als wäre dem nicht so.

Ich will bereitwillig über neue Ideen nachdenken.

September

Die Spiritualität ist wie ein Vogel: Wenn man sich allzu sehr an sie klammert, erstickt sie, und wenn man sie zu locker hält, fliegt sie davon. Israel Salanter Lipkin

Spirituell eingestellt zu sein bedeutet nicht notwendigerweise, auch religiös zu sein. Vielmehr kann es sich um das Erwachen eines zutiefst individuellen Gefühls der Fürsorge für andere Menschen handeln, aber auch um ein Erwachen unserer Wertschätzung für die Freude, die Symmetrie und das Gleichgewicht der Natur.

Die Spiritualität, die wir anstreben und die uns Trost spendet, gründet sich darauf, dass wir in uns selbst ein ähnliches Gleichgewicht finden. Wenn wir unseren Glauben geradezu zwanghaft betreiben und alles erwarten, was wir fordern, wird unsere Spiritualität geschwächt. Doch wenn wir gar nichts erwarten, scheint sie gänzlich zu verschwinden. Unser spirituelles Leben wird gestärkt, wenn wir dieses kostbare Gleichgewicht zwischen erwartungsvollem Vertrauen auf eine Höhere Macht und verantwortlichem Sichverlassen auf uns selbst finden.

Ich strebe nach Fülle und Ausgeglichenheit in meinem Alltag. Bestimmte Erfahrungen verändern das Gleichgewicht, aber ich kann es wiederfinden.

Mein Mantel und ich leben traulich zusammen. Er hat all meine Falten angenommen, kneift nirgends, hat sich meinen Verformungen angepasst und gibt all meinen Bewegungen nach. Ich spüre seine Anwesenheit nur, weil er mich warm hält.
Victor Hugo

Die Vorfreude auf das neue Schuljahr im Herbst wird von der Liebe der Kinder zu allem Neuen entfacht – neue Kleider, neue Schuhe, neue Bücher, neue Lehrer. Wir genießen das Neue immer noch, aber wir finden auch Trost in dem, was alt und vertraut ist. Kein Pullover ist so bequem wie jener, der vor vielen Jahren mit liebevollen Händen gestrickt worden ist. Wir besitzen auch eine Lieblingstasse oder einen Lieblingsstuhl. Im Laufe der Jahre haben wir zuverlässige und vertrauensvolle Beziehungen aufgebaut. Auch wenn wir für Veränderungen offen sind, fühlen wir uns doch mit dem Alten und Vertrauten wohl.

Ich bin froh, dass ich im Alten und Vertrauten Trost finde und Erregung im Neuen und Unvertrauten.

Meine Botschaft ist der Seelenfriede, nicht die Heilung von Krebs, Blindheit oder Querschnittslähmung. … Jeder, der bereit ist, daran zu arbeiten, kann ihn erlangen.

Bernie S. Siegel

Allzu häufig sind wir der Ansicht, wir könnten unseren Seelenfrieden erst dann wiedererlangen, wenn unsere Probleme gelöst sind. Aber wir brauchen jetzt Seelenfrieden, nicht später. Wir können für die Lösung unserer Probleme so manches tun, aber unsere spirituelle und emotionale Kraft können wir aktiv entwickeln.

Wir sollten das Leben nicht in der Zweiteilung Erfolg oder Scheitern betrachten, sondern aus dem Blickwinkel unserer Einstellungen und Überzeugungen und unserer Selbstannahme. Wir können unsere Lebensziele neu ordnen und den Schwerpunkt auf das legen, was sich realisieren lässt. Wenn wir die Dinge, die wir ändern und kontrollieren können, von jenen trennen, bei denen uns das nicht möglich ist, verspüren wir mit der Zeit unseren Seelenfrieden. Wenn wir unsere Wahl treffen und danach handeln, bringt uns das den Frieden, den wir in schwierigen Zeiten so dringend benötigen.

Ich will nur über die Entscheidungen nachdenken, die wirklich in meiner Macht liegen.

Ich habe gelernt, dass nichts unmöglich ist, wenn wir unserer inneren Stimme folgen, selbst wenn die Richtung sich für uns bedrohlich anfühlt, weil sie unsere übliche Logik umkehrt.

Gerald G. Jampolsky

Zwei Stimmen melden sich in uns zu Wort. Wir hören: «Tu es so, wie du es immer getan hast.» Und im Gegensatz dazu: «Geh das Risiko ein – du kannst es auch mal anders machen.» Manchmal müssen wir ein Risiko wagen – mit uns selbst, um einen besseren Weg einzuschlagen.

Was wäre, wenn wir zur Abwechslung einen neuen, längeren, weniger bequemen Heimweg wählten? Was wäre, wenn wir das ungute Muster ablegten, dem wir bisher im Umgang mit den Menschen gefolgt sind, die wir lieben? Was wäre, wenn wir sagten, was wir denken, anstatt stumm zu bleiben? Wenn wir eine Veränderung wagen, können gute Dinge geschehen. Und wenn nichts geschieht? Dann hatten wir immer noch das Vergnügen, einen neuen Heimweg kennen zu lernen, auf anderer Ebene zu kommunizieren oder die Freude zu erfahren, die sich einstellt, wenn man eine Veränderung wagt.

Wenn ich meiner inneren Stimme folge, sind meine Möglichkeiten endlos.

Kein Glaube gehört wahrhaft uns, den wir uns nicht mühsam erkämpft haben. Havelock Ellis

Alles, was unser Leben berührt, beeinflusst unser Maß an Vertrauen und Spiritualität. Es gibt Zeiten, in denen uns unser Glaube, vor allem an uns selbst, abhanden kommt. Das kann daran liegen, dass wir unsere Arbeitsstelle oder unsere Gesundheit verlieren oder dass unsere Partnerschaft eine negative Wendung nimmt. Unser Glaube wird erschüttert, wenn die Dinge, die wir für unveränderlich gehalten haben, plötzlich verschwunden sind.

Wir können unseren Glauben zurückgewinnen, wenn wir uns daran erinnern, dass eine Höhere Macht eine Konstante ist, auch wenn unser Glaube das nicht ist. Wir Menschen schwanken zwischen Zweifel und Vertrauen hin und her, aber das mindert nicht den Schutz, der uns immer zur Verfügung steht. Wir müssen uns dieser Wahrheit nur anheimgeben, dann finden wir Trost.

Mein Glaube – an mich selbst und an eine Höhere Macht – baut auf meinem Bewusstsein auf, dass ich nicht allein kämpfen muss. Ich gewinne Kraft, wenn ich meinen spirituellen Bedürfnissen nachgebe.

Lege dich nieder und lausche, wie das Unkraut wächst und der Wasserhahn tropft, und lerne, es so zu lassen.

Marya Mannes

Manchmal treibt uns ein Drang, alles zu erledigen. Wir spüren innerlich, wie wir sein sollten, und wir arbeiten auf diese Erwartung hin. Aber möglicherweise schießen wir über dieses Ziel hinaus, weil wir auch noch das erfüllen wollen, was unsere Freunde, unsere Kollegen und selbst die Werbung von uns zu erwarten scheinen.

Nur wir allein können entscheiden, welche Erwartungen wir erfüllen wollen. Doch zuerst müssen wir sicherstellen, dass die Dinge, die wir anstreben, wirklich unseren Bedürfnissen und Zielen entsprechen. Wenn ein alphabetisch geordnetes Gewürzregal oder eine peinlich ordentliche Werkbank uns keine Befriedigung verschafft, warum sollten wir dann alphabetisieren oder ordentlich sein? Wenn ein unvollkommener Rasen uns nichts ausmacht, dann können wir unsere Sorgen vergessen und das Unkraut sprießen lassen.

Heute will ich mich nur an meine eigenen Ziele und Erwartungen halten und all jene loslassen, die mir keine Freude bereiten.

Nichts Großes wird rasch erschaffen. Epiktet

Es brauchte Tausende von Jahren, bis die sieben Weltwunder erschaffen wurden, und sie sind wahrhaft Ehrfurcht gebietend. Auch wir können Großes bewerkstelligen, aber wir müssen Geduld aufbringen, bis unsere Bemühungen allmählich Frucht tragen.

Wir können eine starke Familie als eines unserer Wunder erschaffen, denn eine liebevolle, einander verbundene, fürsorgliche Familie reicht weit über die gegenwärtige Generation hinaus. Die Liebe und die Familientraditionen, die wir entstehen lassen, werden von einer Generation zur nächsten weitergereicht. Es ist dabei nicht wichtig, dass wir sofort die Großartigkeit dessen sehen, was wir tun. Wichtig ist allein, dass wir in der Lage sind, uns anzustrengen und zu wissen, dass der Lohn seine Zeit braucht.

Ich kann geduldig auf die Erschaffung neuer Ideen und Traditionen hinarbeiten in dem Wissen, dass sich der Lohn beizeiten offenbaren wird.

Jeder große Fehler hat einen Punkt, den Bruchteil einer Sekunde, da er erkannt und vielleicht noch behoben werden kann.
Pearl S. Buck

Wir alle haben schon Entscheidungen getroffen, die wir bedauert haben. Bedauern ändert nichts, aber wir lernen daraus, künftig bessere Entscheidungen zu fällen. Häufig gibt es einen Augenblick im Entscheidungsprozess – besonders in einer Beziehung –, in dem wir unsere Meinung noch ändern könnten. In solchen Augenblicken sollten wir noch einmal überlegen, was wir tun oder sagen wollen. Ist es wichtig genug, um eine Freundschaft zu gefährden? Manchmal ist es das, und daran lässt sich dann nichts ändern.

Aber für gewöhnlich stellen wir fest, dass wir die Beziehung aufrechterhalten wollen. Wir schulden es uns selbst und unseren Freunden, die Sache noch einmal zu prüfen, noch einmal über das nachzudenken, was wir bereden oder worüber wir uns streiten wollen beziehungsweise was zur Entscheidung ansteht. Manchmal ist das Recht- oder Unrechthaben nicht so wichtig wie die Beziehung.

Ich will mir Zeit nehmen, um zu entscheiden, was wichtig ist und was nicht.

Gott, gib mir die Gelassenheit, die Dinge zu akzeptieren, die ich nicht ändern kann, den Mut, die Dinge zu ändern, die ich ändern kann, und die Weisheit, den Unterschied zu erkennen.

Das Gelassenheitsgebet

Das Gelassenheitsgebet hat schon Millionen von Menschen, die versuchen, mit Veränderungen, Enttäuschungen, chemischen Abhängigkeiten und allen möglichen anderen Problemen zurechtzukommen, Trost gespendet. Dieses Gebet kann uns auch angesichts der Realität einer langen Krankheit trösten.

Wenn wir vom Schmerz überwältigt werden oder von unseren langsamen beziehungsweise geringfügigen Fortschritten enttäuscht sind, kann dieses Gebet uns helfen, unser Leben wieder in die richtige Perspektive zu rücken. Es hilft uns bei der Einsicht, dass wir Zeit und Energie auf Dinge verschwenden, die wir nicht ändern können. Und ebenso wichtig ist der Umstand, dass uns dieses Gebet auf die Dinge hinweist, die wir kontrollieren können – unsere Einstellung, unsere Bereitschaft zur Veränderung und das Ergebnis des heutigen Tages.

Ich bete um die Weisheit, den Unterschied zu erkennen, welche Dinge ich ändern kann und welche nicht.

Es ist nicht leicht, in der realen Welt zu leben. Sie ist holperig, und sie ist glitschig. Clarence Day

Was ist, wenn uns der Arzt mitteilt, dass diese zusätzlichen fünfzig Kilo tatsächlich zum Tod führen werden – und zwar bald? Was ist, wenn der Teenager, der mit Selbstmord gedroht hat, es tatsächlich tut? Brauchen wir erst eine Krise, bevor wir aktiv werden?

Allzu häufig warten wir auf eine Notsituation, bevor wir unser Verhalten ändern. Wir können nicht alles ändern, aber es liegt in unserer Macht, das zu berichtigen, was unserer Kontrolle unterliegt – nämlich unser Verhalten.

Wir können die Verantwortung für unsere Gesundheit, für unser persönliches Wachstum und für unser spirituelles Leben gleich übernehmen. Wir müssen nicht erst auf einen Notfall warten.

Anstatt darauf zu warten, dass mich eine Krise zu einer Veränderung zwingt, kann ich von allein aktiv werden und eine positive Veränderung herbeiführen.

Die Welt verbessert die Menschen gemäß den Veranlagungen, die sie mitbringen. Renier Giustina Michiel

Ist Ihnen der Ausdruck «wie an einer Zitrone gelutscht» ein Begriff? Wir alle kennen Menschen, die ständig so aussehen, als ob ihnen die Welt eine Hand voll Zitronen gereicht hätte. Gleichgültig, wie die Situation aussieht, gleichgültig, wie glücklich andere Menschen sind, diese Sauertöpfe haben immer einen Grund, grimmig aus der Wäsche zu schauen.

Dann gibt es das genaue Gegenteil – Menschen, die ständig Süßes zu naschen scheinen. Es spielt keine Rolle, wie schwierig ihre Situation ist, sie finden immer einen Grund, um zu lächeln. Beide Typen sind höchst aufreizend und unrealistisch, denn das Leben ist nicht immer süß und nicht immer sauer.

Wir können die beiden Persönlichkeitsmerkmale in uns vereinen und zu einem fürsorglichen, mitfühlenden Menschen werden, der das Auf und Ab des Lebens versteht und entsprechend handelt.

Ich kann mein persönliches Gefühl des Wohlbefindens erhöhen, wenn ich die Art und Weise verbessere, wie ich mich anderen gegenüber verhalte.

Es gibt kein zutreffenderes Anzeichen für einen Kleingeist, für Dummheit und Arroganz, als sich von jenen fernzuhalten, die anders denken als wir. Walter Savage Landor

Wir alle haben Meinungen und Überzeugungen, die wir uns schon vor langer Zeit gebildet haben, und wir denken nicht darüber nach, inwieweit sie uns auch heute noch beeinflussen. Möglicherweise verschließen wir uns für Ansichten, die sich von unseren unterscheiden. Aus diesem Grund sind wir vielleicht anderen Menschen gegenüber intolerant, vor allem gegenüber jenen, die anders zu sein scheinen als wir.

Unsere Überzeugungen und unsere Taten gegenüber anderen Menschen mögen der Angst entstammen – Angst vor dem Unerwarteten oder dem Unbekannten oder davor, sich zu irren. Wir wehren uns womöglich dagegen, die Regeln und Überzeugungen, die unser Leben bestimmen, einer Prüfung zu unterziehen, weil wir uns ihrer nicht völlig sicher sind. Es wird uns leichter fallen, uns neuen Ideen zu öffnen, wenn wir uns ins Gedächtnis rufen, dass wir diese Ideen nicht annehmen müssen, nur die Menschen.

Ich kann mich furchtlos neuen Ideen und neuen Menschen öffnen.

Was kommt als Nächstes? Warum fragen? Als Nächstes kommt eine Anforderung, über die Sie bereits alles wissen, was Sie wissen müssen: dass Ihr einziges Maß Ihre eigene Kraft ist. Dag Hammarskjöld

Das Leben ist voller Anforderungen an uns; wir wissen und erwarten das. Die meisten von uns wünschen, sie wüssten um diese Anforderungen schon vorab, aber es ist einfach nicht möglich, sich auf Stress vorzubereiten. Negative Stressfaktoren wie ein platter Reifen oder eine schwere Krankheit und positive Stressfaktoren wie ein Familienfest sind typische Anforderungen, die unser ganzes Leben lang an uns gestellt werden.

Wenn solche Dinge geschehen, bringen wir es irgendwie fertig, diesen Anforderungen gerecht zu werden. Vielleicht müssen wir all unsere Ressourcen – körperlich und spirituell – anzapfen, um sie zu bewältigen, aber für gewöhnlich finden wir in uns die Kraft und die Begeisterung für die Anforderungen, denen wir gegenüberstehen.

Durch das Wissen, dass ich in der Lage bin, meine Lebenskrisen mit tiefer innerer Kraft zu meistern, muss ich mich nicht länger fragen, was wohl als Nächstes kommt.

Ich feiere und lade meine Seele zu Gast;
Liege auf dem Erdboden, behaglich halte ich Rast
und betrachte einen Halm vom Sommergras.

Walt Whitman

Manchmal haben wir uns schon gewünscht, wir könnten es Aladin gleichtun und drei Wünsche freihaben. Vielleicht haben wir vor unserem geistigen Auge auch schon eine Liste der Dinge erstellt, um die wir bitten würden.

Wir wissen, dass materielle Besitztümer allein keine Garantie für Glück sind. Wir wissen, das Leben muss über den Wohlstand hinaus noch einen Sinn haben, einen Grund, warum man jeden Morgen aus dem Bett steigt. Wie immer unser Weg im Leben aussehen mag, wie immer unser Gesundheitszustand aussehen mag, wir alle brauchen das Gefühl, etwas wert zu sein.

Wir können an keiner magischen Lampe reiben, aber wir können uns wichtige Gründe für das Leben schaffen, beispielsweise eine bezahlte Arbeitsstelle, eine ehrenamtliche Tätigkeit, Gärtnern oder ein anderes Hobby oder einfach nur Entspannung. Müßigkeit eignet sich manchmal gut dafür, unsere innere Einstellung zu verbessern.

Die Macht der Entspannung ist ein starker Grund für mich, nicht in Stress zu geraten.

Ein Fanatiker ist ein Mensch, der seine Ansicht nicht ändern kann und das Thema nicht wechseln will.

Winston Churchill

Fast jeder, der schon einmal eine schwere Krise durchlebt hat, verspürt das intensive Verlangen, darüber zu reden. Wer einen nahe stehenden Menschen verloren hat, will fast sofort darüber sprechen. Menschen, die mit chronischen Schmerzen leben müssen, verspüren oft dasselbe Bedürfnis.

Wir können und sollten davon ausgehen, dass unsere Freunde uns den Trost erlauben, über unsere Gefühle und Erfahrungen zu reden. Als Menschen, die leiden und die oft gezwungen sind, sich an die Geschichte ihres Leidens zu erinnern, müssen wir uns jedoch klar machen, dass es einen Punkt gibt, ab dem die anderen nicht länger zuhören wollen – lieber würden sie die Flucht ergreifen. Wir müssen daran arbeiten – intensiver als je zuvor –, uns ein ausgeglichenes Leben aufzubauen, über das es auch glückliche oder humorvolle Geschichten zu erzählen gibt.

Ich will in meinen Unterhaltungen Raum lassen für Geschichten, die mir und meinen Freunden ein gutes Gefühl vermitteln.

Geschwächt von Zeit und Schicksal, doch stark an Willen, zu streben, zu forschen, zu finden und niemals nachzulassen.
Alfred Lord Tennyson

Wenn wir an einer chronischen Krankheit leiden, geht ein Teil unserer Privatsphäre verloren, denn Ärzte und Schwestern müssen Einzelheiten aus unserer Krankengeschichte wissen. Wir können aber neue Stärken entwickeln, um diesen Verlust auszugleichen – einen Stolz darauf, wie gut wir uns um uns selbst kümmern, und medizinische Kenntnisse über unseren Zustand.

Viele der privaten Schlachten, die wir schlagen, betreffen unsere Gefühle angesichts unserer gesundheitlichen Probleme. Vielleicht müssen wir in einigen Punkten Zugeständnisse machen – an Privatsphäre, Abhängigkeit, Zeit und Energie –, aber wir können weiterhin wachsen, trotz unserer Krankheit.

Nur weil meine Gesundheit nicht mehr dieselbe ist, heißt das noch lange nicht, dass ich in Punkten, die für mein Wohlbefinden wichtig sind, klein beigeben muss.

Kämpfe noch eine einzige weitere Runde. Wenn deine Füße so müde sind, dass du dich zur Mitte des Rings nur noch schleppen kannst, dann kämpfe dennoch eine einzige weitere Runde. James J. Corbett

Eines der Probleme, die wir von Menschen, die körperlich oder seelisch leiden, am häufigsten zu hören bekommen, sind Erschöpfungszustände. Wir erzählen unseren Ärzten, unseren Freunden und jedem, der bereit ist, zuzuhören: «Ich bin einfach furchtbar müde.»

Um im umfassendsten Sinn des Wortes zu leben, müssen wir uns vor allem erst einmal um uns selbst kümmern. Wenn wir an einer körperlichen Erschöpfung leiden, dann sollten wir uns die notwendige Ruhe gönnen. Wir müssen kein zusätzliches Projekt annehmen, keine zusätzliche Verpflichtung eingehen, nur um uns selbst zu beweisen. Wenn unser Erschöpfungszustand jedoch einen emotionalen Grund hat, dann müssen wir uns antreiben – nur noch eine weitere Stunde, nur noch einen weiteren Tag – in dem Vertrauen, dass wir die Energie dazu haben.

Ich will mich heute um mich selbst kümmern. Ich werde stärker, sowohl emotional als auch spirituell.

Unsere Seelen hungern nach einem Sinn, nach dem Gefühl, dass wir herausgefunden haben, wie man lebt, damit unser Leben Bedeutung hat, damit die Welt zumindest ein wenig anders sein wird, nur weil wir da waren.

Harold Kushner

Selbst wenn es uns nicht länger gut geht, hungern viele von uns doch weiter nach Wissen. Wir nehmen Kontakt zu anderen Menschen auf und lernen aus Büchern.

Auch auf einer tieferen Ebene suchen wir weiter. Es ist keine Überraschung, dass unsere Spiritualität häufig eine Zeit lang zum Stiefkind wird – aufgrund der Quälerei, sich an eine grundlegend veränderte Lebenssituation anzupassen. Letztendlich schreit jedoch auch unsere Seele nach Wachstum, ebenso wie unser Verstand das tut, und wir wenden uns um Trost und Verständnis an eine Höhere Macht.

Meine schwierige Situation beeinflusst nicht meine Suche nach Sinn und Wissen. Ich möchte und ich muss lernen.

In Wahrheit ist die Menschheit mystisch vereint: Ein mystischer Bund der Bruderschaft macht alle Menschen eins.

Thomas Carlyle

Auf den Knien unserer Eltern lauschten wir fasziniert den Geschichten, wie das Leben früher einmal war. Wir konnten kaum glauben, dass sie vor sooooo langer Zeit gelebt hatten. Als wir Teenager wurden, schienen unsere Eltern in unseren Augen wahrscheinlich bemitleidenswert unbeholfen, und sie erlangten ihre Intelligenz erst zurück, als wir älter wurden.

Heute wissen wir, dass unsere Eltern fähig waren, aus ihren Fehlern zu lernen und weiterzumachen – so wie wir jetzt weitermachen. Wir haben gelernt, dass «alles immer wieder kommt», ebenso wie sich die Geschichte wiederholt. Unsere Eltern haben ihr größtes Wissen an uns weitergegeben und ihre Fehler liebevoll mit uns geteilt, damit wir daraus Nutzen ziehen können.

Ich will den Menschen, die ich liebe, voller Respekt zuhören. Ich lerne von ihnen.

Der natürliche Wunsch eines jeden menschlichen Wesens, des Schwächsten wie des Weisesten, scheint es zu sein, der Nachwelt eine Erinnerung von sich zu hinterlassen.

Susan Edmonstone Ferrier

Jeder von uns möchte Zeugnis davon hinterlassen, dass wir gelebt haben. Um unseren Namen unsterblich zu machen, arbeiten wir unser ganzes Leben lang hart, oder wir versuchen, unsere sportlichen Fähigkeiten oder unser handwerkliches Geschick zu vervollkommnen.

Doch mit der Zeit wird uns bewusst, dass die Aufzeichnungen über unser Leben nur unseren Namen und unsere Lebensdaten enthalten; nirgends steht, wer wir sind und was uns wichtig ist. Der Kern eines jeden von uns findet sich in jedem Tag, in jedem Augenblick. Er findet sich, wenn wir alle Tage unseres Lebens bis zur Neige auskosten, wenn wir uns wertvoll fühlen und das den Menschen, die wir lieben, weitergeben. Wir erkennen, dass es in Wirklichkeit nur darauf ankommt, wie wir unsere Gegenwart verbringen, nicht darauf, wie wir die Zukunft zu manipulieren suchen. Heute reich zu leben ist unser Erbe.

Ich will den heutigen Tag als ein in sich abgeschlossenes Geschenk nützen, nicht als kleinen Ziegel für ein Monument der Zukunft.

... Der Sommer endet. Und so versuchen wir alle, ihn am Leben zu halten und ihn zu verlängern, indem wir noch möglichst oft mit dem Boot hinausfahren, Picknicks veranstalten und schwimmen gehen. Sonne, ich hungere das ganze Jahr nach dir. Schwester Mary Kraemer

Wenn die Tage kürzer und kühler werden, trifft uns manchmal wie ein Schlag die Erkenntnis, dass der Sommer vorüber ist. Mit diesem Gedanken mag die Sehnsucht einhergehen, die letzten warmen Tage mit den vielen Aktivitäten zu füllen, die wir aufgeschoben oder vielleicht vergessen haben. In solchen Momenten spüren wir das Bedürfnis, uns noch etwas länger an den Sommer zu klammern.

In anderen Bereichen unseres Lebens tun wir dasselbe. In dem Augenblick, in dem uns klar wird, dass wir etwas sehr Kostbares verlieren werden, wissen wir es am meisten zu schätzen. Kurz bevor eine liebe Freundin fortzieht, versuchen wir, unsere Tage mit Gemeinsamkeiten zu füllen. Nun, da wir das wissen, können wir unsere Zeit weiser einsetzen und uns daran erinnern, den Wert in jedem und allem um uns herum zu sehen.

Ich will andere wissen lassen, dass ich sie schätze und warum ich sie schätze.

Nur die Starken werden durch Leid gestärkt; die Schwachen werden schwächer. Lion Feuchtwanger

Gewöhnlich erwartet man von uns, dass wir uns in einer Notsituation abhängiger und bedürftiger verhalten. Jedoch ist eine übermäßige Abhängigkeit nicht in Ordnung. Wenn wir wirklich leiden, dann wissen wir, dass es nicht leicht ist, uns in eine Position der Stärke zu bringen und eine neue, reife Einstellung zu gewinnen, auf der wir unser Verhalten gründen können. Es ist schwer, alte Gewohnheiten abzulegen und unsere Gedanken und Taten neu zu ordnen. Aber die Rolle der bemitleidenswerten «Jammergestalt» müssen wir unbedingt vermeiden.

Letztendlich sind nur wir selbst für unser geistiges und körperliches Wohlbefinden verantwortlich. Im Laufe der Zeit verstehen wir, dass wir aus einem Leiden Kraft gewinnen, wenn wir diese Verantwortung annehmen.

Meine Probleme können meine Einstellung und meine Handlungsweise stärken.

Körperlicher Mut, der allen Gefahren trotzt, macht den Menschen auf eine gewisse Weise tapfer; und moralischer Mut, der allen Meinungen trotzt, macht den Menschen auf andere Weise tapfer. Ersteres scheint am notwendigsten für ein Soldatenlager, Letzteres für eine Ratsversammlung; doch um einen wahrhaft großen Menschen auszumachen, ist beides nötig. C. C. Colton

Wir sind gesegnet, wenn wir verschiedene Arten von Mut besitzen. Nur hätten wir wohl nie gedacht, dass sie im Laufe der Jahre allesamt auf den Prüfstand kommen würden! Unser körperlicher Mut nimmt jedes Mal zu, wenn wir uns einer neuen Situation oder einem weiteren gesundheitlichen Problem gegenübersehen. Obwohl wir für die Krankheit selbst nicht dankbar sind, hat sie uns doch Herausforderungen beschert, die mehr Mut in uns hervorriefen. Wir mussten auch unsere Wertvorstellungen einer Prüfung unterziehen und wurden stärker, weil wir sie verteidigt hatten. Wir sind uns der Entscheidungen, die wir treffen und wie wir sie treffen, bewusster, und wir sind dankbar für dieses Bewusstsein.

Ich will auch weiterhin gesunde, moralische Entscheidungen treffen.

Zu sein, wer wir sind, und zu werden, zu dem wir fähig sind, ist das einzige Ziel des Lebens.

Robert Louis Stevenson

Bergsteiger, Wildwasserkanuten und Marathonläufer stellen sich «der Herausforderung ihres Lebens». Wir haben diesen Ausdruck schon früher gehört, hätten aber sicher nie gedacht, dass die Herausforderung unseres Lebens eine völlig andere Form annehmen würde.

Wir alle müssen uns im Laufe unseres Erwachsenenlebens Herausforderungen stellen. In manchen Fällen – wie beispielsweise bei Krankheit oder einer Krisensituation – müssen wir Hindernisse bewältigen, die uns den Weg versperren. Wir können sie nicht einfach ignorieren oder sie umgehen. Eine der größten Herausforderungen ist der Kampf, uns eine positive Einstellung zu bewahren. Das ist leichter gesagt als getan, wenn eine schwierige Situation unser ganzes Leben verändert, aber wir können wachsam sein und nicht an «Probleme», sondern an «Wohlbefinden» denken und uns ins Gedächtnis rufen, dass wir immer schon vor Herausforderungen standen.

Ich sehe mich jeden Tag neuen Herausforderungen gegenüber – einige davon öffentlich, viele jedoch privat. Ich will versuchen, mein Bestes zu geben.

Das Schicksal wählte unsere Verwandten für uns aus, doch wir wählen unsere Freunde. Jacques Bossuet

Wir hatten keine Wahl – und haben sie immer noch nicht –, ob unsere Familie liebevoll und warmherzig ist. Jene von uns, die in einer negativen oder lieblosen Familie aufgewachsen sind, stellen vielleicht fest, dass sie als Erwachsene in ähnliche Verhaltensmuster abgleiten. Ohne es zu bemerken, haben wir Freundschaften geknüpft, die uns erlauben, dieselben alten Drehbücher zu verwenden – dieselben ungesunden Drehbücher.

Eines der Dinge, die wir aus unseren leidvollen Erfahrungen gelernt haben, ist, dass wir bereit sein müssen, liebevoll zu uns selbst zu sein. Wir brauchen Zustimmung und Liebe, und es liegt in unserer Macht, uns dieses Geschenk selbst zukommen zu lassen. Wir sollten auch nur solche Freundschaften knüpfen, die auf diesen Eigenschaften basieren, denn das erlaubt uns, uns um andere zu kümmern, aber auch selbst umsorgt zu werden.

Ich entscheide mich heute, auf gesunde, liebevolle Freundschaften hinzuarbeiten.

Die in Mode gekommene Sympathie mit Kranken ist morbide. Krankheit jedweder Art ist wohl kaum etwas, zu dem man andere ermutigen sollte. Oscar Wilde

Wenn eine chronische Krankheit zuschlägt, gibt es keine festen gesellschaftlichen Regeln, auf die wir zurückgreifen könnten. Nichts bereitet uns auf die harte Realität unserer Krankheit vor. Hier herrscht ein überaus zerbrechliches Gleichgewicht. Wir wünschen uns, dass uns die Menschen, die uns lieben, verstehen, und wir wollen, dass sie uns helfen, uns jedoch nicht bemitleiden.

Wir müssen uns offen den Veränderungen stellen, die eine chronische Krankheit mit sich bringt, sowohl für die Menschen, die wir lieben, als auch für uns. Wenn wir ehrlich miteinander über unsere Probleme bei der Anpassung und angesichts unserer Verluste reden, dann beschäftigen wir uns weniger mit dem, was nicht mehr ist, und denken mehr über die Zukunft nach. Wir machen uns nicht so oft Sorgen, behindert zu sein, und bewegen uns wieder auf ein sinnvolles, wertvolles Leben zu.

Wenn ich mich den Veränderungen stelle, die meine chronische Krankheit mit sich bringt, wird mich das auf lange Sicht stärker machen.

Wir lieben die Menschen … ebenso ihrer Schwächen wie ihrer guten Eigenschaften wegen. Jacques Maritain

Es liegt eine große Freiheit darin, zu lieben und geliebt zu werden. Die Liebe, die wir für besondere Menschen hegen, macht uns frei, uns auf sie zu konzentrieren und uns selbst und unsere Probleme darüber zu vergessen. Häufig werden diese Personen – unsere Freunde und Familienangehörigen – nicht nur deshalb von uns geliebt, weil wir in ihnen Vollkommenheit finden, sondern weil wir magisch zusammenzupassen scheinen und ihre Fehler für uns unwichtig werden.

Wenn wir geliebt werden, entdecken wir dieselbe Freiheit. Wir müssen unsere Fehler nicht verstecken. Wir können aufrichtig sein. Natürlich arbeiten wir auch weiterhin daran, unsere Schwächen zu besiegen, aber wir tun es für uns selbst; wir müssen nicht perfekt sein, um Liebe zu verdienen. Bedingungslose Liebe ist eines der Dinge, die uns frei machen, damit wir unsere Entscheidungen ohne Angst fällen können.

Ich schätze alle liebevollen Freundschaften, die ich habe. Sie erlauben mir, neue Richtungen einzuschlagen, indem ich mich da akzeptiere, wo ich stehe.

Ein positiver, verantwortungsbewusster Mensch vergisst nicht den früheren Schmerz, der aufgrund ehemaliger Ignoranz, Gedankenlosigkeit oder emotionaler Beschränkungen entstanden sein mag. Lewis F. Presnall

Wir haben gelernt, jenen zu vergeben, die uns unserer Meinung nach ein Unrecht angetan haben. Unser Schmerz hat mit der Zeit nachgelassen, und wir haben gelernt, unsere negativen Gefühle loszulassen.

Bei unseren eigenen Irrtümern sind wir weitaus weniger verständnisvoll. Noch Jahre später verurteilen wir uns selbst gnadenlos für Fehler der Vergangenheit. Wir können uns selbst vergeben, wenn wir uns dasselbe Verständnis entgegenbringen wie jenen, die wir lieben. Wenn wir uns selbst auf neue, sanftere Weise betrachten, können wir auch die Fehler akzeptieren, die wir in der Vergangenheit gemacht haben, und sie sogar im Kontext dessen, wo wir uns damals befunden haben, verstehen.

Ich erinnere mich an die Fehler, die ich einst gemacht habe, aber ich will nachsichtig mit mir selbst sein und mir anschauen, wie weit ich es seitdem gebracht habe.

Wir mögen die Welt durchreisen, um das Schöne zu finden, aber wir müssen es in uns tragen, sonst finden wir es nicht.

Ralph Waldo Emerson

Unsere Kultur ermutigt die Suche nach äußerer Schönheit, auch wenn wir wissen, dass es wichtiger ist, innere Schönheit zu besitzen. Nur diese Schönheit wird von anderen wahrhaft geschätzt. Wir können fröhlich leben; wir können uns daran erfreuen, das Schöne zu entdecken und zu genießen. Wir sind in der Natur und in den Gedanken, Worten und Taten der Menschen von Schönheit umgeben. Wenn wir sie annehmen wollen, müssen wir sie als Einfühlsamkeit in uns tragen, als Wertschätzung für das, was uns angeboten wird, und diese Einfühlsamkeit ist ein Großteil der Schönheit, die uns innewohnt.

Das Leben ist voller Schönheit. Ich will meine Augen für die Schönheit offen halten, die in anderen Menschen, in der Natur und in mir selbst zu finden ist.

Es gibt kein Scheitern, außer es nicht länger zu versuchen.
Elbert Hubbard

Es wäre tragisch, wenn wir unser Leben ohne Richtung lebten, wenn wir niemals versuchten, unsere Träume zu verwirklichen. Vielleicht haben wir das Gefühl, richtungslos geworden zu sein oder dass sich die Träume, die wir unser Leben lang gehegt haben, nicht erfüllen lassen. Indem wir uns neue Ziele und neue Prioritäten setzen, die der heutigen Realität entsprechen, können wir uns neue Träume schaffen und dafür sorgen, dass diese Wirklichkeit werden.

Möglicherweise sind wir versucht, unser Leben als ein Scheitern zu betrachten, uns keinen neuen Herausforderungen zu stellen und uns selbst für Opfer zu halten. Wenn wir uns von diesen Gedanken der Resignation und des Versagens nicht ermüden lassen, haben wir die notwendige Energie, um neue Ziele zu verfolgen.

Ich setze mir neue Ziele, die realistisch sind, und ich werde meine ganze Energie in sie investieren.

Oktober

Einsamkeit wird nicht in den Meilen gemessen, die zwischen einem Menschen und seinen Mitmenschen liegen.

Henry David Thoreau

Abgeschiedenheit ist eine Zeit, in der wir freiwillig allein sind, aber sie kann zu Einsamkeit werden, wenn wir der Ansicht sind, keine Wahl zu haben. Wenn wir einsam sind, fühlen wir uns in einem Netz der Isolation gefangen.

Einsame Menschen sitzen in der Falle und haben nur sich selbst zur Gesellschaft. Es gibt einen Unterschied zwischen Einsamkeit und Alleinsein – oder Abgeschiedenheit.

Es gibt jedoch Wege, um unsere Einsamkeit in Abgeschiedenheit zu verwandeln. Wir können danach streben, unser Leben mit bedeutsamen Erfahrungen wie Arbeit, Familie, Hobbys und Beziehungen zu Freunden zu füllen. Wenn wir unser Leben mit diesen Aktivitäten bereichern, wird unsere Zeit des Alleinseins zur Abgeschiedenheit – eine friedliche Zeit, in der wir uns von der Welt zurückziehen und uns Gedanken, Gebeten und der Meditation hingeben.

Ein Augenblick der Abgeschiedenheit kann mich bereichern und wieder aufladen.

Gott schrieb sein herrlichstes Gedicht an dem Tag, als er die erste, hoch aufgerichtete Pappel schuf und sie auf einem hellgoldenen Hügel pflanzte, damit die verzauberte Erde sie sehen konnte. Grace Noll

Der Herbst war eine so wunderbare Zeit, als wir noch klein waren. Blätter zusammenkehren bedeutete, fröhlich in die Laubhaufen zu springen und später zusammen mit unserer Familie das Anzünden der Haufen zu beobachten.

Wir können die Bäume und die Blätter um uns herum immer noch genießen. Wenn wir uns die Zeit nehmen, auch nur ein einziges Blatt zu betrachten, werden wir wieder von seiner Schönheit und seiner Vollkommenheit verzaubert sein. Das goldene, rote oder braune Blatt ist ein kleiner Teil aus dem Gleichgewicht der Natur.

Wir haben uns früher an Bäumen erfreut, und wir können viele Möglichkeiten finden, sie auch heute wieder zu genießen. Wie die ganze Welt um uns herum schenken auch die Blätter unserem Leben Farbe, Schönheit und Bedeutung, wenn wir nur hinschauen.

Alle natürliche Schönheit verdient einen zweiten Blick, bevor wir uns abwenden.

Vor allem wollen wir ihnen helfen, zu dem zu werden, was für die meisten die größte Herausforderung ihres Lebens darstellt, ihre einzigartige Persönlichkeit bis zum Maximum zu entwickeln und sie zu genießen. Bernie S. Siegel

Das Leben einfach zu leben und es nicht zu genießen ist eine Wassertreterhaltung, die manche von uns angenommen haben. Sie fürchten, sich zu sehr in das Leben zu «verstricken», darum warten Sie einfach darauf, dass das Schlimmste eintritt. Sie suchen einen Guru, einen Führer, der ihnen den Weg zu körperlichem und spirituellem Überleben weist.

Zuerst sind wir vielleicht am Boden zerstört, wenn uns klar wird, dass niemand anders uns anleiten, uns aus dem Irrgarten an Emotionen, der eine schwere Krise begleitet, herausführen kann. Andere können uns zwar helfen, aber nur wenn wir die Richtung vorgeben. Allmählich finden wir jedoch eine einzigartige Kraft in uns, eine Kraft, von der wir bisher nichts gewusst haben und die uns befähigt, unsere körperlichen und spirituellen Programme mit mehr Zuversicht durchzuführen.

Ich befinde mich auf der stetigen Reise, die Herausforderungen meines Lebens zu akzeptieren. Der Anfang besteht darin, dass ich meine einzigartige Persönlichkeit sich herausbilden lasse.

Das Bittere und das Süße kommen von außen, das Harte von innen, aus den eigenen Anstrengungen.

Albert Einstein

Allzu häufig erwarten wir ein Leben, in dem es ausschließlich glückliche Ereignisse gibt und niemand je verletzt wird. Statt Tränen und Trauer zählen wir nur auf Glückseligkeit. Dabei verschließen wir jedoch unsere Augen vor der Realität. Wenn wir all die Probleme um uns herum ignorieren – unsere eigenen, aber auch die anderer –, gleiten wir nur über die Oberfläche des Lebens.

Sobald wir uns der Realität stellen, fängt unsere wahre Reise an. Ein Leben, das gut gelebt wird, besteht nicht nur aus Glück und Freude. Weitaus häufiger ist es das Leben eines Menschen, der intensiven Schmerz und schwere Enttäuschungen erlebt hat. Unsere negativen Erfahrungen geben uns die Gelegenheit, innerlich stark zu werden.

Alle meine Erfahrungen bieten mir die Möglichkeit, zu wachsen.

Übe Geduld mit jedermann, aber vor allem mit dir selbst.
Franz von Sales

Wenn wir älter werden, warten wir darauf, wie guter Käse ordentlich zu reifen. Wir würden diesen Prozess gern beschleunigen, aber Eile dient uns auf lange Sicht gesehen nicht. Wir haben gelernt, anderen Zeit zu lassen, um zu reifen und zu verantwortungsbewussten Erwachsenen zu werden, aber wenn es um uns selbst geht, dann ärgert uns oft jeder Fehler. Häufig sind wir uns selbst gegenüber nicht so nachsichtig wie bei anderen.

Die Reife stellt sich ein, sobald wir verstehen, dass einige der Ziele, die wir für entscheidend hielten, nicht zu erreichen sind und dass es darauf auch gar nicht ankommt. Reife ist ein Geisteszustand, bei dem wir lernen, uns an dem zu freuen, was wir erreichen können. Wir können Zufriedenheit finden, wenn wir unsere Tage einfach nur so gut verbringen, wie uns das möglich ist.

Mir ist klar, dass es keinen magischen Augenblick gibt, in dem ich zu einem vollreifen Erwachsenen werde. Reife ist eine Geisteshaltung, die meinen inneren Frieden widerspiegelt.

Jeder Mensch ist ein Problem auf der Suche nach einer Lösung. Ashley Montagu

Trotz der gelegentlichen Distanz oder Gleichgültigkeit, die viele von uns innerlich verspüren, sind wir uns bewusst, dass es auch eine Quelle an Emotionen gibt, aus welcher jederzeit lange verborgene Gefühle strömen können. Manchmal erfordert es eine Krise, beispielsweise eine Krankheit, eine Sucht oder den Verlust eines geliebten Menschen, um uns buchstäblich dazu zu bringen, uns Hilfe zu suchen.

Wenn wir den Weg zu verborgenen, schmerzlichen Emotionen beschreiten wollen, kann das Furcht einflößend sein, und einige von uns sind versucht, es aufzugeben; aber wenn wir uns diesen Gefühlen ehrlich öffnen, können wir uns selbst besser kennen lernen und gesündere und reifere Beziehungen aufbauen.

Veränderung kann beängstigend sein, besonders dann, wenn ich mich vor meinen eigenen Emotionen versteckt habe. Wenn es ein Problem gibt, dann ist der Umgang mit meinen Emotionen ein Teil der Lösung.

Ehre deine Herausforderungen, denn jene Räume, die du als dunkel bezeichnest, sind in Wirklichkeit dazu da, dir mehr Licht zu bringen. Sanaya Roman

Viele von uns fragen sich, ob sie ganz offen Hilfsmittel verwenden sollten. Wir machen uns Sorgen, was die Leute denken könnten, wenn sie sehen, dass wir Hilfsmittel verwenden, die uns in irgendeiner Form als behindert ausweisen. Wir fürchten peinliche Momente. Manche Leute lösen dieses Problem nie und bleiben lieber zu Hause, gefangen von ihrer Angst, aufzufallen und anders zu sein. Es ist schwer, seine Anonymität zu verlieren und nicht länger so zu sein wie alle anderen.

Doch eines ist sicher: Ohne spezielle Gerätschaften müssen wir um Hilfe bitten. Darum ergreifen viele von uns mit Vorausschau und einem starken Sinn für Unabhängigkeit jede Gelegenheit, es «selbst zu schaffen». Wir setzen Hilfsmittel ein, denn sie unterstützen unsere Lebenslust.

Ich riskiere es, anders zu sein. Wenn ich meine Hilfsmittel benütze, bleibe ich unabhängiger.

Liebe ist alles, was wir haben, der einzige Weg, wie einer dem anderen helfen kann. Euripides

Manchmal lieben wir unsere Angehörigen nur unter bestimmten Voraussetzungen. Nur wenn sie nicht über ihre Probleme jammern. Nur wenn sie endlich erfolgreicher sind. Vielleicht sagen wir das nicht direkt, aber wir kommunizieren diese Kriterien, indem wir uns zurückziehen oder indirekt Vorschläge machen, wie sie ihr Leben führen sollten.

Wir können unsere Liebe umfassender verschenken, wenn wir daran denken, wie sehr wir selbst das Gefühl brauchen, akzeptiert zu werden. Wir wollen keine Liebe empfangen, die ein «Nur wenn»-Preisschild trägt. Nur wenn wir uns nicht beklagen. Nur wenn wir aufhören, über unsere Probleme zu reden. Wir brauchen alle den Trost und die Unterstützung einer Liebe, die auf dem beruht, was wir sind, nicht darauf, wie wir anderen zufolge sein sollten oder könnten. Die Menschen, die wir lieben, brauchen von uns dasselbe.

Das Wissen, dass ich ohne Einschränkungen geliebt werde und andere ebenso lieben kann, gibt mir Kraft.

Bitterkeit und Wut scheinen eng miteinander verwandt und sind austauschbare Begriffe für ein und dasselbe Gefühl.

Robert Lovering

Bitterkeit und Wut kommen nicht aus heiterem Himmel, wenn unser Leben sich plötzlich verändert. Eine Krise verursacht diese Reaktionen nicht, aber sie kann diese und andere Gefühle ans Licht bringen.

Wenn negative Emotionen und Einstellungen uns Schmerzen oder Peinlichkeiten verursachen, wenn wir mit uns selbst unglücklich sind, ist es an der Zeit, eine persönliche Bestandsaufnahme zu machen. Wie verhalten wir uns anderen Menschen gegenüber? Was erwarten wir eigentlich? Schaffen wir uns etwa unsere eigenen Probleme?

Wir können negative Gefühle in positive verwandeln, aber das erfordert Zeit und eine große emotionale Anstrengung. Unsere Einstellung verbessert sich dann, wenn wir uns selbst ändern wollen, wenn wir bereit sind, zu wachsen, und wenn wir Geduld mit uns selbst haben.

Ich kann heute damit anfangen, meine negativen Emotionen zu verändern, indem ich sie zugebe und um die Hilfe bitte, die ich brauche.

Doch wenn ein Mensch zufällig zu sich selbst findet … hat er ein Haus, in dem er mit Würde alle Tage seines Lebens verbringen kann. James Michener

«Wenn ich doch nur diese Freude wiederfinden könnte, dieses Gefühl, so glücklich mit mir selbst zu sein, wie ich es als Kind war», denken wir, und wenn wir das denken, kommen wir möglicherweise zu dem Schluss, dass dieses Kind nicht verschwunden ist. Es wartet nur darauf, wieder befreit zu werden.

Wir können innehalten und uns ansehen, was als Erwachsene aus uns geworden ist. Wenn wir unsere Selbstachtung dadurch definieren, dass wir anderen gefallen oder sie beeindrucken, dann haben wir wohl aufgehört, auf diese kindliche Stimme zu hören; die fordert uns nämlich auf, uns selbst zu vertrauen. Würde, Selbstachtung, Zufriedenheit – diese Dinge erwachsen aus einem Gespür für uns selbst, nicht aus der Meinung anderer.

Die Entscheidungen, die ich heute treffe, werden auf meinen eigenen Werten basieren.

Die Macht sagte zur Welt: «Du gehörst mir.»
Die Welt hielt sie auf ihrem Thron gefangen.
Die Liebe sagte zur Welt: «Ich bin dein.»
Die Welt schenkte ihr alle Freiheit in ihrem Haus.

Rabindranath Tagore

Wir alle müssen unsere spirituellen Muskeln trainieren. Anfangs mögen diese Muskeln schwach erscheinen. Nach einer längeren Leidenszeit fragt man sich natürlich, warum ausgerechnet wir für Kummer, Elend oder Krankheit auserwählt worden sind.

Doch nach einer Weile sind wir bereit, mehr über unsere eigene Spiritualität zu erfahren. Wir öffnen unseren Geist und unser Herz. Während wir diese wunderbare Seite von uns selbst erforschen, entdecken wir unseren Wert, unsere Stärken, unsere Ganzheit. Und wir stellen fest, dass wir nicht allein sind, dass eine Höhere Macht ihre Kraft und ihren Frieden mit uns teilt.

Heute will ich mehr über meine Spiritualität lernen, als ich gestern noch wusste. Ich will den Frieden und die Kraft spüren, die mir eine Höhere Macht gibt.

Freude … findet sich nur in den guten Dingen der Seele.
Philo von Alexandrien

Jeder Tag hat seine Höhen und Tiefen – seine guten und seine schlechten Momente. Die Freuden, die das Heute bietet, müssen persönlich in Anspruch genommen werden, von jedem von uns, oder sie werden unbemerkt vorüberziehen.

Was genau zu einer freudigen Erfahrung führt, ist für alle Menschen anders. Manchmal teilen wir eine solche Erfahrung mit anderen. So kann es eine gemeinsame Freude und ein erinnerungsträchtiger Moment sein, wenn wir die ersten Schritte eines Kleinkindes beobachten. Auch die Erkenntnis, dass unsere Freunde oder vielleicht sogar wir selbst Hilfe beim Umgang mit persönlichen Problemen oder mit nachteiligen Verhaltensweisen gefunden haben, kann zur freudigen Erfahrung werden.

Freude kann aber auch etwas ganz Privates sein – angeln an einem herrlichen Morgen, zusehen, wie sich die Blütenblätter einer Blume entfalten, oder Teil einer wachsenden Beziehung sein. All das trägt zu unserem Wohlbefinden bei.

Am heutigen Tag will ich mir der Menschen und Aktivitäten bewusst sein, die mir Freude vermitteln.

Wir lernen, unsere Straßen auf dem Heute anzulegen, denn der morgige Grund ist zu unsicher für Pläne, und die Zukunft neigt ohnehin dazu, mitten im Flug abzustürzen.

Veronica Shoffstal

Möglicherweise haben wir einen bedeutenden Teil unseres Erwachsenenlebens damit verbracht, Zukunftspläne zu schmieden. Obwohl wir einige Vorkehrungen für das Morgen treffen müssen – Sparkonto, Testament, Rentenversicherung –, sollten wir jeden Tag danach streben, ein volles, erfülltes Leben zu führen.

Wachstum geschieht in der Gegenwart; es wird nie erreicht, wenn man es bis morgen aufschiebt. Jeden Tag wählen wir aufs Neue die Richtung unseres Lebens, wissentlich oder unwissentlich. Entweder ergreifen wir positive Schritte zu besseren Zielen und stärkeren Werten, oder wir bewegen uns gar nicht, weil wir nichts weiter tun, als unser Leben für eine ungewisse Zukunft zu «planen».

Ich will in der Wirklichkeit von heute gute Entscheidungen treffen.

Nichts schärft den Blick so sehr wie Neid.

Thomas Fuller

Es ist nur natürlich, dass man Dinge besitzen möchte – ein Haus, ein Auto, nette Kleider, ein Boot. Hin und wieder sind wir in der Lage, etwas zu sparen und die Sachen zu kaufen, die uns gefallen, aber meistens müssen wir Prioritäten setzen und die Dinge aussuchen, die uns wirklich wichtig sind.

Fast jeder von uns kennt jemand, der alles zu besitzen scheint – materiell gesehen –, und vielleicht beneiden wir ihn darum. In solchen Augenblicken kann es für uns nützlich sein, wenn wir unsere Werte einer Überprüfung unterziehen und unseren Blick auf jene Menschen richten, die das besitzen, was wir wirklich wollen: Seelenfrieden, einen liebevollen Charakter, spirituelle Tiefe und ein neidloses Wesen. Nach diesen «Dingen» sollten wir streben. Diese Eigenschaften lassen sich nur mit Zeit erwerben, und sie bereichern unser Leben mehr, als rein materielle Dinge es jemals könnten.

Ich will eine Bestandsaufnahme meiner Eigenschaften machen, nicht meiner Besitztümer.

Wir können unserem Leben auch nicht eine Seite entreißen, aber wir können das ganze Buch ins Feuer werfen.

George Sand

Während der dunkelsten Momente unseres Lebens sind wir möglicherweise nicht in der Lage, über diesen Augenblick, diesen Schmerz, diesen Verlust hinauszudenken. Wir sind uns nur dieses winzigen Bruchteils der Zeit bewusst, der seine Dunkelheit auf alles wirft, woran wir uns erinnern, und auf alles, was wir in der Zukunft sehen.

Dieser Moment ist jedoch nur ein Bruchteil des Lebens; dieses Gefühl ist nichts als eine Wahrnehmung unter Tausenden, die wir erleben. Wir schulden es uns selbst, uns erst sicher zu sein, was genau wir da erleben, bevor wir das ganze Buch wegwerfen, nur um eine einzige verhasste Seite loszuwerden. Falls nötig können wir unsere Gefühle auch mit einem Experten beleuchten. Wir können mit einer Gruppe von Menschen arbeiten, die uns verstehen. Wir können eine Weile abwarten und schauen, was das Leben für uns noch bereithält. Wir können in uns und außerhalb von uns nach einer Veränderung Ausschau halten.

Meine Gefühle sind real, aber ebenso die Chance, dass bessere Dinge vor mir liegen. Ich bete um Geduld.

Lassen Sie sich vom Leben nicht entmutigen: Jeder, der dahin gekommen ist, wo er sich jetzt befindet, musste erst dort anfangen, wo er war. Richard L. Evans

Es gibt eine alte Spruchweisheit, die gute Lehrer immer noch zitieren: Man muss ein Kind da abholen, wo es ist. Tatsächlich mussten wir alle dort anfangen, wo wir waren. Bevor sich unsere Lebenssituation änderte, neigten wir vielleicht dazu, all unsere Erfolge an unserem normalen Leben zu messen. Doch veränderte Umstände können unser Leben auf den Kopf stellen.

Heute müssen wir uns realistischere Ziele setzen, wenn wir sie erreichen wollen. Wir können immer noch eine neue Arbeitsstelle antreten oder eine neue Beziehung eingehen. Wir müssen im Leben oft noch einmal von ganz vorn anfangen – ob es nun eine schwere Krise durchzumachen gilt oder nicht. Wichtig ist nur, wie erfolgreich wir mit der Veränderung der Umstände umgehen. Es wird uns gut gehen, solange wir daran denken, dass wir oft schon neu anfangen mussten – und das erfolgreich.

Ich will mich von den Veränderungen in meinem Leben nicht entmutigen lassen. Ich habe es schon früher geschafft, und ich werde es wieder schaffen.

Reife: Unter anderem bedeutet Reife, nicht aus Angst seine Stärke zu verstecken und infolgedessen dem eigenen Besten immer hinterherzuhinken. Dag Hammarskjöld

Die Angst, anders zu sein, ist eine machtvolle Kraft in unserem Leben, besonders kurz nach einer einschneidenden Umstellung. Wir fürchten, als Opfer der Umstände erkannt zu werden, und schließlich fürchten wir uns davor, überhaupt erkannt zu werden.

Wir wollen nicht mit dieser unvernünftigen Angst leben und verstehen langsam, dass eine gesunde Denkweise von uns fordert, unsere zahlreichen Stärken zu entwickeln und sie auch einzusetzen. Wir hören auf zu leugnen und akzeptieren endlich. Die Stimme unserer Individualität spricht allmählich laut und klar, und wir antworten mit eindeutigen Handlungen. Wir stellen uns unseren Problemen, akzeptieren die Art und Weise, wie wir uns von anderen unterscheiden, und freuen uns an unseren Stärken.

Ich will meine Stärken nicht verstecken, denn sie sind das Mittel, um das Beste aus dem Leben herauszuholen.

Wer das Schlechte nicht ertragen kann, wird auch das Gute nicht erleben. Jiddisches Sprichwort

Reife bedeutet, mit dem Süßen auch das Bittere anzunehmen. Weisheit ist die Erkenntnis, dass beides manchmal eng miteinander verbunden ist. Ein Beispiel hierfür ist die von uns durchgemachte Krise. Zuerst waren wir womöglich verbittert, weil unsere Lebensqualität sich veränderte.

Heute, mit einer übersichtlicheren Perspektive und größerer Reife, wird uns klar, dass viele der süßeren Aspekte unseres heutigen Lebens daraus erwachsen sind, dass wir mit unseren besonderen Schwierigkeiten umzugehen gelernt haben. Wir leben mehr für den Augenblick, anstatt ständig irgendein fernes Ziel zu verfolgen. Unsere Werte spiegeln ein größeres Selbstwertgefühl wider; der Schwerpunkt liegt auf den Menschen, nicht auf Dingen. Für viele von uns entstammen das Wachstum, die Freude und die Selbstachtung, die jetzt unser Leben versüßen, den bitteren Erfahrungen einer Krise.

Ich akzeptiere, dass meine Lebenserfahrungen sowohl gut als auch schlecht sein werden. Obwohl meine Krise nicht von mir gewollt war, bin ich durch sie stärker geworden.

Dem Salz muss etwas seltsam Heiliges innewohnen. Es ist in unseren Tränen und im Meer. Khalil Gibran

Emotionen spielen mit dem Gesicht eines Menschen, lassen es angespannt oder entspannt erscheinen. Wir sagen, dass wir im Gesicht anderer «lesen» können. Nur wenige brechen spontan in Tränen oder Lachen aus, stattdessen zeigen sich zuerst andeutungsweise Emotionen in unserem Gesicht oder in der Art und Weise, wie wir sprechen.

Lachen ist unserem Wohlbefinden förderlich, aber auch Tränen sind entscheidend für unser emotionales Überleben. Wenn wir die Emotionen, die wir spüren, endlich loslassen und die Dämme brechen, sind Tränen heilend. Sie erlauben es uns, uns von aufgestautem Ärger, Ängsten und Enttäuschungen zu reinigen.

Ich weiß, Weinen ist ein menschliches Charakteristikum. Ich schäme mich nicht meines Bedürfnisses, zu weinen, denn Tränen sind Teil meiner menschlichen Erfahrung.

Mit einem gelassenen Geiste meine ich nichts anderes als einen wohl geordneten Geist. Mark Aurel

Wenn wir mit schweren gesundheitlichen Problemen konfrontiert werden, können wir zu der Ansicht gelangen, wir würden niemals wieder Gelassenheit finden. Doch schon bald erkennen wir, dass wir – ob kerngesund oder nicht – an unsere neue Herausforderung dasselbe Wertsystem ansetzen können, das uns schon immer zu Eigen war. Wir können trotzdem Frieden und Gelassenheit finden, denn wir führen unser Leben so gut wie zuvor.

Wir schulden es uns selbst, dass wir unsere Gelassenheit wiederfinden – einen Zustand, in dem wir uns äußerst friedlich fühlen, in dem wir eins sind mit unserer inneren Kraft und mit der Natur und in dem wir spüren, dass unser Leben einen Sinn hat. Wenn wir Hand in Hand mit unserer Gelassenheit arbeiten, schafft das Harmonie, eine Zeit, in der unsere Gedanken geordnet sind und wir nur wenig Kummer verspüren.

Ich will daran arbeiten, mir einen friedlichen Geist zu bewahren, um einen Ausgleich für jene Tage zu haben, an denen es etwas rauer zugeht.

Geschäfte laufen niemand hinterher; die Menschen klammern sich aus freien Stücken an sie und denken, geschäftig zu sein sei Beweis für ihr Glück. Seneca

Manchmal müssen wir uns geschäftig gebärden, nur um die Zeit auszufüllen. Nach einem Verlust oder einer Krankheit haben wir möglicherweise sehr viel Zeit, die es auszufüllen gilt. Wir wenden uns dann eventuell reiner Geschäftigkeit zu – Tätigkeiten, die keine Bedeutung haben, aber die Zeit verstreichen lassen, während wir uns an die neuen Verhältnisse anpassen. Wir räumen den Werkzeugkasten auf, wischen Schränke aus und gehen anderen Aufgaben nach; alles Tricks, die wir emotional brauchen, um rein mechanisch funktionieren zu können.

Während unserer Anpassungsphase brauchen wir vielleicht diese Umtriebigkeit – um nachzudenken, um neue Vorgehensweisen zu planen und um weiterzumachen. Wir brauchen diese reine Geschäftigkeit jedoch nicht für immer, denn irgendwann sind wir wieder in der Lage, Sinnvolles zu leisten. Wenn wir unsere Anpassung vollzogen haben, wird der Sinn unseres Lebens ganz langsam wiederkehren.

Ich will meine Tage damit ausfüllen, einen Sinn zu finden. Es mag schwer sein, geschäftig zu bleiben, aber ich kann es schaffen.

Das aber ist die bitterste Kenntnis unter den Menschen, viel Wissen zu haben, jedoch keine Macht. Herodot

Wir haben nur dann die Macht, das Leben anderer zu beeinflussen, wenn wir ihnen mitteilen, was wir gelernt haben. Wenn wir das nicht tun oder den Wert unseres Wissens nicht erkennen, zwingen wir uns selbst in die Isolation und – was noch viel schlimmer ist – enthalten anderen unsere Einsichten vor.

Wir wissen, wie wir verwobene persönliche Beziehungen und delikate Probleme handhaben müssen. Wir haben eine emotionale Stabilität gewonnen, die es uns erlaubt, von anderen und von einer Höheren Macht abhängig zu sein. Wir können dieses Wissen mit anderen teilen, nicht, um unsere eigenen Bedürfnisse zu erfüllen, sondern um unseren Mitmenschen zu helfen.

Ich verfüge über eine liebevolle Macht, wenn ich das Wissen, das ich habe, sanft mit anderen teile.

Je leidenschaftlicher wir das Leben lieben, umso intensiver erfahren wir die Freude des Lebens. Jürgen Moltmann

Obwohl wir uns gelegentlich gern vor dem realen Drama um uns herum verstecken würden, wissen wir, dass das keine gesunde Art ist, unser Leben zu führen. Stattdessen leben wir mit diesem Drama, lieben es, weinen darüber und hassen es bisweilen sogar.

Wenn wir uns dafür entscheiden, das Leben nach seinen Gesetzen zu leben, bringt das Begeisterung und Leidenschaft in unsere Erfahrungen. Unsere Entscheidung, das Leben zu lieben – trotz der Höhen und Tiefen –, erlaubt es uns, uns an den Höhen zu erfreuen und die Tiefen als unvermeidliche, wenn auch vorübergehende Rückschläge zu akzeptieren. Obwohl es uns manchmal vor Schmerzen bewahren kann, wenn wir uns vor der Realität verstecken, macht uns das auch blind für die Freuden und das Wunder eines bis zur Neige ausgekosteten Lebens.

Ich entscheide mich dafür, mein Leben voller Begeisterung zu führen.

Vergeblich verbergen wir es vor uns selbst, dass wir nämlich stets etwas lieben müssen. Blaise Pascal

Wenn wir nicht wissen, wie man liebt, kann das sogar unsere Existenz gefährden. Obwohl die Liebe unseren Körper nicht buchstäblich nährt, werden wir unserer Menschlichkeit beraubt, wenn wir nicht in der Lage sind, zu lieben.

Die romantische Liebe ist nur ein Teil unserer Liebesfähigkeit, denn es gibt auch noch die Fähigkeit, unsere Freunde, unsere Angehörigen und unsere Mitmenschen zu lieben. Der Welleneffekt unseres Wohlgefühls wird sich ausbreiten, sowohl in uns als auch außerhalb von uns, und wir werden außerdem unsere Seelen nähren.

Wir lernen auch, uns selbst zu lieben – mit all unseren Facetten. Die Selbstliebe verstärkt unser Selbstwertgefühl. Und eine starke Selbstachtung verbessert unser ganzes Leben.

Ich muss lieben und geliebt werden. Es ist notwendig für mein psychisches Wohlbefinden, dass ich die Bedeutung des Liebens verstehe.

Je mehr Dinge man liebt, desto mehr gibt es, wofür man sich interessiert, desto mehr genießt man, desto mehr bleibt übrig, wenn etwas geschieht. Ethel Barrymore

Heute ist eine gute Zeit, um unsere Interessen zu verfolgen und sowohl neue wie auch alte Beziehungen zu kräftigen. Wir verstehen ja so gut, wie leicht und rasch sich unsere Umstände ändern können. Dieses Verständnis drängt uns dazu, unsere Erfahrungsbandbreite zu erweitern.

Niemand von uns ist immun gegen die Schwierigkeiten des Lebens. Ob das Problem nun darin besteht, dass wir unsere Arbeitsstelle verloren haben oder unsere Wohnung, unsere Gesundheit oder einen guten Freund, hin und wieder leiden wir alle. Wenn wir unser Leben so voll wie möglich mit der Liebe zu guten Menschen und der Herausforderung von Aktivitäten halten, so trägt uns das auch dann, wenn der Wind rauer bläst.

Tragödien und schwere Zeiten werden mir begegnen, aber ich weiß, dass ich die Fähigkeit besitze, weiterzumachen.

Trenne dich nie von deinen Illusionen! Sind sie verschwunden, so magst du noch existieren, aber du hast aufgehört, zu leben.

Mark Twain

Noch als junge Erwachsene haben wir uns an unsere Zukunftsträume geklammert. In jenen Tagen mag es für uns den Anschein gehabt haben, als sei alles möglich.

Es zeugt nicht von Unreife, sich an einen Traum zu klammern, auch wenn wir wissen, dass sich dieser Traum wahrscheinlich nicht verwirklichen wird. Kahlköpfige Männer wünschen sich eine volle Haarpracht. Einige von uns wünschten, sie hätten noch ihre jugendlich frische Haut. Obwohl die Begleiterscheinungen eines Leidens Teil unseres Lebens geworden sind, klammern sich viele noch an die Illusion, alles könne wieder wie früher werden.

Jetzt haben wir ein paar Jahre – oder Jahrzehnte – mehr hinter uns. Wir akzeptieren, dass manche Dinge möglich sind und manche Dinge nicht. Viele von uns trösten sich mit diesem Wissen. Und dennoch hoffen wir.

Ich klammere mich an viele meiner Illusionen. Die Möglichkeit dessen, was alles geschehen könnte, füllt meinen Alltag mit freudiger Erregung.

Man ist besser allein als in schlechter Gesellschaft.

Thomas Fuller

Die meisten von uns haben schon einmal die Erfahrung gemacht, dass sich jemand mit uns anfreundete, der jeden wachen Moment in unserer Gesellschaft verbringen wollte. Zuerst waren wir von der Aufmerksamkeit vielleicht entzückt und genossen die Erregung der sich entwickelnden Beziehung. Doch dann fühlten wir uns plötzlich wie erdrückt. Der andere Mensch schenkte uns keinen Augenblick für uns; durch seine ständige Präsenz verloren wir die Berührung zu uns selbst.

In einem solchen Fall scheinen wir wählen zu müssen, ob wir unseren neuen Freund enttäuschen oder uns dieser ständigen Belagerung unterwerfen, aber zuerst sollten wir uns daran erinnern, dass wir das Recht haben, den Rahmen unseres Alltags selbst zu gestalten. Wenn eine schlechte Gesellschaft oder einfach nur eine ständige Gesellschaft nicht unserem Wunsch entspricht, dann steht es uns frei, zu sagen: «Ich brauche mehr Zeit für mich.» Damit weisen wir den anderen nicht zurück; wir bekräftigen nur uns selbst und unser Bedürfnis nach Alleinsein.

Ich kann ein gesundes Gleichgewicht finden zwischen der Zeit, die ich mit anderen verbringe, und der Zeit, die ich für mich bleibe.

Wir können das Gestern nicht zurückerobern, aber das Morgen können wir gewinnen oder verlieren.

Lyndon B. Johnson

Wir können unser Gestern in Ehren halten oder auch bedauern, aber wir können es niemals mehr durchleben. Die Vergangenheit liegt hinter uns; die Zukunft liegt vor uns. Manchmal mag uns der Gedanke mit Traurigkeit erfüllen, dass unsere Zukunft vielleicht kürzer ist als unsere Vergangenheit, aber uns tröstet das Wissen, dass die Zukunft real und vielversprechend ist; die Vergangenheit ist keines von beiden.

Wenn wir in der Vergangenheit nur Positives finden und nur Negatives in der Zukunft, so beraubt uns das eines unserer größten Geschenke – der Zeit. Und Zeit ist etwas, das die Vergangenheit uns nicht geben kann. Das Geschenk der gestrigen Tage ist die Erinnerung, und ein gelegentlicher Blick zurück auf das, was war, ist ganz natürlich. Aber wir wachsen mental und spirituell, wenn wir das Heute leben und für das Morgen planen.

Ich akzeptiere das Geschenk der Erinnerung an das Gestern, der Wirklichkeit von heute und der Träume von morgen.

Sie dürfen über jedes Thema sprechen außer einem, das Ihrer Krankheiten. Ralph Waldo Emerson

Zwanglose Unterhaltungen unterliegen einem ungeschriebenen Gesetz: niemals, wirklich niemals über unseren Schmerz, unser Leiden, unsere Probleme reden. Ironischerweise sind die Stars gesellschaftlicher Zusammenkünfte häufig jene, die gerade einen Unfall oder eine Verletzung erlitten haben. Wir zeigen Interesse und Besorgnis für neue und ins Auge fallende Probleme, die alten und bekannten ignorieren wir oft. Ein Gipsbein hat etwas Reizvolles, ein Rollstuhl nicht.

Wir können das verstehen. Die menschliche Natur hält gebrochene Knochen oder Halskrausen für etwas Abenteuerliches. Das ist auch tröstlich, denn diese Verletzungen sind vorübergehend, und das Opfer wird in wenigen Wochen wieder heil und ganz sein. Viele Menschen können sich mit der Dauerhaftigkeit einer chronischen Krankheit nicht identifizieren, aber wir können ihnen unsere gesellschaftlichen Sorgen nahe bringen, ohne Mitleid hervorzurufen.

Mein Leben findet zu mehr Ausgeglichenheit, wenn ich meine gesellschaftlichen Aktivitäten als gesellschaftliche – nicht als medizinische – Ereignisse sehe.

Wir können zu unserem täglichen medizinischen Wunder selbst beitragen. Lewis F. Presnall

Manche Dinge können wir weder verändern noch kontrollieren, und dazu gehören zweifelsohne die Beschränkungen einer Krankheit. Aber wir sind nicht allein. Wir haben mittlerweile sicher gelernt, dass alle Menschen mit irgendeiner Behinderung oder Beschränkung leben müssen – körperlich, psychologisch oder emotional. Wie alle anderen sind auch wir dazu aufgefordert, innerhalb der Grenzen, die uns auferlegt sind, ein erfülltes Leben zu führen.

Jetzt kommt es vor allem darauf an, dass wir lernen, wie wir uns auf unser Wohlbefinden konzentrieren können, auch wenn wir ein langwieriges gesundheitliches Problem haben. Beschränkungen beeinflussen unleugbar die Art und Weise, wie wir leben, aber wir müssen nicht die Qualität dessen ändern, wer wir sind. Die Entscheidung liegt bei uns, ob wir all das sein wollen, zu dem wir gedacht sind.

Es gibt große Bereiche in meinem Leben, die ich immer noch kontrollieren kann, und das verleiht mir Hoffnung.

Der menschliche Körper ist das beste Abbild der menschlichen Seele. Ludwig Wittgenstein

Aus einer Gruppe Menschen auf der Straße finden wir für gewöhnlich mühelos all die heraus, die stolz auf sich selbst sind. Wie Menschen aussehen, ist ein guter Hinweis auf ihre Selbstachtung. Die Veränderungen in unserem Leben fordern uns dazu auf, uns trotz Stress oder gesundheitlichen Problemen wohl in unserer Haut zu fühlen. Jede Veränderung kann beängstigend sein. Leider lassen wir uns von Problemen manchmal überwältigen; dann sehen wir aus wie Menschen, die sich nicht wohl fühlen, und handeln auch so.

Wir können jetzt eine Bestandsaufnahme unseres Lebens erstellen und uns klar machen, wie viel wir immer noch tun können. Wir sind fähige Individuen; wir können unsere eigenen Entscheidungen treffen, wie wir unser Leben führen wollen. Dieses erneuerte Bewusstsein stärkt unser Selbstwertgefühl, und das Bild, das wir anderen vermitteln, ist das von Stolz.

Es gibt einige Dinge, die ich einfach nicht ändern kann. Heute will ich mich auf das konzentrieren, was ich für mich selbst tun kann.

November

Für den Unbewanderten ist das Greisenalter der Winter; für den Bewanderten ist es die Zeit der Ernte.

Judah Leib Lazerov

Allzu viele von uns fürchten sich vor dem hohen Alter, denn häufig scheint es uns nur die Brücke zwischen Pensionierung und Senilität oder Tod. Das ist natürlich nur eine Mär. Die fortschreitenden Jahre bedeuten nicht automatisch eine schwache Konstitution oder gar Abhängigkeit.

Wir sollten uns immer des Stolzes und der Integrität bewusst sein, die mit dem hohen Alter einhergehen. Einige ältere Menschen sind Rollenvorbilder für die Jugend. Jahrzehntelange Arbeit brachte Fähigkeiten hervor, die auch weiterhin auf unterschiedlichste Weise eingesetzt werden können und sollten. Es gibt immer noch viel zu lernen und zu tun. Wir können unsere Zeit dafür verwenden, unsere Interessen zu verfolgen und neue Fertigkeiten zu entwickeln, die uns Freude bereiten.

Ich will mich vor dem zunehmenden Alter nicht fürchten, denn ich beabsichtige, mit Stolz und Integrität, die aus Reife und Erfahrung erwachsen, zu altern.

Gelassenheit ist das Fehlen von allem, was auf Schmerz oder Schwierigkeiten, auf Zögern oder Unvereinbarkeit hinweist.

William Hazlitt

Innere Gelassenheit ist die Fähigkeit, in uns zu schauen und stärker zu werden. Wenn wir wahrhaft gelassen sind, versuchen wir, uns selbst in den anderen zu versetzen, damit wir uns vorstellen können, wie sich dieser Mensch fühlt. Das wird besonders dann wichtig, wenn wir körperlich geschwächt sind, denn die Menschen unseres Umfelds werden aus unserem Verhalten ihre Schlüsse ziehen.

Es kann eine sehr einsame Sache sein, sich mit den inneren Kräften eines veränderten Gesundheitszustands auseinander zu setzen. Wenn wir äußerliche Hilfen wie Krücken, Gehhilfen oder Rollstühle benötigen, weiß unser Gegenüber möglicherweise zuerst nicht, wie es reagieren soll. Wir können dazu beitragen, sein Unbehagen zu mindern und seine Reaktionen durch unser positives Verhalten in die richtige Bahn zu lenken.

Ich will anderen gegenüber gelassen sein, indem ich mir ihres Unbehagens bewusst bin, wenn wir zusammen sind.

Es ist gut, wenn man gibt, sobald man gefragt wird, aber es ist besser, wenn man auch ohne gefragt zu werden gibt, einfach weil man versteht. Khalil Gibran

Einige von uns fragen sich, wie sie den Rest ihres Lebens mit den Problemen, die sie gerade plagen, verbringen sollen. Die Tage scheinen lang, ohne dass ein besonderes Ziel in Aussicht wäre. Darum liegt es an uns, neue Pläne und Ziele für uns selbst zu formulieren.

Diese Pläne – gesellschaftlich, spirituell, akademisch oder ehrenamtlich – tun uns gut, wenn sie sich um andere Menschen drehen, von denen viele noch größere Probleme haben als wir selbst. Wenn wir unsere Hoffnung, unseren Glauben und unsere unterschiedlichen Erfahrungen mit Menschen teilen, die ebenfalls leiden, so ist das eine mitfühlende Geste und eine Gelegenheit, uns selbst und unsere Probleme im menschlichen Gesamtbild besser einordnen zu können.

Heute will ich auf irgendeine Weise mir und anderen helfen. Wenn ich meine Erfahrungen und Fertigkeiten teile, bleibe ich mit meiner Menschlichkeit in Berührung.

Man kann eine Erfahrung nicht erschaffen. Man muss sie erleben.
Albert Camus

Wer von uns hat nicht schon einmal mit einem bittenden Kind spielen oder ihm etwas vorlesen wollen? Wer hat nicht schon daran gedacht, ehrenamtlich tätig zu werden, damit andere – und wir selbst – ein glücklicheres und reicheres Leben führen können? Vielleicht entschieden wir uns dann doch dagegen, weil wir uns mit unseren Einschränkungen der Aufgabe nicht gewachsen fühlten. Vielleicht fühlten wir uns wie Opfer, die die wichtige Fähigkeit verloren hatten, ihr Leben selbst zu kontrollieren.

Unsere Tage werden zunehmend besser, wenn wir begreifen, dass keine Erfahrung, sei sie gut oder schlecht, je von uns inszeniert worden ist. Doch das heißt nicht, dass wir hilflos sind. Wir sehen jetzt unsere Wahlmöglichkeiten und die Chance, unsere Taten zu positiven, lebensbejahenden Aussagen zu machen. Wir sehen Gelegenheiten, uns anderen mitzuteilen, uns ihnen anzuschließen, ihnen unsere Hand zu reichen. Und wir ergreifen diese Gelegenheit.

Ich will mich darauf konzentrieren, gute Entscheidungen zu treffen, nicht nur leichte Entscheidungen.

Ich erinnere mich an jene glücklichen Tage und wünsche mir häufig, ich könnte den Toten die Dankbarkeit ins Ohr flüstern, die ihnen im Leben zustand und die ihnen so selten zukam.

Gwyn Thomas

Auf einen Verlust reagieren wir vorhersehbar. Eine übliche Reaktion auf Verlust – sei es der Verlust eines geliebten Menschen oder der eigenen Gesundheit – ist Bedauern. «Ich hätte ihm sagen sollen, wie sehr er geliebt wurde», oder: «Ich wünschte, ich hätte mich bei ihr für das, was ich sagte, noch entschuldigt.» Solche Aussagen des Bedauerns ähneln der Reue, die mit einem langen Leiden einhergeht. «Ich wünschte, ich hätte meine Träume verwirklicht, als ich es noch konnte.» Wir finden erst aus unserer Trauer heraus, wenn wir uns ins Gedächtnis rufen, dass unser einziger Fehler ein durchaus menschlicher war – wir glaubten stets, wir hätten noch genügend Zeit, um die Dinge zu sagen oder zu tun, die wir wollten. Unsere Heilung ist abgeschlossen, wenn wir dieses Bewusstsein auch auf die Gegenwart anwenden, wenn wir heute positive Dinge sagen und tun.

Ich lasse das Bedauern über die Vergangenheit los und bin somit frei, heute ein liebevollerer Mensch zu sein.

Wer Großes vollbringen will, muss leben, als ob er niemals sterben würde. Luc de Vauvenargues

Von all den Beschränkungen, denen wir uns gegenübersehen, legen wir uns selbst die größte auf. Wir beschränken uns, indem wir glauben, es sei zu spät, wieder zur Schule zu gehen, einen anderen Beruf zu ergreifen oder etwas Neues anzufangen. Wir erlegen uns künstliche Beschränkungen auf, weil wir den Begriff der Zeit missverstehen.

Wir können entscheiden, ob die Zeit unser Freund oder unser Feind ist. Sie ist unser Feind, wenn wir vor neuen Erfahrungen zurückschrecken. Aber wenn wir bereit sind, unsichere Schritte in ein unbekanntes Land zu wagen, indem wir einen Pinsel an eine Leinwand halten oder endlich den Führerschein machen oder uns für eine Stelle bewerben, die wir immer schon gewollt haben, dann ist die Zeit unser Freund. Wir haben alle Zeit der Welt, denn wir haben *diesen* Augenblick, diesen Tag, und das ist all die Zeit, die wir brauchen, um großartige Dinge zu beginnen.

Ich bin die einzige Person, die beschließen kann, welche großartigen Dinge ich heute in Gang setzen werde.

Die Nacht bringt unsere Probleme ans Licht, sie verjagt sie nicht. Seneca

Eine unserer größten Überlebenstechniken besteht in einer realistischen Erwartungshaltung. Dadurch jammern und stöhnen wir seltener. Wir sind nicht so voller Selbstmitleid. Wir lernen, all unsere Ressourcen anzuzapfen, auch wenn wir wach im Bett liegen und gegen einen körperlichen oder emotionalen Schmerz ankämpfen.

Hilfreich ist, wenn wir unser Schlafzimmer so angenehm wie möglich gestalten. Wenn wir kleine Gegenstände wie Pflanzen, ein Buchregal und eine winzige Leselampe hineinstellen, ist das nicht nur eine kosmetische Verbesserung. Wir geben zu, dass wir hier viel wache Zeit verbringen werden. Manche Nächte bringen eben keinen Schlaf, aber wenn wir uns das eingestehen und uns darauf vorbereiten, ist die Erfahrung weniger beängstigend und die Nacht ist doch erholsamer.

Auch wenn ich nicht schlafen kann, kann ich mich in der angenehmen Atmosphäre meines Schlafzimmers doch wenigstens entspannen.

Häufig empfinden wir mehr Bedauern über den Teil, den wir hinter uns gelassen haben, als Freude an dem Teil, den wir bevorzugt haben. Joseph Roux

Manchmal denken wir über unsere früheren Liebesbeziehungen nach, über die Stellenangebote, die wir abgelehnt, oder über eine Ausbildung, die wir nicht gemacht haben. Diese nostalgische Bestandsaufnahme kann uns mehr Bedauern als Freude einbringen.

Ein zutreffenderes Bild unseres Leben findet sich in den Dingen, für die wir uns entschieden haben. Wir können mit den Gemeinschaften anfangen, in denen wir leben. Schnell stellen wir fest, dass wir auch Nichtgegenständliches auflisten wie spirituelle Erfahrungen, gemeinsame Zeit mit der Familie, Freundschaften und Liebe. Wenn wir das Leben klar als Gleichgewicht zwischen Fehlern und Erfolgen, Enttäuschungen und Freuden sehen, ermutigt uns das, dieses Gleichgewicht jeden Tag zu erwarten.

Ich bedauere das, was ich verloren habe, weniger, wenn ich mich auf die vielen guten Dinge konzentriere, für die ich mich entschieden habe.

Der Glaube ist eine lebendige und unerschütterliche Gewissheit, eine Zuversicht in die Gnade Gottes, die so fest ist, dass ein Mensch um ihretwillen tausend Tode stürbe.

Martin Luther

Wenn eine Krise auftritt – ein Todesfall in der Familie oder vielleicht eine chronische Krankheit –, dann durchlaufen viele von uns die «Warum ich?»-Phase. Wir sind verwirrt und haben das Gefühl, persönlich für diese schlechten Zeiten ausgewählt worden zu sein. Unser Glaube ist erschüttert. Es kann eine Weile dauern, bevor wir erkennen, dass wir immer noch fest an eine Höhere Macht glauben. Die Zeit vergeht, und während das Leben wieder etwas an Normalität gewinnt, begreifen wir, dass es keine einfachen Antworten gibt und dass uns unser Glaube durch eine schwierige Zeit getragen hat.

Letztendlich setzt unser Glaube an eine Macht, die größer ist als wir selbst, wieder ein, und das so stark, dass wir einen noch stärkeren Glauben und Sinn verspüren als zuvor.

Während ich meine eigene Kraft zurückgewinne, bin ich immer mehr in der Lage, meinen Glauben zu erweitern, um die Höhere Macht wieder mit einzuschließen.

Es ist leichter, einen Charakterfehler zu beichten, als eine gute Eigenschaft mit Beschlag zu belegen.

Max Beerbohm

Es ist nicht schwer, unsere charakterlichen Mängel einfach zuzugeben – und dann nichts dagegen zu tun. Der schwierige Teil besteht darin, Gott zu bitten – wie immer wir uns Gott vorstellen –, unsere Fehler zu beheben und dann mit der Wahl, die wir getroffen haben, zu leben.

Vielleicht entschuldigen wir uns bei Freunden gern mit den Worten: «So war ich schon immer.» Oder: «Ich kann einfach nichts dagegen tun.» Möglicherweise haben wir mit solchen Entschuldigungen vermieden, einen ehrlichen Blick auf uns selbst zu werfen. Wenn wir unsere Charakterfehler aufrichtig prüfen und den Wunsch nach Veränderung verspüren, wird unsere Beichte nicht länger mit solchen Entschuldigungen gespickt sein. Vielmehr geben wir unsere Mängel zu und bitten eine Höhere Macht, sie zu beseitigen. Daraufhin übernehmen wir die Verantwortung, auf die Eigenschaften hinzuarbeiten, die wir bewundern.

Meine Fehler lassen sich ändern, sobald ich sie zugebe und daran arbeite, sie zu beheben.

Bete, dass deine Einsamkeit dich dazu treibt, etwas zu finden, wofür es sich zu leben lohnt, groß genug, um dafür zu sterben.
Dag Hammarskjöld

Wenn wir eine festliche Jahreszeit das erste Mal ohne unseren Partner oder einen lieben Freund oder ein geliebtes Kind verbringen, fragen wir uns, ob wir das durchstehen werden. Selbstmitleid überwältigt uns, und wir denken: «Sicher geht es niemand sonst so schlecht wie mir.» Der Schmerz verstärkt unsere Einsamkeit, und wir fühlen uns wie erdrückt von den Feiertagsvorbereitungen, die der Rest der Welt zu machen scheint.

Wir können uns aus diesem selbst auferlegten Elend herauskämpfen, wenn wir die Strategien einsetzen, die uns schon durch andere Prüfungen hindurchgeholfen haben. Die Geduld sagt uns, dass auch dies vorübergeht. Die Selbstlosigkeit zeigt uns andere, die Mitgefühl mehr brauchen als wir. Die Spiritualität erinnert uns daran, dass unser Schmerz und unsere Trauer der liebevollen Fürsorge einer Höheren Macht anvertraut werden können.

Ich weiß, die Feiertage können schwer sein, doch wenn ich sie einen Tag nach dem anderen angehe, werde ich sie gut überstehen.

Das Leben ist die Freude an Gefühlen, die aus der Vergangenheit stammen und auf die Zukunft abzielen.

Alfred Lord Whitehead

Das Leben segelt schneller an uns vorüber, als wir das erwarten. Solange unsere Kinder klein waren, schien es, als ob sich endlose Jahre vor uns ausstreckten, in denen wir sie aufziehen und unterrichten konnten. Doch plötzlich studieren sie oder sind verheiratet und haben selbst Kinder.

Jeder Tag muss bis zur Neige ausgekostet werden, denn wir werden niemals wieder in der Lage sein, ihn einzufangen. Die Erinnerungen, die wir heute schaffen, können die Gegenwart und selbst die Zukunft bereichern. Es tut gut, wenn wir uns gute Erinnerungen schaffen.

Wir wünschen uns, das Leben bis zur Neige auszukosten, und wenn wir das nicht können, so wollen wir doch wenigstens jene Probleme korrigieren, die uns davon abhalten, das, was wir haben, zu genießen. Dann können wir wieder in eine ausgefüllte und wundervolle Zukunft blicken.

Ich will heute jene Facetten meines Lebens angehen, die mir Kummer bereiten.

Die Meditation ist kein Mittel zum Selbstzweck. Sie ist sowohl Mittel als auch Zweck. Krishnamurti

Wir wissen alle, dass es momentan im Trend liegt, Bücher über Meditation zu lesen. Wir ziehen aus solchen Meditationen gern den Leitgedanken für den Tag. Einige von uns beginnen den Tag mit einer Meditation; andere nützen sie als letzten Gedanken vor dem Einschlafen.

Die Meditation ermutigt zu tiefen und tröstlichen Gedanken. Wie wir meditieren, ist nicht von Bedeutung, denn die Gebräuche sind in den verschiedenen Kulturkreisen unterschiedlich. Wichtig ist nur, dass wir uns an eine reiche spirituelle Quelle wenden, damit wir jeden Tag einige ernste Minuten unseren vorherrschenden Gedanken widmen und uns selbst verbessern können.

Wenn ich meditiere, habe ich einen besonderen Gedanken, den ich mit mir durch den Tag trage. Ich weiß, ich tue etwas Wichtiges für mich selbst.

Die Muße ist keine Zeit, in der man gar nichts tut. Die Muße ist eine Zeit der Reparatur. Daniel W. Josselyn

Hin und wieder drückt uns die Last unseres Lebens zu Boden. Wir können nicht immer optimistisch sein. Es ist überaus wichtig, sich bewusst zu machen, dass wir unsere Last durchaus hin und wieder ein oder zwei Tage loslassen können; genauer gesagt schulden wir uns das sogar selbst.

Zu viele von uns fühlen sich schuldig, wenn sie Gefühlen der Trauer, des Ekels, der Wut oder der Erschöpfung nachgeben. Warum eigentlich? Nur weil wir gesundheitliche Probleme haben, macht uns das für die Probleme, denen alle anderen auch gegenüberstehen, weder weniger noch mehr empfänglich. Es wird Tage geben, an denen kein Grund zu bestehen scheint, das Bett zu verlassen. Das ist ganz in Ordnung. Wir können einen mentalen Gesundheitstag einlegen, indem wir uns entspannen. Wir dürfen uns gelegentlich selbst verwöhnen, um die körperliche und emotionale Kraft zu erneuern, die wir brauchen, um uns der Welt zu stellen.

Ich kann mein Leben vereinfachen, indem ich mir diesen Tag der Entspannung gönne.

Wissen Sie, es gibt immer Raum für Verbesserungen – es ist der größte Raum im Haus. Louise Heath Leber

Es fällt schwer, Kritik anzunehmen, selbst wenn sie konstruktiv erteilt wird. Als kleine Kinder sträubten wir uns, wenn man zu Zeichnungen oder Puppenhäusern, die wir gemacht hatten, Vorschläge vorbrachte. Wir mochten die Dinge genau so, wie wir sie haben wollten.

Nicht jeder ist so talentiert und einfühlsam, dass er kritisieren kann, ohne dabei zu verletzen. Wir tun uns selbst einen Gefallen, wenn wir lernen, uns Kritik erst einmal anzuhören. Natürlich behalten wir uns dabei das Recht vor, anderer Meinung zu sein.

Wir begreifen, dass Kritik oft von Liebe und Verständnis gemildert wird. Offenheit gegenüber Kritik hilft uns, weniger starr zu sein und bereitwilliger auf Veränderungen einzugehen.

Ich kann Kritik annehmen und versuchen, mich zu ändern, wenn das zu meinem Nutzen ist.

Die Zukunft ist ein undurchlässiger Spiegel. Jeder, der hineinblickt, sieht nichts als die verschwommenen Umrisse eines alten und besorgten Gesichts. Jim Bishop

Vielleicht haben wir zu viel Zeit damit verbracht, in den Spiegel zu schauen und das zu kritisieren, was wir sehen. Es gibt keine Phase im Leben, in der wir mit dem, was wir sehen, vollauf zufrieden wären, aber wenn wir reifer werden, erkennen wir langsam, dass unser Leben mehrdimensional ist. Heute wissen wir, dass es Phasen geben wird, in denen wir nachdenklicher, introspektiver sind – und Zeiten, in denen das Leben einfach so abrollt, ohne dass wir uns groß Sorgen machen.

Wenn wir unser Erscheinungsbild akzeptieren, gibt uns das die Zeit und Energie, um an unserem inneren Selbst zu arbeiten. Wir schauen in die Zukunft, indem wir versuchen, uns darauf vorzubereiten, und wir leben in der Gegenwart, indem wir begreifen, dass unser Aussehen nicht so wichtig ist wie das, was wir tun.

Heute will ich beschließen, welche Veränderungen mir und anderen die größte Freude bereiten.

Die Menschen planen, und Gott lacht.

Jiddisches Sprichwort

Im Laufe der Jahrhunderte haben unsere Vorfahren erkannt, dass Ereignisse manchmal auf eine rein zufällige Auswahl zurückzuführen sind. Naturkatastrophen geschehen, Unfälle passieren, und die Menschen befinden sich zur falschen Zeit am falschen Ort.

Aber was ist, wenn wir zur richtigen Zeit am richtigen Ort sind? Diese Geschichten hören wir nicht so häufig. Wir hören von Tragödien und wahren Triumphen. Was wir nicht hören, sind Geschichten über Menschen wie wir, die sich abmühen, die ihr Bestes geben und auf eine Pause hoffen. Wir haben gelernt, dass es Zeiten gibt, in denen wir unrealistische Pläne loslassen und zulassen müssen, dass eine Höhere Macht in unser Leben eingreift. Indem wir loslassen, schaffen wir unser eigenes Wohlbefinden.

Ich mache meine Pläne und hoffe auf Erfolg in dem Wissen, dass es eine Macht gibt, die größer ist als ich und die das letzte Wort hat.

Das Leben hat nichts Statisches. Everett M. Dirkson

Manchmal läuft eine Veränderung so langsam in uns ab, dass wir sie gar nicht bemerken. Wir akzeptieren sie und begrüßen sie vielleicht sogar, wenn sie allmählich eintritt, aber wir sind weitaus weniger bereit, jene Veränderungen zu akzeptieren, die urplötzlich über uns hereinbrechen. Eine abrupte Veränderung passt nicht zu dem, was wir erwarten, und kann in unserem Leben ein Chaos bewirken.

Wenn wir endlich begreifen, dass wir Veränderungen nicht aufhalten, sondern nur anders darauf reagieren können, dann lassen sie sich leichter akzeptieren. Wir können auch der Veränderung unserer Lebensumstände keinen Einhalt gebieten, aber wir verstehen zweifelsohne die Wirkung, die eine positive Einstellung auf unser Leben haben kann.

Ich will die Dinge akzeptieren, die ich nicht ändern kann.

Es gibt kein Rezept für ein sorgenfreies Leben. Jeder, der sagt, er habe eines, macht entweder einen Scherz oder lügt.

Harold Russell

Vor unserem inneren Auge tragen wir alle ein Bild davon, wie das Leben wäre, wenn wir gesund und reich wären und tun könnten, was immer wir tun wollten. Wenn sie die Wahl zwischen Gesundheit und Krankheit, zwischen Wohlstand und Armut hätten, dann würden sich die meisten Menschen für Ersteres von beiden entscheiden. Doch gibt es keine Sicherheit für ein sorgenfreies Leben, gleichgültig, wie gesund oder reich wir sind.

Wenn unser Wunsch, es «leicht» zu haben, zu unserer Hauptbeschäftigung wird, kann unser ganzes System unter Stress geraten. Wir müssen erkennen, dass dieser Wunsch nach einem leichten Leben zu Stress führt, der sich vermeiden lässt. Ironischerweise müssen wir zu der Realität unseres eigenen wunderbaren Lebens zurückkehren, um diesem Stress zu entfliehen.

Ich habe keine Garantie auf ein sorgenfreies Leben, aber ich habe die Garantie auf die Chance zu Veränderung und Wachstum, sooft ich das will.

Es gibt keine Hoffnung, in die nicht auch Angst verwoben wäre, und keine Angst, in die nicht auch Hoffnung verwoben wäre.
Baruch Spinoza

Die meisten von uns bekommen es immer mit der Angst zu tun, wenn sie eine große Lebensveränderung durchlaufen, denn sie fürchten, was sie nicht kennen. Wir haben gedacht, wir hätten unser Leben fest im Griff. Da eine Krise unerwartet auftaucht, gibt es keine Möglichkeit, sich auf etwas wie einen Einbruch, ein gebrochenes Bein oder den Verlust eines geliebten Menschen vorzubereiten. Diese Ereignisse können uns und unser Leben ins Trudeln geraten lassen.

Wenn das Ereignis nur von kurzer Dauer ist, wie eine schlimme Grippe oder ein kleinerer Unfall, dann vergessen wir es schnell. Wenn die Auswirkungen jedoch dauerhaft sind, arbeiten wir daran, sie in unseren Alltag zu integrieren. Eine solche Anpassung zwingt uns, unser Augenmerk auf die positiven Aspekte des Tages zu richten. Wir gewöhnen uns an, uns an die guten Zeiten zu erinnern, und wir hoffen – ja, wir erwarten sogar –, dass noch bessere Zeiten auf uns zukommen werden.

Ich sehe, dass positives Denken und Handeln notwendig ist. Ich will am heutigen Tag gute Menschen und gute Ereignisse suchen.

Für die meisten von uns ist das wahre Leben das Leben, das wir nicht führen. Oscar Wilde

Wir genießen es nicht, neidisch zu sein, aber es gibt Zeiten, in denen wir uns das wünschen, was andere haben. «Ich wünschte, ich könnte das tun, was sie tut.» – «Ich wünschte, ich müsste nicht so viele Medikamente nehmen. Er muss das auch nicht.»

Nach einem solchen Anfall von Neid müssen wir wieder mit Begeisterung zu unserem eigenen Leben zurückkehren. Obwohl wir nicht in der Lage sein mögen, das zu tun, was andere tun, und auch nicht das haben, was andere haben, ist unser Leben doch angefüllt mit Erfahrungen, die uns zu reichen und fähigen Menschen machen können. Ungeachtet dessen, wer wir sind, was wir besitzen oder wie wir leben, führt doch jeder von uns ein überaus wichtiges Leben – das ganze Paket aus Schmerzen, Erinnerungen und Freuden.

Ich respektiere mich und dieses Leben, das ich führe. Heute will ich mich auf meine Freuden und Schätze konzentrieren.

Beten Sie einfach um ein dickes Fell und ein weiches Herz.

Ruth Graham

Es gibt Zeiten, in denen uns die Worte oder Taten unserer Freunde wütend machen, verletzen oder enttäuschen. Wenn wir so reagieren, konzentrieren wir uns auf sie, nicht auf uns. «Er hat meine Gefühle verletzt», klagen wir. Oder: «Sie hat mich wütend gemacht.» Diese Aussagen weisen schon auf den Irrtum in unserem Gedankengang hin. Niemand kann «machen», dass wir bestimmte Gefühle hegen.

Unser Leben ist glücklicher, und unsere Emotionen sind ausgeglichener, wenn wir erkennen, dass wir unsere Reaktionen selbst wählen. «Ich habe mich wütend (oder verletzt oder enttäuscht) werden lassen.» Dieses Wissen gibt uns die Wahlfreiheit, inwieweit wir uns von anderen beeinflussen lassen wollen. Wir können weniger sensibel auf reale oder imaginäre Verletzungen reagieren. Stattdessen verstehen wir dank unserer Einfühlsamkeit den Schmerz der anderen.

Ich will heute meinen Freunden gegenüber liebevoller sein, indem ich ihre Fehler übersehe und ihre Stärken unterstreiche.

Was ist des Menschen erste Pflicht? Die Antwort ist kurz: Er selbst zu sein. Henrik Ibsen

Wir neigen manchmal dazu, uns selbst zu vernachlässigen, nicht nur körperlich, sondern auch emotional und spirituell. Im Allgemeinen sind wir uns bewusst, was wir tun, wenn wir uns zum Beispiel falsch ernähren oder nicht genug Schlaf bekommen, aber oft sind wir gegenüber der Vernachlässigung unserer inneren Bedürfnisse blind. Jeder von uns braucht Privatsphäre, um nachzudenken, Pläne zu schmieden, einmal von dem alltäglichen Tumult des Lebens Abstand zu gewinnen.

Wir können uns diese Zeit nehmen, auch wenn es nur hin und wieder ein kurzer Augenblick ist. Damit wir unser Leben bewerten können. Damit wir entspannen können, allein für uns. Damit wir beten können. Um wir selbst zu sein.

Ich will mich nicht unter dem Vorwand, zu viel zu tun zu haben, vor mir selbst verstecken. Ich kann mir die Zeit nehmen, nur für mich, um mir meiner persönlichen Bedürfnisse bewusst zu werden.

Freundlichkeit an Worten schafft Vertrauen. Freundlichkeit an Gedanken schafft Tiefe. Freundlichkeit im Geben schafft Liebe.
Laotse

Die Feiertagszeit naht, und wir sehen, wie junge Familien von der Freude auf die Feiertage erfüllt sind. Es ist nur natürlich, wenn wir Selbstmitleid empfinden, denn es scheint, als ob die Feiertage für uns niemals wieder so sein werden wie früher.

Jetzt ist es an der Zeit, für neue Erinnerungen zu sorgen. Wir können sie für uns selbst schaffen. Wem außer uns selbst können wir schon die Schuld geben, wenn wir uns während der Feiertage nicht freuen und sie genießen? Es dient keinem, wenn wir andere Menschen um die Freude, die sie haben, beneiden. Haben wir heute etwas mit jemand geteilt? Gibt es denn keine Menschen, die von unseren freundlichen Gedanken oder Taten berührt werden möchten? Können wir nicht selbstlos tätig werden? Bei der Feiertagszeit geht es nicht um Isolation, es geht darum, uns anderen zuzuwenden.

Ich habe die Fähigkeit, anderen alte und neue Feiertagstraditionen nahe zu bringen.

Sei wie ein Fußball für Zeit und Zufall; je öfter du zutrittst, desto besser, auf dass du das ganze Spiel prüfst und sein höchstes Gesetz erkennst. Ralph Waldo Emerson

Es hat etwas Anziehendes, ein kontrolliertes Leben zu führen, ein Leben, in dem wir niemals in Verlegenheit gebracht oder enttäuscht werden und niemals dumm dastehen. Vielleicht ist es diese Sicherheit, die wir suchen, wenn wir danach streben, alles und jeden in unserem Umfeld zu kontrollieren. Doch wie so oft können wir nicht das eine bekommen, ohne das andere zu verlieren. In diesem Fall verlieren wir Spontaneität und Abenteuer, wenn wir uns für die Sicherheit entscheiden.

Obwohl wir keine gefährlichen Risiken eingehen oder törichten Entscheidungen treffen sollten, wenn es eindeutig eine bessere Alternative gibt, können wir doch den festen, kontrollierenden Griff über unser Leben ruhig etwas lockern. Wenn wir ein fröhliches und bis zur Neige ausgekostetes Leben anstreben, wollen und müssen wir die ganze Bandbreite erforschen, die das Leben zu bieten hat. Ja, wir werden ein paar Beulen und blaue Flecke bekommen, aber wir werden auch Freude und Zufriedenheit finden.

Heute will ich das Unerwartete in meinem Leben begrüßen.

Bäume und Wiesen sagen mir nichts; Menschen sind meine Lehrer.
Plato

Unsere frühesten Lehrer waren unsere Eltern, und wenn wir Glück hatten, lernten wir von ihnen bedingungslose Liebe und Akzeptanz und konnten unsere religiösen Überzeugungen entwickeln. Später brachten uns ausgebildete Lehrer bestimmte Lerninhalte bei. Wir lernten von unseren Lehrern, von unseren Eltern und unserem Gotteshaus auch Moral.

Einige wenige von uns erklären irgendwann voll Überzeugung: «Bäume und Wiesen sagen mir nichts.» Wir erkennen, dass unsere Wertschätzung der Schönheit der Natur uns in Wirklichkeit von unseren Eltern und Lehrern beigebracht und gefördert worden ist. Wir beobachten die Pracht der Natur direkt vor unseren Augen, aber unser Verständnis von Leben, Wachstum und Tod entstammt dem Verständnis menschlicher Lehrer.

Ich will offen bleiben, um zu lernen, damit ich mir so viel wie möglich von dem Wissen aneignen kann, das mir zur Verfügung steht.

Bitterkeit macht unser Leben zum Gefängnis; Liebe macht uns frei. Harry Emerson Fosdick

Manchmal verschwenden wir viel zu viel Energie darauf, alte Wunden zu lecken und alte Verletzungen zu hegen. Bitterkeit verursacht uns nur Schmerzen. Sie schnürt all unsere Gefühle zu einem festen kleinen Päckchen und verbirgt sie vor unserem Blick.

Wir finden nicht über Nacht von bitteren zu liebevollen Gefühlen, aber wir können es schaffen, wenn wir uns selbst verwöhnen und uns anderen öffnen. Ein Anfang besteht darin, uns von Freunden und Angehörigen helfen zu lassen. Extrovertierte, warme und vertrauensvolle Gefühle durchströmen uns und fließen weiter zu anderen. Wir können unsere Liebe nutzbar machen und sie zur emotionalen Genesung einsetzen. Zu guter Letzt sind wir dann frei von unnötigen Qualen. Wir lernen auf ein Neues, bedingungslos zu lieben – auch uns selbst.

Ich muss mich von meiner Bitterkeit nicht einkerkern lassen. Ich kann mich selbst befreien.

Die Zeit geht nur mit denen sanft um, die sie sanft zu nehmen wissen. Anatole France

Es gab Zeiten, in denen wir unser Leben allzu ernst nahmen. Aus welchem Grund auch immer – familiäre Probleme, finanzielle Engpässe, gesundheitliche Schwierigkeiten –, wir ließen von diesen Kümmernissen alle Ereignisse des Tages in traurige oder existenzbedrohliche Erfahrungen verwandeln. Wir waren von negativen Gedanken derart besessen, dass es uns wahrscheinlich schwer fiel, auch all die guten Möglichkeiten zu sehen.

Das Leben wird auf magische Weise besser und einfacher, wenn wir es behutsam in handliche Segmente unterteilen. Probleme scheinen unüberwindlich, wenn wir darauf beharren, sie über die kommenden Monate oder Jahre zu sehen. Aber wenn wir uns dazu aufrufen, nur den heutigen Tag zu leben, behandelt uns die Zeit sanfter, indem sie uns ein deutlicheres Bild dessen vermittelt, was wir in diesem kleinen Segment der Zeit tun müssen.

Heute will ich mich nur auf die Dinge konzentrieren, die in den nächsten vierundzwanzig Stunden angegangen werden müssen.

Sie sollten sich nicht davon abhalten lassen, einen Anfang zu machen, nur weil Sie Zukunftsängste hegen.

Lewis F. Presnall

Allzu häufig legen wir unsere Wunschträume ad acta, weil wir uns den Erfolg nicht vorstellen können. Der Traum von einem eigenen Unternehmen oder einem neuen Haus oder auch nur von einem Selbstverbesserungsplan lässt sich leicht begraben, wenn wir ausschließlich an die Gründe denken, warum es nicht funktionieren kann. «Nicht genug Geld», entscheiden wir. Oder: «Ich habe keine ausreichende Erfahrung.» Oder schlimmer noch: «Ich werde keinen Erfolg haben, weil ich noch nie Erfolg hatte.»

Es steht uns frei, unsere Träume zu verfolgen, wenn wir erkennen, dass die Zukunft kein Feind ist, der nur darauf wartet, unsere Bemühungen zu vereiteln. Was das Morgen für uns bereithält, hängt häufig von den Entscheidungen und Taten von heute ab. Genau jetzt können wir einen neuen Anfang wagen. Wir können in der Tat etwas ad acta legen, aber nicht unsere Träume, sondern unsere Ängste vor einer unfreundlichen Zukunft.

Die Entscheidungen, die ich heute treffe, werden die Qualität meiner Zukunft beeinflussen.

Es ist müßig, zu sagen, die Menschen sollten mit Seelenruhe zufrieden sein: Sie wollen Taten sehen, und sie werden sie sich schaffen, wenn sie sie nicht finden können.

Charlotte Brontë

Seelenruhe: frei von Erschütterungen, ruhig, friedlich. So verstehen wir diesen Begriff; das ersehnen wir uns. Zweifelsohne wollen wir alle ein ruhiges Leben führen. Vor unserer Krise nahmen wir Frieden und Seelenruhe wahrscheinlich als etwas Selbstverständliches hin, denn wir waren mit unserem Leben aktiv beschäftigt. Glück und Zufriedenheit kamen automatisch mit dem Rest, ohne dass wir darüber bewusst nachdachten.

Doch schon bald mussten wir begreifen, dass sowohl unser Geist als auch unser Körper Aktivität brauchen, wenn wir Seelenruhe finden wollen. Seelenruhe, dieses Gefühl inneren Friedens, entstammt der Zufriedenheit darüber, wie wir unser Leben führen – und wie aktiv wir es gestalten.

Meine Seelenruhe nimmt mit dem Grad meiner Aktivitäten zu.

Dezember

Der Weise betrachtet den Tod mit Ehrlichkeit, Würde und Ruhe; er erkennt, dass die Tragödie, die der Tod mit sich bringt, dem großen Geschenk des Lebens innewohnt.

Corliss Lamont

Eine schwere Krankheit erhöht normalerweise unser Bewusstsein für die Zerbrechlichkeit des Lebens. Einige von uns fürchten aufgrund ihrer gefährdeten Gesundheit sogar, dass sie nicht so lange leben werden, wie sie das einst erwartet haben.

Um unsere Ängste zu lindern, können wir mit unseren Familienangehörigen ein Gespräch über das Sterben führen. Da jeder von uns seine eigene Vorstellung davon hat, wie seine Beerdigung vonstatten gehen sollte, ist es sinnvoll, diese Informationen den Menschen mitzuteilen, die wir lieben. Nur wenige von uns haben keine Hemmungen, über die Möglichkeit ihres Sterbens zu sprechen, aber mit einer offenen Diskussion können wir zumindest eine Zeit lang unsere eigenen Ängste beiseite schieben.

Mich tröstet das Wissen, dass meine Familie meine Ängste und Bedürfnisse versteht.

Gewohnheit ist ein Einschlafen oder Ermüden des Zeitgefühls; das erklärt, warum in jungen Jahren die Zeit langsam verstreicht, während sie im späteren Leben immer schneller und schneller ihrem Lauf folgt. Thomas Mann

Unsere Gewohnheiten können so mechanisch werden, dass uns gar nicht mehr klar ist, eine Wahl getroffen zu haben. Doch plötzlich bemerken wir, dass wir viele der Dinge, die uns am wichtigsten sind, nicht getan haben. Mit dieser Erkenntnis geht eine weitere einher: Manchmal ist es schon eine Entscheidung, wenn wir gar keine Entscheidung fällen. Wenn wir unseren Tag immer mit denselben Dingen durchleben, immer dieselben Worte sagen, quasi eine Kopie des Vortags leben – dann haben wir uns dafür entschieden, sicher zu leben. Doch wahrscheinlich denken wir: «Ich wünschte, ich hätte …»

Wir müssen unser Leben nicht von Grund auf ändern, wenn wir bessere Entscheidungen für uns selbst treffen wollen. Wir müssen nur all die Möglichkeiten sehen, die uns offen stehen.

Wofür und wie ich mich entscheide, unterscheidet jeden neuen Tag vom letzten.

Glück bedeutet, keine Schmerzen im Körper und keine Sorgen im Geist zu haben. Thomas Jefferson

Teenager sagen es ständig: «He, bloß kein Stress! Bleib cool!» Die Wortwahl mag uns fremd sein, aber wir können ruhig auf diese etwas lässige Ermahnung hören.

Vielleicht sind wir in bestimmten Phasen unseres Lebens zu angespannt. Schmerz, Angst oder Stress verspannen unsere Muskulatur, um unseren Körper gegen die Auswirkungen unserer Beschwerden zu schützen. Je angespannter unser Körper, desto ungeduldiger und unfreundlicher sind wir zu jenen, die wir lieben.

Um uns selbst zu helfen, «cooler zu werden», müssen wir zuerst die Gefühle identifizieren, die mit dieser Verspannung einhergehen. Wir können ruhiger werden, indem wir langsam, tief und reinigend atmen. Wir sollten uns selbst einen Gefallen tun und lernen, uns zu entspannen, cool zu werden.

Wenn ich lerne, meinen Körper auszuruhen und zu entspannen, kann ich mich darauf konzentrieren, mir einen freien und unbeschwerten Geist zu bewahren.

Eine Tragödie ist immer der Kampf des Menschen gegen etwas, das stärker ist als der Mensch. G. K. Chesterton

Sobald wir in eine Krisensituation geraten, ziehen einige von uns diese Krise als Entschuldigung für Traurigkeit, Passivität, Verdrossenheit, Gefühllosigkeit und Vernachlässigung heran. Diese Verhaltensweisen sind jedoch für das erfüllte Leben, das wir führen wollen, kontraproduktiv.

Jene von uns, die eine schwere Zeit durchmachen, mögen es als Tragödie betrachten. Das ist es auch; eine Krise führt immer zu beängstigenden Veränderungen. Aber unsere persönlichen Probleme zu verstecken und nie um Hilfe und Unterstützung zu bitten – das ist die eigentliche Tragödie.

Wir können uns an jene Menschen wenden, die uns lieben, und unsere Arme auch einer Höheren Macht entgegenstrecken. Anstatt verbittert zu werden, können wir Anteil nehmen am Leben anderer und unsere persönliche Tragödie zu Triumphen führen lassen.

Mein Glaube an eine Höhere Macht und mein Glaube an mich selbst werden von Tag zu Tag stärker.

Vergebung ist die Antwort auf den kindlichen Traum von einem Wunder, durch das Zerbrochenes wieder ganz und Beflecktes wieder rein wird. Dag Hammarskjöld

Wir alle verspüren ein gewisses Maß an Schuld, wenn es mit unseren Beziehungen bergab geht oder unsere Freunde sich erzürnen. Manchmal sind es nicht die Menschen unseres Umfelds, die daran die Schuld tragen; manchmal ist es wirklich unser Fehler. Wir haben das Falsche gesagt oder haben uns einem Freund gegenüber hart und gefühllos verhalten.

Wir können unsere Fehler nicht ungeschehen machen und unsere Worte auch nicht zurücknehmen, aber wir können um Vergebung bitten und versuchen, es wieder gutzumachen. Wir können anderen vergeben, wenn sie uns verletzt haben, in dem Wissen, dass Vergebung unsere Beziehungen ganz hält.

Ich muss nicht darauf warten, dass die anderen mir vergeben; ich kann zuerst Wiedergutmachung leisten.

Ein Führer ist ein Händler in Sachen Hoffnung.

Napoleon Bonaparte

Ein guter Führer hat nicht immer die stärkste Hand oder das größte Wissen über ein Thema, vielmehr besitzt er die Fähigkeit, in anderen Hoffnung und Begeisterung für den Erfolg zu wecken. Andere zu führen bedeutet oft, ein Vorbild zu sein; es bedeutet, zuversichtlich voranzuschreiten, nicht die anderen von hinten anzustoßen.

Dann und wann sind wir alle Führer. Wir erziehen unsere Kinder oder arbeiten mit anderen zusammen und pflegen unsere Beziehungen – all diese Aufgaben verlangen bisweilen nach Führungseigenschaften. Auch unser Leben erfordert Führung, und wir erzielen die größten Erfolge, wenn wir es mit einem hoffnungsvollen Geist führen. Diese Hoffnung spiegelt sich auch in unserer Zusammenarbeit mit den Menschen wider, die uns helfen wollen, und sie zeigt sich darüber hinaus in unserer Bereitschaft, unser Leben erfüllt und fröhlich zu führen.

Meine Hoffnung, meine Begeisterung und mein Wachstum helfen mir und anderen, mit meinen Schwierigkeiten fertig zu werden.

Der Mensch passt sich dem an, dem er sich nicht anpassen sollte; aber er ist unfähig, sich dem anzupassen, dem er sich anpassen sollte.
Jean Toomer

Die meisten Teenager lieben Pommes frites, Limonade und Süßigkeiten. Wir wissen, dass Fertigessen und Zucker meistens schlecht für uns sind – und Teenager wissen das auch –, aber viele von uns essen weiterhin zu viel Fastfood.

Heute, da wir die Sicht eines Erwachsenen haben, sollte man annehmen, dass es uns leichter falle, uns an neue Dinge anzupassen oder alte Gewohnheiten abzulegen, die uns nicht gut tun. Dem ist jedoch nicht so! Die Anpassung an Veränderungen ist nie leicht und insbesondere dann nicht, wenn wir eine schwere Krise durchmachen.

Eines der größten Probleme ist das Aufrechterhalten eines Gleichgewichts zwischen dem Umgang mit einer Krise und dem Wunsch, ohne sie zu leben. Wir lernen trotz unseres Widerstands gegen Veränderungen, dass wir Schwierigkeiten überwinden und uns anpassen können – zu unserem Besten.

Ich vertraue meiner Fähigkeit, mit meiner Krise umzugehen und ein gutes Leben zu führen.

Es gibt viele Heilmittel, die schlimmer sind als die Krankheit selbst. Publilius Syrus

Manchmal ruft genau das Medikament, das uns verschrieben worden ist, um uns wieder zu einer stabilen Gesundheit zu verhelfen, Nebenwirkungen hervor, die fast unerträglich sind. Wie grotesk, dass ausgerechnet ein Medikament, das uns dabei helfen sollte, die Erschöpfung aufgrund unseres chronisch schlechten Zustands zu beheben, zu Müdigkeit führt. Was für ein Witz, dass eine Pille, die wir gegen Arthritis nehmen, das Potenzial hat, andere gesundheitliche Probleme hervorzurufen.

Trotz dieser Nebenwirkungen sollten wir nicht aufhören, den Dosierungsanweisungen Folge zu leisten, bis wir mit unseren Ärzten gesprochen haben. Sie werden uns helfen, die Nebenwirkungen zu begrenzen. Auf diese Weise fassen wir Fuß in dem Lernprozess, mit unseren Problemen zu leben.

Ich will versuchen, den Kommunikationskanal zu meinem Arzt offen zu halten, um es mir selbst so leicht wie möglich zu machen.

Das Ziel des Lebens im «Gewinnen» zu sehen, zwingt uns, andere Menschen als Konkurrenten zu empfinden, und das bedroht unser Glück. Wenn wir «gewinnen», müssen sie «verlieren». Harold Kushner

Unser Denken ist gesünder, wenn wir unsere Ziele in individuellen Leistungen sehen, nicht im Übertreffen eines anderen. Andere müssen nicht weniger haben oder sein, damit wir uns gut fühlen können.

Anstatt zu sagen «Ich habe jemand im Rennen um diesen Job geschlagen», sollten wir begreifen, dass es hier nicht um einen Wettbewerb geht, sondern darum, die offene Stelle mit dem qualifiziertesten Bewerber zu besetzen. Wir haben alle unterschiedliche Fertigkeiten, und für gewöhnlich ist es die Fertigkeit, nicht die Person, die anerkannt oder belohnt wird. Die Person, die über die notwendigen Fertigkeiten verfügt, ist nicht notwendigerweise besser, netter oder wertvoller – selbst wenn wir diese Person sind. Sobald wir das akzeptieren, sind wir besser in der Lage, unsere persönlichen Ziele ohne Angst vor Konkurrenz zu verfolgen.

Der einzige Sieg, den ich anstrebe, besteht darin, meine Ziele zu erreichen.

In diesen Zeiten muss man mit dem eigenen Leben schreiben. Das ist die Herausforderung an uns alle.

Antoine de Saint-Exupéry

Als wir noch jünger waren, glaubten viele von uns, ein fest umrissenes Leben vor sich zu haben – zuerst Schule, dann Beruf, Ehe und schließlich Kinder. Wir machten uns nie klar, dass uns Karten in einem Spiel ausgeteilt würden, das wir nicht spielen wollten – und das war gut so.

Mit Krankheiten, Sorgen und Schmerz sind auch Freude, Fröhlichkeit und Glück gekommen. Wir hätten keinen Blick in die Zukunft werfen wollen, aber nun, da wir hier sind, wollen wir dieses Leben so gut führen, wie uns das möglich ist. Das Bedürfnis, bestmöglich mit unserer Last umzugehen, führt uns zu positiven Taten und Gedanken. Welche guten oder schlechten Dinge uns auch geschehen mögen, sie bestimmen den Lauf unseres Lebens nicht so nachhaltig wie die Entscheidungen, die wir treffen. Wir können es als Herausforderung betrachten. Wir können die Richtung unseres Lebens selbst bestimmen.

Veränderungen und Verbesserungen können heute mit den Entscheidungen beginnen, die ich treffe.

Ich habe gehört, dass Er *mit zerbrochenen Menschen arbeitet. Ich bin krank, verletzt, zerbrochen. Ich warte und bin jetzt bereit …*
Flora E. Meredith

Manchmal kann sich das Leben schrecklich hoffnungslos anfühlen. Schmerz, die Angst um unser Wohlergehen und Furcht können unsere Gedanken beherrschen. Es fällt schwer, zuzugeben, dass die Dinge außer Kontrolle geraten sind. Man braucht schon sehr viel Mut, um einzuräumen, dass Hilfe Not tut. Wenn wir uns der Fürsorge einer Höheren Macht überantworten, kann das beängstigend für uns sein, denn wir sind daran gewöhnt, uns um unsere Bedürfnisse selbst zu kümmern.

Doch die schwerste Aufgabe liegt noch vor uns, denn wir müssen bereit sein, den Teil von uns selbst abzulegen, der Probleme hat, um wieder ganz zu werden. Wir müssen bereit sein, loszulassen, damit uns geholfen werden kann.

Ich habe den schwersten Schritt getan und mich in die Hände einer Höheren Macht begeben. Nun muss ich abwarten.

Unwirklich ist Handeln ohne Disziplin, Fürsorge ohne Mitgefühl, Ritual ohne Hingabe. Bhagavadgita

Es ist so einfach, unser Leben gewohnheitsmäßig ablaufen zu lassen, ohne unsere Motive zu überprüfen, ohne zu entscheiden, warum wir die Dinge tun, die wir tun. Wir haben uns möglicherweise so sehr daran gewöhnt, auf eine Weise zu reagieren, wie das unserer Ansicht nach von uns erwartet wird, dass wir nur selten darüber nachdenken, was wir von uns selbst erwarten. An welchem Punkt sind wir bereit, uns selbst kennen zu lernen?

Heute könnte der richtige Augenblick sein, um zu entscheiden, ob wir nach unseren eigenen Werten, Überzeugungen und Gefühlen handeln oder nach dem vagen Gefühl, was andere von uns erwarten könnten. Wenn wir das tun, werden wir zu unserer Überraschung womöglich feststellen, dass unsere wohltätigen und spirituellen Aktivitäten sich nicht ändern, sondern noch viel realer werden, weil sie von unserem inneren Gefühl für Richtung, Disziplin, Liebe zu anderen und Selbstakzeptanz bestimmt werden.

Die Dinge, die ich heute sage und tue, sollen von dem bestimmt werden, was ich von mir selbst erwarte, nicht von dem, was andere meiner Meinung nach von mir erwarten.

Diese Lektion brav befolg': Versuch es, versuch es wieder. Ist nicht gleich Erfolg dir hold: Versuch es, versuch es wieder.

William E. Hickson

Unsere Lehrer brachten uns bei, es immer wieder zu versuchen. Unsere Eltern forderten uns auf, es immer wieder zu versuchen. Und manchmal versuchten wir es sogar immer wieder! Für gewöhnlich ging es um etwas Einfaches, beispielsweise darum, eine nachlässig hingekritzelte Hausaufgabe noch einmal abzuschreiben. Uns war damals kaum bewusst, dass wir diese Botschaft in unser Erwachsenenleben mitnehmen würden. Häufig fällt es schwer, auf einen guten Ratschlag zu hören; und noch schwerer ist es, ihn auch zu befolgen.

Wenn wir lernen, uns neue Ziele zu setzen, unsere Prioritäten neu zu ordnen und bezüglich der Richtung, in die wir gehen, realistischer zu werden, dann ist es plötzlich sinnvoll, es noch einmal zu versuchen. Ein neuer Versuch bedeutet nicht unweigerlich, eine bestimmte Sache immer wieder zu versuchen. Es kann auch bedeuten, etwas völlig Neues zu versuchen. Es kann bedeuten, den Mut zur Veränderung aufzubringen.

Wenn ich es immer wieder neu versuche, schaffe ich mir Raum zum Wachsen.

Ich bin nur einen Herzschlag von der Einsamkeit entfernt.
Laura Palmer

Die Feiertagszeit kann für jeden schwer sein, der eine große Lebensveränderung durchlaufen hat. Ein Mensch, der verwitwet ist, umziehen musste oder es mit ungewohnten körperlichen Beschränkungen zu tun hat, mag einsam werden, wenn sich ein Feiertag, sein Geburtstag oder ein anderer Jahrestag nähert.

Manchmal machen wir es uns selbst schwer, weil wir uns von anderen absondern. Wir haben das Gefühl, dass niemand mit uns die Feiertage verbringen will, oder wir wollen uns – mit all unseren Problemen – unseren Freunden nicht aufdrängen.

Wenn wir uns die Bedeutung dieser besonderen Tage in Erinnerung rufen, stellen wir häufig fest, dass wir einen Weg aus unserer Isolation finden. Feiertage und andere festliche Gelegenheiten bestätigen den Wert von Tradition, Liebe und Familie. Diese Tage zwingen uns dazu, uns an unseren Platz im wohlwollenden Kreis von Freunden und Angehörigen zu erinnern.

Ich kann mich dafür entscheiden, mich während der Feiertage – und an jedem anderen Tag – meinen Mitmenschen zuzuwenden.

Der schlimmste aller Fehler ist, sich keines solchen bewusst zu sein. Thomas Carlyle

Wir wissen, dass wir nicht vollkommen sind. Wie alle anderen auch sind wir Wesen, die zu einer Million Verhaltensweisen fähig sind. Wir können beispielsweise eine demütige Haltung entwickeln, die all unsere Stärken und Schwächen berücksichtigt. Sobald wir uns einer nachsichtigen, wenn auch ehrlichen Selbstprüfung unterziehen, finden wir uns an einem Punkt wieder, an dem wir unsere Fehler korrigieren und toleranter und offener gegenüber den Fehlern anderer werden können.

Die bedingungslose Liebe, die wir uns selbst zukommen lassen – und allen Menschen, die uns wichtig sind –, ist nicht blind für Unvollkommenheiten; vielmehr akzeptiert sie Stärken und Schwächen gleichermaßen.

Heute werde ich meine Liebe zu mir selbst und anderen in meiner Toleranz gegenüber Unvollkommenheiten zeigen.

Es ist wohlgetan, dass niemand ohne Fehler ist, denn ein solcher hätte keinen Freund in der Welt.

William Hazlitt

Als Kinder hatten wir vielleicht Zweifel, ebenso wie heute, ob wir neue Freunde finden würden. Wir erlegten uns selbst ungeschriebene Gesetze auf, wenn wir neue Freunde suchten. Werden sie mich mögen? Wie soll ich sie ansprechen? Werden wir auch genug Stoff zum Reden haben?

Diese Fragen gehen uns heute wieder durch den Kopf, wenn wir alte und neue Beziehungen angehen. Wir machen uns möglicherweise Sorgen, dass unsere Freunde unsere Gesellschaft nicht länger schätzen, weil wir nicht ständig glücklich und wohlauf sind. Das trifft zwar für gewöhnlich nicht zu, aber wir brauchen womöglich eine Weile, um uns von Angst und Selbstzweifel zu befreien und echte Anstrengungen zu unternehmen, um Freundschaften zu schließen und zu bewahren.

Heute will ich meine Freunde wissen lassen, wie wichtig sie für mich sind.

Trauer fliegt auf den Flügeln des Morgens davon, und aus dem Herzen der Dunkelheit kommt das Licht.

Jean Giraudoux

Viele Menschen – nicht nur die Krisenerschütterten – durchleben zu dieser Jahreszeit ein Gefühl der Trauer oder Sehnsucht. Vielleicht ruft diese Jahreszeit Erinnerungen an sorgenfreie, glücklichere Zeiten hervor oder auch an Feiertage vor langer Zeit, an denen wir unglücklich und ohne Phantasie waren.

Das Wissen, dass diese Trauer nicht unüblich ist, kann tröstlich sein und ebenso das Wissen, dass wir etwas gegen diese Trauer unternehmen können. Wenn wir mit alten Traditionen nicht mehr glücklich sind, können wir neue einführen. Wenn wir uns isoliert haben, können wir an Gruppenaktivitäten teilnehmen. Und wenn wir müde sind, können wir uns die Erlaubnis geben, Nein zu sagen und etwas Zeit allein zu verbringen. Wir sollten auch unsere Erwartungshaltung überprüfen und uns ins Gedächtnis rufen, dass besondere Tage keine Kopien früherer Tage sein müssen. Jeder Tag ist neu.

An den kommenden Feiertagen werde ich weiterhin die Dinge tun, die etwas Besonderes für mich sind. Ich werde nichts tun, was mir keine Freude bereitet.

Die einzige Grenze unserer Erkenntnisse von morgen werden unsere Zweifel von heute sein. Lassen Sie uns mit starkem und aktivem Glauben voranschreiten.

Franklin Delano Roosevelt

Große Lebensveränderungen können uns lähmen – vor Freude oder auch vor Ungläubigkeit. Schließlich sind nicht alle Veränderungen negativ. Aber wenn es sich doch um eine negative Veränderung handelt, wenn eine Krankheit diagnostiziert wird oder wir in eine andere Lebenskrise geraten, mögen an unseren inneren Ressourcen Zweifel aufkommen. Ohne unsere frühere körperliche Kraft müssen wir nun tiefer graben, um auch unsere spirituellen Ressourcen anzuzapfen.

Wenn wir heute Zweifel haben, dann kann das daran liegen, dass wir immer noch an unser körperliches Selbst gefesselt sind. Wir sind mehr als nur ein Körper, und unser Geist kann von einer fürsorglichen Höheren Macht genährt werden. Unser Wert und unsere Bedeutung zeigen sich in dieser Fürsorge. Mit diesem Wissen können wir mit unserem Leben weitermachen.

Ich will über meinen Körper hinaus nach einer Quelle der Kraft und der Fürsorge suchen.

Leben heißt nicht, am Leben zu sein, sondern wohl zu leben.
Martial

Ein wohl gelebtes Leben scheint den chronisch Kranken unmöglich. Schließlich ist es schwer, wohl zu leben, wenn man krank ist, so denken wir.

Doch in Wirklichkeit ist ein wohl gelebtes Leben ein altmodischer Begriff, fast wie ein Segenswunsch. Heutzutage wollen wir ein Wohlgefühl erleben, das weit über die körperliche Gesundheit hinausgeht und den Schwerpunkt auf emotionale und spirituelle Gesundheit legt. Zum ersten Mal können wir uns das Recht auf Wohlbefinden trotz einer körperlichen Erkrankung zugestehen.

Selbst während einer längeren Krankheit leiden die meisten von uns nicht unablässig unter Schmerzen oder Unbehagen. Es gibt viele Momente, in denen es uns gut geht. Wir spielen Karten, arbeiten im Garten, gehen spazieren, beten, meditieren – und diese Aktivitäten trainieren unser ganzes Wesen, körperlich, emotional und spirituell.

Ich will mein Wohlbefinden, nicht meine Krankheit, zu meinem Lebensziel machen.

Eine Veränderung verändert nicht die Tradition. Sie stärkt sie. Eine Veränderung ist eine Herausforderung und eine Gelegenheit, keine Bedrohung. Prinz Philip

Zu Feiertagen, Jahrestagen und Geburtstagen klagen wir oft: «Ich kann keine Gäste einladen. Ich habe nicht genug Platz. Ich habe auch nicht genug Kraft.» Ist es wirklich wahr, was wir uns da einreden? Sind unsere Freunde und Angehörigen so oberflächlich, dass sie uns nur für Rostbraten oder Truthahn besuchen würden? Müssen wir uns die Freude an Geselligkeiten wirklich versagen?

Wir erkennen schnell, wie unsinnig solche Gedanken sind, und können mit dieser Situation auf dieselbe Weise umgehen, wie wir es mit so vielen anderen geschafft haben – wir ändern uns und passen uns an. Wir können Menschen, die wir lieben, immer noch bei uns zu Hause willkommen heißen. Auch bei den einfacheren Gerichten und der lockeren Atmosphäre werden unsere Freunde und Angehörigen das finden, wofür sie gekommen sind – die Zusicherung, dass wir ihre Gesellschaft immer noch schätzen.

Ich will meine Gäste wie immer bewirten – mit Liebe und Freundschaft.

Nach langer Abwesenheit die vertrauten Straßen und Dörfer und Häuser zu sehen heißt, die Zufriedenheit des Zuhause zu sehen. Hal Borland

«Zuhause» ist ein Wort, das alle möglichen Bedeutungen für uns haben kann. Für die Mehrheit ist das Zuhause immer der Rettungsanker – der Ort, an den wir gehen können, selbst wenn wir den schlimmsten aller vorstellbaren Tage hinter uns haben. Zuhause ist für gewöhnlich gleichbedeutend mit Liebe, aber es bedeutet zweifelsohne auch Sicherheit und Komfort.

Im Laufe der Jahre begreifen wir, dass ein Zuhause wenig mit einem Gebäude zu tun hat. Es kann eine winzige Wohnung sein oder ein weitläufiges Herrenhaus. Oder – noch besser – es kann das spezielle Behagen und die Sicherheit sein, die wir in uns selbst spüren. Schließlich ist unser Zuhause das, was wir daraus machen und den Menschen zeigen. Unser Zuhause ist – und war immer schon – dort, wo unser Herz ist.

Mein Zuhause ist eine der Wurzeln meines Lebens, und es hat all die Eigenschaften, die ich ihm gebe.

Was dem einen sein Uhl, ist dem andern sein Nachtigall.
Sprichwort

Dieses altbekannte Sprichwort enthält eine zutreffende Wahrheit, wenn es darum geht, Menschen zu ergründen. Jeder von uns hat sein eigenes Maß an Wohlbefinden bei den Aktivitäten, die wir betreiben, und den Leistungen, die wir in unserem Leben erbringen.

Wir erleben auch ein unterschiedliches Maß an Freude in unseren spirituellen, gesellschaftlichen und emotionalen Erfahrungen. Häufig finden wir in jeder Situation das, was wir suchen – was wir finden wollen. Am wichtigsten ist, dass wir in der Lage sind, unser ganz eigenes Maß an Freude zu finden, wo immer wir uns zu diesem Zeitpunkt befinden, und es für uns in Anspruch nehmen.

Meine Freude mag nicht dieselbe Freude sein wie die der anderen, aber ich werde dafür kämpfen, mir meine Definition von Freude zu bewahren.

Es erfordert großes Geschick zu wissen, wie man sein Glück lenkt, während man noch darauf wartet.

Baltasar Gracián y Morales

«Manipulation» klingt sehr hart, aber denken Sie an die Hände eines Chirurgen, die Bewegungen eines Künstlers, die Fertigkeiten eines Elektrikers. Sie manipulieren ihre physische Umgebung. Dabei erschaffen sie etwas. Auf eine subtile Art und Weise – vielleicht sind wir uns nicht einmal bewusst, dass wir es tun – lernen auch wir, unser Leben zu manipulieren. Auch wir sind sehr kreativ.

Manche Menschen sind in der Lage, positive Ziele anzustreben, selbst während scheinbar negativer Zeiten. Diese Menschen sind fähig, das absolut Beste aus ihrem Leben herauszuholen. Sie haben die subtile Kunst erlernt, sich selbst zu helfen, und können ihr eigenes Glück erschaffen.

Manchmal hängt mein Glück nicht von den Karten ab, die mir ausgeteilt worden sind. Ich arbeite in allen Bereichen hart, um mein Los zu verbessern, meine Beziehungen zu verbessern, mein Leben zu verbessern.

Ich war krank und habe erst da festgestellt, wie einsam ich bin. Ist es schon zu spät? Eudora Welty

Irgendwann einmal haben sicher auch wir in absoluten Begriffen gedacht. Entweder war man unser Freund oder nicht. Die Dinge waren entweder richtig oder falsch. Wir mögen damit auch Menschen vergrault haben – Menschen, die wir hätten lieben und die unser Leben hätten bereichern können.

Mittlerweile haben wir gelernt, dass wir die Dinge nicht so akzeptieren müssen, wie sie sind, wenn wir unglücklich sind. Der erste Schritt besteht immer darin, zuzugeben, dass es ein Problem gibt. Ob es unsere Einsamkeit ist oder ob wir anderen gegenüber zu brüsk waren oder ob wir eine spirituelle Veränderung brauchen, wir können es zugeben und alles tun, was nötig ist, um die Situation zu verbessern. Wir können uns an Freunde oder auch an Fachleute um Hilfe wenden, wenn wir sie brauchen. Wir können all das tun, weil es niemals zu spät ist.

Obwohl allein der Gedanke an Veränderung beängstigend ist, werde ich mein Leben neu einschätzen und heute neu beginnen.

Alle lebenden Seelen begrüßen, zu was immer sie bereit sind … George Santayana

Häufig wäre ein Problem allzu erdrückend, wenn wir es sofort lösen müssten. Wir können uns jedoch erlauben, das Problem aufzuteilen und Stück für Stück anzugehen. Wenn wir mit einem Teil fertig geworden sind, können wir uns einen weiteren Teil vornehmen. Ob wir dem Tod eines geliebten Menschen gegenüberstehen oder mit anderen persönlichen Problemen umgehen müssen, unser Verstand hilft uns, die Reihenfolge festzulegen, in der wir unseren Schmerz am besten in den Griff bekommen können.

Manchmal beharren wir darauf, das ganze Problem sofort anzugehen, und wir denken uns in eine Art Taubheit hinein. Wir sind unfähig, zu handeln. In solchen Zeiten sollten wir uns daran erinnern, wie unser Verstand am besten funktioniert. Wenn wir das tun, können wir die ganze Situation loslassen und stattdessen nur den kleinen Teil angehen, für den wir stark genug sind.

Heute will ich alles loslassen, was ich in den Griff zu bekommen suche. Ich will mir ein oder zwei kleine positive Dinge heraussuchen, die ich tun kann. Und die werde ich dann tun.

Lass dich nie von der Unbill des Lebens stören. Ist es doch so, dass niemand Problemen aus dem Weg gehen kann, nicht einmal Heilige oder Weise. Nichiren Daishonin

Ein sorgenfreies Leben. Wäre das nicht das Größte? Es fällt schwer, sich auch nur vorzustellen, wie ein Leben ohne Probleme aussehen würde. Hin und wieder hört man: «Wenn ich damals nur gewusst hätte …, dann hätte ich niemals …» – oder: «Wenn ich nur eingesehen hätte …, dann hätte ich …».

Wir können unser Leben nicht damit verbringen, ständig die Fehler der Vergangenheit zu bedauern, und wir sollten auch nicht ständig die Zukunft fürchten. Der Schlüssel zum Überleben liegt nicht darin, Haltung zu bewahren, wie man es uns beigebracht hat, sondern unsere Verletzlichkeit zu zeigen. Stoizismus bringt uns nichts weiter ein als Stress, darum sollten wir lernen, unsere Probleme anzuerkennen, wenn sie sich einstellen. Wir wollen nicht klagen oder jammern, wir wollen nur den Schulterschluss mit dem Rest der Menschheit üben.

Ich kann mich immer neuen Problemen stellen, nicht weil ich so stark wäre, sondern weil ich meine Schwächen offen zugeben kann.

Das Alter bietet der Möglichkeiten ebenso viele wie die Jugend, wenn auch in anderem Gewande; und wenn das abendliche Zwielicht weicht, ist der Himmel erfüllt von Sternen, unsichtbaren Tagen. Henry Wadsworth Longfellow

Als kleine Kinder kannten wir wahrscheinlich ältere Menschen, die wir mehr als andere mochten, denn sie gaben uns das Gefühl, etwas Besonderes zu sein. Wir dachten über ihr Alter nie lange nach. Als junge Erwachsene fingen wir allerdings an, uns vor dem Altern zu fürchten. Aus irgendeinem Grund hielten wir die äußeren Anzeichen des Alterns für den Anfang vom Ende.

Je weiser und reifer wir werden, desto mehr erkennen wir, dass wir ältere Menschen wieder verehren – für ihre Weisheit, ihre Liebe, ihre Fertigkeiten und besonders für ihre Freude am Leben. Viele von uns wählen sich ein oder zwei besondere Menschen aus, die ihnen als Vorbild dienen. Und dann geben wir unser Bestes, mit ihnen mitzuhalten.

Ich freue mich auf die Weisheit und die Lebensfreude, die häufig mit dem Alter einhergehen. Ich fürchte mich nicht länger.

Mit den Flügeln der Zeit fliegt die Traurigkeit davon.

Jean de la Fontaine

Wenn wir traurig sind, können wir nur schwerlich glauben, dass die Zeit all unsere Wunden heilt. Ein alter Hausarzt unserer Familie nannte das einmal die TdZ-Behandlung – die Tinktur der Zeit.

Unsere Trauer mag auf eine Veränderung unserer Lebensweise zurückzuführen sein oder sogar auf das Wetter. Sie kann durch den Verlust eines geliebten Menschen, unserer Gesundheit oder selbst eines von uns geschätzten Gegenstands hervorgerufen werden. Und unsere Trauer braucht Zeit.

Welchen Grund unsere Trauer auch haben mag, nach einer selbst auferlegten Zeit der Einsamkeit wagen wir uns wieder hinaus in die Welt. Wir finden unseren Weg ganz langsam zurück in die Normalität. Die TdZ hat wieder einmal ihr Werk getan. Wir können wieder lachen, und wir wissen, wir haben genug Zeit und Raum zwischen uns und unsere Trauer gelegt. Wir sind wieder ganz.

Eine gewisse Zeit der Trauer ist völlig normal, ebenso normal wie die neu entdeckte Freude, die ihr folgt.

Die richtige Funktionsweise des Menschen ist es, zu leben, nicht zu existieren. Ich werde meine Tage nicht dadurch verschwenden, dass ich sie zu verlängern suche.

Jack London

Wir befinden uns auf einer bemerkenswerten Reise, die wunderbare Möglichkeiten bietet. Manchmal denken Menschen, die eine Krise durchleben, dass sie am Ende ihrer Reise angekommen seien. Die freudige Erregung über das Leben nimmt von Tag zu Tag ab.

Wenn wir uns mit liebevollen, fürsorglichen Menschen umgeben, haben wir die beste Chance, einen Weg aus den Depressionen zu finden, in die unsere Probleme uns geworfen haben. Auch wenn wir nachsichtig mit uns selbst sind, kann das unsere Einstellung verbessern. Wenn wir uns liebevoll um andere und um uns selbst kümmern, werden wir wieder in den Strom des Lebens zurückfinden. Wir werden wieder mit Erregung und Freude erfüllt angesichts der Reise, die vor uns liegt.

Ich schulde mir selbst die Erregung jedes kommenden Tages. Heute will ich mein Leben genießen.

Vergebung ist die höchste, die schönste Form der Liebe. Im Gegenzug erhalten Sie unermesslichen Frieden und Glück.

Robert Muller

Wenn wir versuchen, mit einer psychischen Belastung fertig zu werden, sind unsere Gefühle möglicherweise allzu schnell verletzt, insbesondere wenn wir uns von ebenjenen Menschen gekränkt fühlen, die uns unserer Ansicht nach eigentlich verstehen sollten. Wahrscheinlich sind wir zu Anfang viel zu verletzlich, und manchmal tun wir uns wohl auch selbst Leid.

Es kommt jedoch eine Zeit, in der wir erkennen, wie sinnlos es ist, einen Groll zu hegen. Wir haben nicht länger das Bedürfnis, zu wissen oder zu beweisen, wer Recht und wer Unrecht hatte. Wir haben gelernt, unsere Schwierigkeiten in den Griff zu bekommen, und wir sind emotional stärker – stark genug, um unsere Wut loszulassen und zu vergeben. Je mehr wir vergeben, desto ruhiger und gelassener werden wir, bis wir letztlich als Lohn inneren Frieden und Zuversicht erhalten.

Ich kann alte Kränkungen loslassen. Ich kann die Kluft, die durch Missverständnisse entstanden ist, überbrücken.

Kummer ist kein wirklich gutes Geschenk – weder der Kummer selbst noch seine Folgen. Doch wenn der Kummer kommt, dann tun wir gut daran, ihn in einen Kummer der Liebe zu verwandeln. Darin liegt die Kraft des Menschen.

Chaim Nachman Bialik

Überall um uns herum hören wir den Ruf «Ein gutes neues Jahr», und wir fragen uns, ob das nächste Jahr glücklicher sein wird als das vergangene. Die Last unserer Krise ist weitaus erdrückender, als es sich die meisten Menschen vorstellen können. Manchmal kann sie uns buchstäblich in die Knie zwingen.

Wir allein verfügen über die Kraft, unseren Schmerz, unsere Einsamkeit und unsere Schuldgefühle nach außen zu kehren und beispielsweise anderen zu helfen. Es ist fast unmöglich, ganz im eigenen Kummer aufzugehen, wenn man etwas für andere tut.

Ich habe positive Gedanken in Bezug auf das neue Jahr. Mein Ziel ist es, mich jeden Tag mindestens einem Menschen zuzuwenden.

In der Reihe *Meditationsbücher für Frauen* sind bisher erschienen:

M. Boyd
Mit den Jahren wachsen
Tägliche Meditationen,
die durch das Auf und Ab des Lebens begleiten

*

Maureen Brady
Mitten im Leben
Tägliche Meditationen zur Selbstbestärkung
und inneren Erfüllung

*

Amy E. Dean
Ruhe finden
Tägliche Meditationen für alle,
die sich vom Druck des Alltags befreien wollen

*

Amy E. Dean
Ich freue mich auf morgen
Abendliche Meditationen

Gay Hendricks

Mit allen Sinnen leben

365 Meditationen, die uns jeden Tag genießen und bewusst erleben lassen

*

Diane Mariechild

Mit mir selbst in Harmonie

Weibliche Spiritualität für jeden Tag

*

Caroline Adams Miller

Ich lebe gerne

Tägliche Meditationen der Zuversicht und inneren Stärkung

*

Carol Staudacher

Tage der Trauer, Tage der Heilung

Tröstende und stärkende Meditationen

*

Ellen Sue Stern

Loslassen und Atem schöpfen

Tägliche Meditationen, die gut tun

Ellen Sue Stern

Das Leben neu gewinnen

Tägliche Meditationen zur Überwindung von Trennung und Abschiedsschmerz

*

Peggy Vaughan & James Vaughan

Die Liebe wachsen lassen

Meditationen für Liebe und Beziehung

SCHERZ